STARK

REALSCHULE

Abschluss-Prüfungsaufgaben mit Lösungen

Haushalt und Ernährung

Bayern

2005 – 2012

STARK

ISBN 978-3-8490-0149-0

© 2012 by Stark Verlagsgesellschaft mbH & Co. KG
14. ergänzte Auflage
www.stark-verlag.de

Inhalt

Fortsetzung siehe nächste Seite

Bildnachweis

2011-1   Keramikteller: © arminneuhauser – Fotolia.com, Schalenset: © BonBox,
            Schüssel: © www.bergner.com
2011-2   Gedeck: © Zabert Sandmann Verlag / Stockfood.de,
            Tischszene: © picture alliance / akg-images,
            Abendmahl: © LWL-Archäologie für Westfalen /R. Köpf,
            Küchenszene: www.pictokon.net
2011-9   Hülsenfrüchte: © rdnzl – Fotolia.com
2011-10   Geschirrspüler: © Carmen Steiner – Fotolia.com
2012-1   Kartoffelpflanze: © 2004 – 2012 Florida Center for Instructional Technology
2012-9   Atkins-Pyramide: © Imaj / iStockphoto.com
            DGE-Pyramide: © Elena Schweitzer / iStockphoto.com

Autorinnen

2005: Adelheid Müller, Angela Winter
2006 – 2008: Adelheid Müller, Angela Nellen, Ulrike Niemetz
ab 2009: Angela Nellen, Ulrike Niemetz

Vorwort

Liebe Schülerinnen, liebe Schüler,

dieses Buch hilft Ihnen bei der Vorbereitung auf die Abschlussprüfung im Fach Haushalt und Ernährung.

Der erste Teil besteht aus **Hinweisen zur praktischen Prüfung**. Hier sind die Inhalte des schriftlichen Arbeitsplans und das Vorgehen bei der praktischen Prüfung anhand eines konkreten Beispiels erläutert.

Prüfungsrelevante Themenkreise für die schriftliche Prüfung zeigen eine Übersicht, mit der Sie den Stoff gut wiederholen können.

Das **Glossar** bietet kurze Erklärungen zu küchentechnischen Fachausdrücken und zu Begriffen aus der Ernährungslehre.

Der zweite Teil des Buches enthält die vom Bayerischen Staatsministerium für Unterricht und Kultus zentral gestellten schriftlichen **Prüfungsaufgaben** und dazu ausführliche **Lösungsvorschläge**. Es wird exemplarisch gezeigt, wie ein Prüfungsthema bearbeitet werden kann.

Die Abschlussprüfung im Fach Haushalt und Ernährung bestand bis 2008 aus drei Aufgabengruppen A bis C, von denen zwei von der zuständigen Lehrkraft für die Prüfung ausgewählt werden konnten. Seit dem Prüfungsjahrgang 2009 gibt es nur noch die Wahl zwischen den beiden Aufgabengruppen A und B.

Ab dem Prüfungsjahrgang 2009 finden Sie vor den Lösungen der Aufgaben zusätzliche Hinweise und Tipps, die für den Lösungsweg hilfreich sein können. Sie sind durch Rauten ∦ am linken Textrand und Kursivdruck gekennzeichnet.

Hier noch ein paar Tipps für Ihre Prüfungsvorbereitung:

– Zur Übung sollten Sie jeweils eine Aufgabengruppe unter Prüfungsbedingungen (90 Minuten) selbstständig schriftlich bearbeiten. Sie können dann Ihre Lösungen mit den Lösungsvorschlägen vergleichen und die Richtigkeit kontrollieren.

– Das bloße Auswendiglernen von Fakten allein reicht nicht aus, weil Prüfungsfragen immer wieder aus einem anderen Blickwinkel gestellt werden und ein breit gefächertes Wissen aus allen Jahrgangsstufen prinzipiell notwendig ist. Deshalb sollten Sie ergänzend aktuelle Berichte und Tipps zu den Themen Gesundheit und Ernährung aus Zeitungen und Zeitschriften sammeln und in Ihre Vorbereitung mit einbeziehen. Die Auseinandersetzung mit den Prüfungsthemen auch außerhalb der Schule wird Ihren Lernerfolg verbessern!

Sollten nach Erscheinen dieses Bandes noch wichtige Änderungen in der Abschluss-Prüfung 2013 vom Kultusministerium bekannt gegeben werden, finden Sie aktuelle Informationen dazu im Internet unter www.stark-verlag.de/info.asp?zentrale-pruefung-aktuell.

Für die kommende Prüfung wünschen wir Ihnen viel Erfolg!

Die Autorinnen

Hinweise zur praktischen und zur schriftlichen Prüfung

1 Leitfaden für den praktischen Teil der Prüfung

1.1 Schriftlicher Teil der praktischen Prüfung

Die praktische Prüfung findet im letzten Drittel des Schuljahres statt (§ 60 RSO). Als Termin wählen viele Schulen die Zeit der Aufnahmeprüfung Anfang Mai.

Der Zeitrahmen für die praktische Prüfung umfasst 240 Minuten:
– 30 Minuten schriftliche Arbeitsplanung. (Die Schüler erhalten die Rezepte als Vorlage.)
– 210 Minuten praktische Tätigkeit

Grundlagen für die praktische Prüfung sind 2–3 Rezeptbausteine (je nach Schwierigkeitsgrad) sowie die Einplanung von Elementen der Tischkultur, der Hygiene und des Ämterplans. Zu Beginn der Prüfung werden die Aufgaben durch das Los entschieden, das alle erforderlichen Angaben (Thema, Arbeitsplatz, Servierzeit, Amt) enthält. Höchstens zwei Schüler arbeiten in einer Koje. Die Aufgaben der beiden Prüflinge ergänzen sich zu einer Speisenfolge.

Beispiel

Aufgabe Nr. 1	Aufgabe Nr. 2
Gemüsecremesuppe	Champignonschnitzel
Risotto	Salatteller
Apfelschlupfkuchen	Orangencreme
Arbeitsplatz: Koje 1	Arbeitsplatz: Koje 1

Amt: Herdamt
     Geschirramt
	Amt: Spülamt
	     Ordnungsamt

Servierzeit: siehe Tafel	Servierzeit: siehe Tafel

In der schriftlichen Arbeitsplanung sollten folgende Komponenten koordiniert werden:
– Vorbereitungsarbeiten
– Zubereitungsphase
– Tischdecken, Präsentation, Service
– End- und Reinigungsarbeiten
– Zeitleiste

Beispiel

Rezeptangabe: Gemüsecremesuppe von Staudensellerie

Menge	Zutaten	Zubereitung
300 g	Staudensellerie	putzen, waschen, Stiele in 2 cm lange Stücke schneiden, zarte Blätter ebenfalls verwenden, einige davon zum Anrichten aufheben
2 El	Pflanzenöl	erhitzen, Gemüse darin andünsten
ca. 3/4 ℓ	Flüssigkeit/Wasser	aufgießen
	Salz, Pfeffer	würzen, Suppe ca. 20 Minuten zugedeckt garen, pürieren
1 El	Mehl	nach Belieben binden, noch 5 Min kochen lassen
etwas	Rahm	Suppe verfeinern, mit gehackten Sellerieblättchen in vorgewärmten Tellern oder Suppentassen servieren

Rezeptangabe: Apfelschlupfkuchen

Menge	Zutaten	Zubereitung
		Für den Teig
125 g	Butter	⎫
125 g	Zucker	⎬ schaumig rühren
3	Eier	⎭
etwas	Zitronenschale, gerieben	⎫
1 Prise	Salz	⎬ zugeben
200 g	Mehl	⎫
2 Tl	Backpulver	⎬ mischen, sieben, abwechselnd mit
1–4 El	Milch	unter die Schaummasse rühren, den Teig in eine gefettete Springform füllen
500–750 g	Äpfel	Für den Belag schälen, vierteln, Kernhaus entfernen, mehrmals an der äußeren Rundung einschneiden, kranzförmig auf den Teig legen
	Mandelblätter	nach Belieben darüberstreuen
		Backzeit: 40–50 Min bei 170–200 °C Den erkalteten Kuchen mit Puderzucker besieben.

Der Organisationsplan wird von den Prüflingen auf ein eigenes DIN-A4-Blatt geschrieben. Es gibt verschiedene Möglichkeiten, ihn zu gestalten. So könnte er aussehen:

Beispiel

Organisationsplan (geplanter Zeitbedarf 210 Min)

Zeit	Gemüsecremesuppe	Risotto	Apfelschlupfkuchen
30 Min			Zutaten und Arbeitsgeräte bereitstellen, Backform fetten, Äpfel vorbereiten, Backrohr vorheizen, Teig rühren, in die Backform füllen und mit Äpfeln belegen. Backzeit: 50 Min = Wartezeit
10 Min			Arbeitsplatz aufräumen, abspülen
30 Min	Arbeitsplatz herrichten, Gemüse vorbereiten, Suppe zusetzen, Garzeit: 20 Min = Wartezeit		
20 Min	Arbeitsplatz aufräumen		
5 Min			Kuchen aus dem Rohr nehmen, auskühlen lassen
15 Min		Arbeitsplatz herrichten, Reis vorbereiten, zusetzen, quellen lassen: 30 Min = Wartezeit	
15 Min		Arbeitsplatz aufräumen, Geschirr abtrocknen	
20 Min	Suppe pürieren, anrichten und servieren, Herd ausschalten		
10 Min		Reis zugedeckt warm halten, anrichten, servieren	
25 Min			Kaffeetisch decken, Kuchen anrichten
30 Min	Arbeitsplatz, Backrohr und Herd reinigen		

Im Organisationsplan braucht die Zubereitung nicht erwähnt zu werden. Die günstigste Reihenfolge soll geplant werden. Begonnen wird mit dem Gericht,
– das eine lange Garzeit hat,
– das auskühlen soll,
– das durchziehen, ruhen, quellen, gefrieren oder gelieren muss.

Nicht alle Gerichte können zur gleichen Zeit fertig gestellt sein. Nochmals kurz erhitzen ist besser als lange warm halten. Schulinterne Gegebenheiten werden bei der praktischen Prüfung berücksichtigt.

Wer genau Bescheid weiß, fühlt sich sicher und kann flott kochen. Für Kreativität bleibt dann mehr Zeit. Anweisungen in Rezepten und Begriffe aus der Kochpraxis sollen selbstverständliches, souverän umsetzbares Wissen sein.
Je nach verwendetem Lebensmittel und angestrebtem Gericht kann ein Arbeitsgang auch unterschiedliche Ausführung verlangen.

1.2 Praktischer Teil der praktischen Prüfung

Für die Bewertung der praktischen Arbeit sind **Arbeitsplanung, Arbeitstechnik und Arbeitsergebnis** besonders zu beachten.

1. Arbeitsplanung

a) Schriftlicher Arbeitsplan, z. B.:
   – Alle Arbeitsgänge zeitlich richtig einordnen.
   – Wartezeiten einplanen und nützen.

b) Praktische Umsetzung, z. B.:
   – Am Arbeitsplatz Zutaten, Geräte, Geschirr, Abfallbehälter herrichten, dann mit der Arbeit beginnen.
   – Geschirreinsatz sparsam planen.
   – Anrichtegeschirr und Zutaten zum Garnieren rechtzeitig vorbereiten.
   – Möglichkeiten des Warmhaltens der Speisen überlegen.

c) Amt, z. B.:
   – Während der Arbeit bereits anfallende Ämter erledigen.
   – Beim Benützen des Geschirrspülers mit dem zweiten Prüfling zusammenarbeiten.

2. Arbeitstechnik

a) Nahrungszubereitung/Geräteeinsatz, z. B.:
   – Entsprechende Garmethoden anwenden.
   – Lebensmittel so verarbeiten, dass Vitamin- und Mineralstoffverluste gering bleiben.
   – Vorbereitungsarbeiten und bestimmte Techniken wie Schneiden, Schälen, Hacken mit dem geeigneten Werkzeug in der richtigen Arbeitshaltung ausführen.
   – Elektrische Groß- und Kleingeräte rationell einsetzen.
   – Die zum Kochgeschirr passende Herdplatte wählen.
   – Heiße Speisen nicht im Kühlschrank erkalten lassen.

b) Hygiene, z. B.:
   – Alle Regeln der persönlichen Hygiene, der Geräte- und Arbeitsplatz-, der Lebensmittel- und Raumhygiene beachten.
   – Mit gewaschenen Händen, kurzen Fingernägeln ohne Nagellack arbeiten.

- Haare zurückbinden, Schmuck ablegen.
- Saubere Schürze tragen.
- Ordnungstopf und Abfallteller benützen.
- Probierlöffel verwenden.
- Abfälle gleich entfernen und Arbeitsplatz stets sauber halten.
- Verschüttetes sofort aufwischen.
- Spültücher und Geschirrtücher auseinanderhalten.
- Gefährdete Lebensmittel abdecken oder kühlen.

c) Herdbedienung, z. B.:
- Restwärme nützen.
- Richtiges Geschirr zu Mikrowelle oder Herdplatte wählen.
- Rechtzeitig Hitzezufuhr regulieren.
- Übergelaufenes sofort entfernen.
- Vorsicht bei der Verwendung von Zucker am Glaskeramikkochfeld!

d) Tempo, z. B.:
- Flott beginnen.
- Wartezeiten nützen.
- Ämter zwischendurch nicht vergessen.
- Servierzeit im Auge behalten.

e) Tisch decken, z. B.:
- Saubere Tischdecke korrekt auflegen, Serviette richtig platzieren.
- Passenden Tischschmuck wählen.
- Teller (Platz-, Ess- oder Kuchenteller) sind Mittelpunkt eines jeden Gedecks.
- Bestecke in der Reihenfolge auflegen wie sie benötigt werden.
- Trinkgläser stehen rechts, oberhalb von Messer und Löffel.
- Geschirr für Salat oder Süßspeise wird links oberhalb der Gabel gedeckt.

f) Servieren, z. B.:
- Von der rechten Seite des Gastes werden Getränke eingeschenkt und gefüllte Suppenteller oder Suppentassen eingestellt.
- Auch das Abservieren erfolgt von rechts.
- Von links werden dem Gast Schüsseln und Platten angeboten.
- Abserviert wird, wenn alle mit dem Essen fertig sind.

3. Arbeitsergebnis

a) Aussehen/Präsentation, z. B.:
Das Aussehen soll dem Gericht entsprechen, d. h.
- Suppen dünnflüssig
- Soßen sämig und ohne Klumpen
- Cremes locker und nicht abgesetzt
- Kuchen gleichmäßig durchgebacken und glasiert
- Salate frisch und knackig
- Gemüse und Kartoffeln nicht zerkocht
- Fleisch nicht ausgetrocknet und hart

- Im vorgewärmten Geschirr servieren.
- Vorlegebesteck nicht vergessen.
- Geschmackvoll garnieren.
- Kurz vor dem Servieren mit frischen Zutaten anrichten.
- Appetitlich und äußerst sauber anrichten.

b) Geschmack, z. B.:
- Kochen ist kreativ, trotzdem Gerichte nicht übertrieben würzen, sondern den Eigengeschmack erhalten und unterstreichen.
- Speisen nicht verkochen.
- Heiß oder gekühlt servieren.

Tipps für gutes Gelingen der praktischen Prüfung
- Üben Sie zu Hause in der Küche, sooft Sie Gelegenheit dazu haben.
- Bemühen Sie sich, unbekannte Rezepte zu lesen und nachzuarbeiten.
- Versuchen Sie ein Gericht oder eine Speisenfolge in der geplanten Zeit fertigzustellen.
- Übernehmen Sie Anregungen aus den Medien zum Stichwort „Gesunde Küche".
- Prägen Sie sich wichtige Verhaltensregeln zur Hygiene ein und beherzigen Sie diese.

2 Prüfungsrelevante Themenkreise

Geprüft wird nach dem Lehrplan, nicht nach dem Schulbuch, unter besonderer Berücksichtigung der Themen der 9. und 10. Jahrgangsstufe. Es folgt ein Auszug aus dem Lehrplan.

2.1 Lehrplan für die 9. Klasse

1. Planung und Organisation eines Haushalts
a) Verwendung verschiedener Werkstoffe: Glas und Keramik
- Einsatzmöglichkeiten, Arten und Herstellung
- materialspezifische Eigenschaften – situationsgerechte Verwendung
- umwelt- und materialgerechte Reinigungs- und Pflegemaßnahmen
- Kriterien für den Einkauf (u. a. Toxizität bei Tonglasuren, Hitze- und Farbbeständigkeit)
b) Einsatz von Verpackungsmaterial
- Arten: Papier, Kunststoffe, Aluminium, Folien, Verbundstoffe
- Bewertung, Auswahl und Entsorgung aus wirtschaftlicher und ökologischer Sicht
- Bedarfsstruktur eines Haushalts (Fallbeispiele)
- bedarfsorientierter und wirtschaftlicher Einsatz der finanziellen Mittel

2. Vollwertige Ernährung
a) Analyse bedeutsamer Lebensmittel und Lebensmittelgruppen
- Inhaltsstoffe der Nahrung (Nährstoffe, Vitamine, Mineralstoffe, Wasser, Ballaststoffe, sekundäre Pflanzenstoffe wie z. B. Farb- und Aromastoffe, Zusatzstoffe) und deren Bedeutung für Ernährung und Gesundheit
- Kohlenhydratträger: Getreide und Getreideprodukte, Reis, Kartoffeln, Zucker und alternative Süßmittel
- Fette und fettreiche Nahrungsmittel
- eiweißhaltige Nahrungsmittel: Milch und Milchprodukte, Hühnerei, Fleisch und Fleischprodukte, Fisch, Hülsenfrüchte
- Obst und Gemüse als Träger von Ballaststoffen, Vitaminen und Mineralstoffen

b) Kriterien für die Auswahl und Verarbeitung von Lebensmitteln
   – Auswahl von Lebensmitteln aus ernährungsphysiologischer Sicht
   – Maßstäbe für qualitätsbewussten Einkauf – Beurteilung von Marktangeboten im Hinblick auf Genusswert sowie Gesundheits- und Umweltbewusstsein
   – Richtlinien für nährstoffschonende Lagerung, Vor- und Zubereitung
   – Struktur für die Erstellung eines Speiseplans – Umsetzung nach Themenvorgabe

3. Nahrungszubereitung und Präsentation

a) Nahrungszubereitung – Geräte und Techniken
   – sachgerechter Einsatz von Geräten für die verschiedenen Garverfahren (z. B. Mikrowelle, Grill, Thermomix, Raclette, Fondue)
   – Bewerten der Zubereitungsarten hinsichtlich Verdaulichkeit, Nährwert, Bekömmlichkeit
   – Resteverwertung und sinnvoller Einsatz von Convenience-Produkten im Alltag
   – Vergleich und Beurteilung der Arbeitsergebnisse

b) Vorratshaltung
   – Möglichkeiten und Bedeutung in einem modernen Haushalt
   – Konzept zum Anlegen und Überprüfen von Lebensmittelvorräten
   – Berücksichtigung saisonaler und regionaler Angebote
   – Tiefgefrieren: Bewertung, Vorbereitung der Lebensmittel (z. B. Blanchieren), Gefrierregeln

4. Ess- und Tischkultur

– Aufbau eines Gedecks bei mehrgängigen Menüfolgen
– Gestaltung von Platz- und Speisekarten mit Hilfe des Computers
– Grundregeln der Auswahl und Kombination von Speisen und Getränken
– kreative Formen des Anrichtens und Garnierens von Speisen
– Grundregeln beim Servieren von Speisen und Getränken

2.2 Lehrplan für die 10. Klasse

1. Planung und Organisation eines Haushalts

a) Ökonomie im Haushalt
   – wirtschaftliche und soziale Bedürfnisstruktur
   – Umsetzung ökonomischer Prinzipien an individuellen Fallbeispielen
   – Aspekte für die Auswahl einer Wohnung: Infrastruktur, Finanzierung, Wohnwert

b) Planung und Gestaltung von Küchen
   – allgemeine Gesichtspunkte für eine funktionsgerechte Küche aus ökonomischer, gesundheitlicher und ästhetischer Sicht
   – Arbeitsbereiche, Voraussetzungen, Küchenformen
   – Planung der verschiedenen Küchenformen unter Berücksichtigung der Einrichtungsgrundsätze

2. Vollwertige Ernährung

a) Stoffwechselvorgänge
   – Aufgaben des Stoffwechsels
   – Bedeutung von Enzymen, Hormonen und Vitaminen für den Stoffwechsel

- Verdauung von Eiweiß, Fett und Kohlenhydraten
- Energiebedarf: Gesamtbedarf, Grundumsatz, Leistungsumsatz
- Energiestoffwechsel

b) Grundlagen der Ernährung
- Biorhythmus, Leistungskurve, Mahlzeitenverteilung
- altersabhängige Ernährungsbedürfnisse
- Erstellen von situationsgerechten Ernährungsplänen in Abhängigkeit von Alter, körperlicher Tätigkeit und Gesundheitszustand (evtl. mit dem Computer)

c) Verschiedene Ernährungsformen
- verschiedene Kostformen: Vollwertige Ernährung, Vollwertkost, Vegetarismus
- Kostformen nach Fehlernährung: Reduktionskost bei Übergewicht, Ernährung bei Magersucht (Anorexie) und Bulimie
- krankheitsbedingte Kostformen: leichte Vollkornkost, Diäten bei Gicht, Diabetes, erhöhtem Cholesterinspiegel

d) Lebensmittelvergiftungen
- Ursachen
- Giftstoffe, die auf Nahrungsmitteln wachsen – toxische Mikroorganismen (Schimmelpilzgifte – Aflatoxine, Salmonellen, Botulinustoxin, Eitererreger, Fäulniserreger)
- Schadstoffe, die bei der Zubereitung entstehen: Acrolein, Nitrit, Nitrosamine
- Gifte, die natürlicherweise vorhanden sind: Solanin, Oxalsäure, Blausäure
- Auswirkungen
- Maßnahmen zur Vermeidung

e) Schadstoffe in Nahrungsmitteln
- Ursachen, Arten: Pestizide, Düngemittel, Tierarzneimittel, Industriegifte (Cadmium, Blei, Quecksilber, radioaktive Substanzen)
- Auswirkungen auf die Gesundheit: Allergierisiko, Arzneimittelresistenz
- prophylaktische Maßnahmen zur Reduzierung von Schadstoffen beim Einkauf, bei der Verarbeitung und Lagerung von Lebensmitteln

f) Lebensmitteldesign und Gentechnik
- Grundlagen der Gentechnologie im Lebensmittelbereich
- Novel Food = neuartige Lebensmittel (gentechnisch veränderte Lebensmittel oder/ und bisher unbekannte Lebensmittel oder Zutaten)
- Nutzen und Risiken
- Kennzeichnung

3. Nahrungszubereitung und Präsentation
- Erstellen von Menüplänen
- Auswahl und Bewertung geeigneter Garverfahren
- Zubereitung regionaler und internationaler Gerichte

4. Ess- und Tischkultur
- Präsentation einfacher und festlicher Menüfolgen
- Planen, Organisieren und Durchführen eines Festes (evtl. im Rahmen eines Projektes)
- Ess- und Tischkultur im Wandel der Zeit

Glossar

abbrennen	Teigmasse von Brandteig unter ständigem Rühren im Topf solange erhitzen, bis sie sich als Kloß vom Topfboden löst
ablöschen	Einbrenne (Mehlschwitze), Soßenfond oder Karamel unter Rühren mit Flüssigkeit auffüllen
abschmecken	Speisen mit (Küchen)kräutern, Gewürzen oder Salz würzen
abschrecken	heiße, gegarte Lebensmittel mit kaltem Wasser rasch übergießen
Adipositas	krankhaftes, behandlungsbedürftiges Übergewicht
Aflatoxine	die bekanntesten Giftstoffe von Schimmelpilzen; Entdeckung 1960
Albumine	einfache Eiweißstoffe
Aleuronschicht	Bestandteil des Getreidekorns neben Fruchtschale, Samenschale, Keimling und Mehlkörper
Allergie	Überempfindlichkeitsreaktion des Körpers auf bestimmte Stoffe (Allergene), durch die Antikörper im Blut gebildet werden
Alternative Ernährungsform	auch: Vegetarismus, Bircher-Benner-Kost, Makrobiotik, Vollwertkost
Aminosäuren	Grundbausteine zum Aufbau der Eiweißstoffe
Amylase	Enzym, das Kohlenhydrate (Stärke) spaltet
Anabolika	natürliche Sexualhormone, die einen besseren Fleischzuwachs bei Tieren bewirken
anbraten	Lebensmittel, besonders Fleisch, bei guter Hitze in heißem Fett von allen Seiten bräunen; es entsteht eine Kruste, die die Poren verschließt und das Austreten des Saftes verhindert; es bilden sich auch neue Geschmacksstoffe
andünsten	Lebensmittel in heißem Fett mäßig erhitzen, nicht bräunen; dann mit wenig Flüssigkeit aufgießen
Anorexie	Magersucht, Essstörung
Antibiotika	z. B. Penicilline; verhindern Infektionskrankheiten
Antioxydantien	Dazu werden alle Stoffe gezählt, die gegen die so genannten Freien Radikale schützend wirken. Wegen dieser Funktion werden sie auch Radikalfänger genannt. Neben den Vitaminen A, C und E fungieren vor allem Pflanzenstoffe wie die Karotinoide als Antioxidantien.

Aperitif	meist ein bitter-aromatisches Getränk, das auf das Essen einstimmen und den Appetit anregen soll
aprikotieren	fertiges Gebäck vor dem Glasieren mit glatt gerührter Aprikosenmarmelade überziehen
Arteriosklerose	eine Verengung der Arterien, die ein hohes Risiko für Herz-/Kreislauferkrankungen darstellt
aufziehen	garen stärkehaltiger Nahrungsmittel in Flüssigkeit in der Röhre; = Auflauf
ausbacken	garen in heißem Fett in der Pfanne oder im Fett schwimmend
backen	garen unter Bräunung in trockener, heißer Luft mit unterschiedlichen Temperaturen (überwiegend Kuchen, pikant und süß)
Becquerel	Einheit für die Radioaktivität eines Stoffes
beizen	einlegen von Fleisch in eine Essig- oder Weinmischung mit Kräutern und Gewürzen
Benzpyren	krebserregend; bildet sich beim Grillen, wenn tropfendes Fett verbrennt
binden	Flüssigkeiten durch Zugabe von Bindemitteln (Mehl, Stärkemehl, Soßenbinder oder Geliermitteln) sämig machen
Biologische Wertigkeit von Eiweiß	gibt an, wie viel Gramm Körpereiweiß aus 100 g Nahrungseiweiß aufgebaut werden kann. Die biologische Wertigkeit des Getreideeiweißes ist niedrig, sie beträgt 35 %. Die biologische Wertigkeit des Rindfleischeiweißes ist hoch, sie beträgt 75 %.
Biologischer Ergänzungswert	Nahrungseiweißstoffe können sich bei gleichzeitiger Aufnahme gegenseitig ergänzen
Bioverfügbarkeit	Fähigkeit eines Stoffes, durch die Verdauung im Darm aufgenommen zu werden, sodass dieser dann im Blut und in den Geweben nachgewiesen werden kann
blanchieren	kurzes Vorgaren von Lebensmitteln in kochendem Wasser und rasches Abkühlen in Eiswasser
Botulismus	Lebensmittelvergiftung, hervorgerufen durch einen Erreger, der Sporen bildet, die z. B. in Einmachgläsern und Konservendosen ohne Luft wachsen können. Sie bilden Gifte, die zu den stärksten gehören, die in der Natur vorkommen.
Brät	gut verarbeitetes, feines Hackfleisch; vom Metzger hergestellt
braten	garen und bräunen roher Lebensmittel im Backrohr oder auf der Kochstelle in der Pfanne; mit oder ohne Fettzugabe
Bratzutaten	dazu gehören: eine Scheibe Sellerie, eine mittelgroße Gelbe Rübe, ein Stück Lauch, eine halbe Zwiebel, eine Petersilienwurzel und ein Stück Brotrinde
Bulimie	Ess-Brechsucht

Cholesterin	fettähnlicher Stoff; Baustein der Zellmembranen, der Gehirn- und Nervenzellen
Convenience-food	vorgefertigte Lebensmittel, z. B. Tiefkühlprodukte, die so bearbeitet sind, dass zeitraubende Arbeiten wegfallen
Croutons	knusprig geröstete, kleine Weißbrotwürfel
dämpfen	garen von Lebensmitteln in Wasserdampf
denaturierte Kohlenhydratträger	dazu gehört: Gebäck, gekochtes Obst und Gemüse in Dosen, die bereits bei der Zubereitung Vitamine und Mineralstoffe verlieren
DGE	Deutsche Gesellschaft für Ernährung. Sie empfiehlt die vollwertige Ernährung als geeignete Form zur Erhaltung der Gesundheit.
Digestif	z. B. ein Weinbrand oder Cointreau, der nach der Mahlzeit gereicht wird und verdauungsfördernd wirken soll
Disaccharide/ Doppelzucker	aufgebaut aus zwei Monosaccharid-Molekülen (Einfachzucker), die unter Abspaltung eines Wassermoleküls zusammengeschlossen sind
DNA (DNS)	doppelsträngiges Molekül, bestehend aus Zuckermolekülen, Phosphatgruppen und Nukleotiden, deren Abfolge die Erbinformation bildet
Dressing	fertige, würzige Salat- oder Grillsoße
druckgaren	garen von Lebensmitteln in hermetisch verschließbaren Dampfdrucktöpfen
dünsten	garen in wenig eigener oder zugegebener Flüssigkeit mit oder ohne Zugabe von Fett (z. B. Gemüse)
Einbrenne oder Mehlschwitze	Mehl in zerlassenem Fett lichtgelb bis kräftig braun rösten, mit Flüssigkeit unter Rühren nach und nach aufgießen, glatt rühren und bei mäßiger Hitze garen (ca. 5 – 10 Minuten)
Eischwer	das Gewicht eines Eies mit Schale; gilt als Maß für Butter, Zucker und Mehl bei der Herstellung von Eischwerteigen
Emulsion	Öl-Wassergemisch, d. h. feine Verteilung einer wasserlöslichen Flüssigkeit in einer fettlöslichen
Energy-Drinks	modische Getränke mit hohem Zucker-, Koffein-, evtl. Alkoholgehalt
E-Nummer	Das Lebensmittelgesetz schreibt die Kenntlichungmachung verwendeter Zusatzstoffe vor, z. B. Farbstoff E 132
Enzyme	Proteine, die eine Vielfalt von chemischen Prozessen beschleunigen, ohne dabei selbst umgesetzt zu werden (z. B. die Spaltung von Stärke zu Zucker)
Ergonomie	Wissenschaft von der Anpassung der Arbeitsbedingungen an den Menschen
essenziell	wesentlich, lebensnotwendig

FAO	Food and Agricultural Organization – Welternährungsorganisation der Vereinten Nationen
Farce	feine Fleischfülle für Geflügel, Gemüse, Pastetchen
Fast-Food	dazu gehören: Hamburger, Hähnchen, Pizzen, Crêpes und Salate. Kennzeichen: schneller Service und gleich bleibendes Angebot
filetieren	ablösen, z. B. des Fischfilets von den Rückengräten nach vorherigem Häuten
flambieren	Speisen mit einer kleinen Menge meist erwärmter, hochprozentig alkoholhaltiger Flüssigkeit übergiessen und anschließend anzünden
Fond	Bratenrückstand, der nach dem Zubereiten von Fleisch oder Fisch in der Pfanne verbleibt und durch Aufgießen mit wenig Flüssigkeit für die Soße verwendet wird
Food Design	(= Lebensmittelgestaltung). Fertigprodukte werden mit Hilfe von künstlichen Zusatzstoffen wie Aromaten, Farbstoffen, Geschmacksverstärkern, Emulgatoren und/oder chemischen Verfahren entwickelt und verändert, um eine möglichs hohe Akzeptanz beim Kunden zu erreichen. Gleichzeitig muss eine kostengünstige industrielle Herstellung gewährleistet sein.
Fotosynthese	Vorgang der Kohlenhydratbildung in Grünpflanzen
Freie Radikale	unerwünschte sauerstoffhaltige Nebenprodukte z. B. aus Atmungsprozessen; ca. 5–10 % des Luftsauerstoffs werden im Körper zu schädlichen Sauerstoffradikalen umgewandelt. Zigarettenrauchen, UV-Bestrahlung, Umweltgifte, Stress u. v. m. begünstigen erhöhte Konzentrationen von Freien Radikalen im Körper.
frittieren	garen unter Bräunung, in heißem Fett schwimmend
Fructose	Fruchtzucker (Einfachzucker/Monosaccharid)
Functional Food	mit Zusätzen angereicherte Lebensmittel, die über ihren eigentlichen Nährwert hinaus gesundheitlichen Zusatz versprechen
garen in Alufolie	garen von Lebensmitteln im eigenen Saft ohne oder mit nur wenig Fettzugabe
gar ziehen, pochieren	Lebensmittel in wenig oder viel heißer Flüssigkeit unter dem Siedepunkt gar ziehen lassen
Gen	Abschnitt auf der DNA, der die Information zur Synthese eines Proteins enthält
Genom	Die gesamte Erbinformation eines Lebewesens. Jede Zelle eines Organismus verfügt über die komplette Erbinformation.
Gentechnik	Anwendung biologischer, molekularbiologischer, chemischer und physikalischer Methoden zur Analyse und Neukombination von Nukleinsäuren
Gewürzdosis	bestehend aus drei Pimentkörnern, drei Pfefferkörnern, ein bis zwei Nelken, ein bis zwei Lorbeerblättern
Globuline	einfache Eiweißstoffe

Glucose	Traubenzucker (Einfachzucker/Monosaccharid)
Glykogen	Vielfachzucker/Polysaccharid, der als Speicherkohlenhydrat in der Leber und der Muskulatur vorkommt
gratinieren	Speisenoberfläche durch starke Oberhitze bräunen; = überbacken
grillen	garen durch Strahlungs- oder Kontakthitze
GVO	Gentechnisch veränderte Organismen
Herbizid	Chemisches Pflanzenschutzmittel, das zur Bekämpfung von Unkraut eingesetzt wird
homogenisieren	Zerteilung von Milchfett und Milcheiweiß in feinste Tröpfchen; verhindert das Aufrahmen
Horde	Lattengestell; Rost zum Lagern von Obst, Gemüse und Kartoffeln
Hygiene	Maßnahmen zur Sauberkeit und Körperpflege
Insektizid	Bekämpfungsmittel gegen Schadinsekten
Insulin	Hormon der Bauchspeicheldrüse, das den Blutzuckerspiegel reguliert. Das erste Hormon, das als Medikament gentechnisch hergestellt wurde.
isolierte Kohlenhydrate	dazu gehören: Haushaltszucker, Stärke und Traubenzucker; herausgelöst aus Pflanzen stehen sie in konzentrierter Form zur Verfügung
Joule	Maßeinheit für den Energiegehalt der Grundnährstoffe 1000 J = 1 kJ (Kilojoule)
Julienne	in feine Streifen geschnittene Gelbe Rüben, Sellerie und Lauch
Karamel	durch Hitze verflüssigter und gebräunter Zucker
Karotinoide	Pflanzeninhaltsstoffe, denen eine stark antioxidative Wirkung zugesprochen wird; dazu gehören z. B. das Beta-Karotin in Gelben Rüben und der rote Farbstoff in Tomaten; bisher sind 500 Karotinoide bekannt
Klon	Kolonie genetisch identischer Zellen oder Organismen, entstanden durch Teilung einer einzigen Zelle (z. B. das Schaf Dolly, das eine identische Kopie seiner Mutter war)
kochen	garen in viel Flüssigkeit bei einer Temperatur von ca. 100 °C
Kohlenhydrate	Nährstoffe, bestehend aus den Elementen C, O und H
komplexe Kohlenhydratträger	dazu gehören: Obst, Gemüse, Getreidekörner; neben Kohlenhydraten enthalten sie Vitamine und Mineralstoffe in optimaler Form
konservieren	haltbar machen
Lactose	Milchzucker (Doppelzucker/Disaccharid)
Lactovegetarier	Menschen, die auf Fleisch, Fisch und Eier verzichten, jedoch Milch und Milcherzeugnisse zu sich nehmen
legieren	binden und verbessern von nicht mehr kochenden Suppen und Soßen mit Eigelb

Lipase	Enzym, das die Fettverdauung bewirkt
Lipide	Fette
LMBG	Lebensmittel- und Bedarfsgegenständegesetz. Es regelt die Herstellung und den Vertrieb von Lebensmitteln, Tabakerzeugnissen, kosmetischen Mitteln und sonstigen Bedarfsgegenständen.
Maltose	Malzzucker (Doppelzucker/Disaccharid)
Marinade	Salatsoße aus Essig oder Zitronensaft, Salz, Gewürzen, Kräutern und Öl oder Rahm bzw. Joghurt
marinieren	mischen salziger Gerichte mit einer Soße aus Essig (Zitronensaft), Öl (Sahne oder Joghurt), Salz, Zucker, Kräutern und Gewürzen; mischen süßer Gerichte mit Zucker, Zitronensaft, Alkohol usw.
Markergen	Gen, das benutzt wird, um durchgeführte genetische Veränderungen in Organismen zu kennzeichnen und zu identifizieren
Massentierhaltung	hochspezialisierte Haltung einer möglichst großen Zahl von Tieren einer Art auf möglichst kleiner Produktionsfläche, oft in bodenunabhängigen Großbetrieben (d. h. ohne Pflanzenbau)
Mehlschwitze	siehe Einbrenne
Mikroorganismen	Mikroben (Hefen, Schimmelpilze, Bakterien)
Monosaccharid	Einfachzucker (Kohlenhydrat)
Mykotoxin	giftiger Stoff einiger Schimmelpilzarten
Nitrat	Pökelstoff, um bei Fleischarten die Haltbarkeit zu verlängern und ein schöneres Aussehen zu erzielen; manche Gemüsesorten reichern Nitrat an: Kopfsalat, Spinat, Radieschen usw.; auch das Trinkwasser kann belastet sein
Nitrosamine	Reaktionsprodukte von Eiweißen, die beim Erhitzen gepökelter Lebensmittel (Salami) entstehen; stark krebserregend
Novel Food	neuartige Produkte, die mithilfe der Gentechnik hergestellt werden
ökologisch	umweltverträglich
ökologischer Landbau	auch biologischer, alternativer Landbau; Form der Landwirtschaft, die die Erhaltung des natürlichen Gleichgewichts und der Nährstoffkreisläufe anstrebt
Öko-Audit-Gütesiegel	von der EU an überprüfte Unternehmen verliehen, die z. B. Kunststoffe umweltfreundlich herstellen und sich verpflichten, die Umweltbelastung weiter zu senken
Ökonomie	Wirtschaftlichkeit
Ovo-Lacto-Vegetarier	Menschen, die auf Fleisch und Fisch verzichten, neben Milch und Milcherzeugnissen aber auch Eier verzehren

Oxalsäure	organische Säure, die als Stoffwechselgift wirkt; Vorkommen ihrer ungiftigen Salze z. B. in Spinat, Rhabarber, Tomaten
panieren	nacheinander wenden in Mehl, verschlagenem Ei und Paniermehl, gehackten Nüssen, Mandeln, Kokosflocken usw. und ausbacken
passieren	rohe weiche oder gegarte Lebensmittel durch ein Sieb pressen oder streichen
Pasta	in Italien Allgemeinbegriff für Nudeln
pasteurisieren	kurzzeitiges Erhitzen auf Temperaturen unter 100 °C
pochieren	aufgeschlagene Eier in kochendes Essig-Salzwasser gleiten und leise kochen lassen („Verlorene Eier")
Polysaccharide/ Vielfachzucker	Entstehung aus vielen Molekülen Einfachzucker unter Wasserabspaltung; wichtigste Vielfachzucker sind Stärke, Glykogen und Zellulose
Prise	Menge, die auf eine Messerspitze geht oder die man zwischen zwei Fingerspitzen halten kann
Protein	Eiweiß
pürieren	weiche Lebensmittel zu einer Masse fein zerstampfen oder zerdrücken (meist kraftsparend mit dem Pürierstab eines elektr. Handrührgeräts)
quellen	Aufnahme von Flüssigkeit unter Zunahme des Volumens (Reis, Nudeln, Gelatine)
radioaktive Bestrahlung	mit ionisierenden Strahlen; dient zur Haltbarmachung von Lebensmitteln. Bestrahlte Lebensmittel selbst werden nicht radioaktiv.
rösten	bräunen von Lebensmitteln in heißem Fett oder trockenes Bräunen von z. B. Nüssen
Saccharose	Rohr- und Rübenzucker (Doppelzucker/Disaccharid)
schmoren	bräunen in heißem Fett mit anschließendem Garen in wenig Flüssigkeit bei geschlossenem Topf (Gulasch)
Schutzkulturen	Starterkulturen, die das Wachstum unerwünschter Mikroorganismen (z. B. Salmonellen) durch die Bildung bestimmter Stoffe hemmen
schwenken	durchschütteln gekochter, noch heißer Lebensmittel in heißem Fett
sekundäre Pflanzenstoffe	Duft- und Farbstoffe, die von Pflanzen synthetisiert werden; mit gemischter Kost nehmen wir täglich 1,5 g dieser Stoffe auf; zurzeit wird von einer Anzahl von 60000 bis 100000 dieser Stoffe ausgegangen; folgende gesundheitsfördernde Wirkungen werden beschrieben: antikanzerogen, antimikrobiell, antioxidativ, verdauungsfördernd, blutdruckbeeinflussend, cholesterinsenkend usw.
Silikone	siliciumhaltige Kunststoffe von großer Wärme- und Wasserbeständigkeit
Soufflee	Eierauflauf
Standard	Normalmaß

Staphylokokken	Bakterien, die die Eiterbildung bewirken
Starterkulturen	Kulturen lebender Mirkoorganismens, die zum Ansetzen von Betriebskulturen (z. B. Sauermilchkulturen) dienen
Stoffwechsel	Umwandlung von Stoffen, die im Körper stattfindet
Sud	gewürzte Kochbrühe von Fleisch, Fisch oder Gemüse
toasten	Weiß- oder Schwarzbrotscheiben ohne Fett von beiden Seiten lichtgelb rösten
Toxin	Gift
Toxoplasmose	weltweit verbreitete Infektionskrankheit
tranchieren	sachgerechtes Zerlegen von gegartem Fleisch aller Art in Scheiben oder Teile
Tranquilizer	Arzneimittel mit beruhigender Wirkung
Transgene Organismen	Organismen (Mikroorganismen, Tiere, Pflanzen), denen mithilfe der Gentechnik ein oder mehrere fremde Gene eingeführt worden sind
Ultra-hocherhitzen	Milch zunächst auf ca 75 °C erhitzen, dann für eine Sekunde auf 135 °C und 150 °C bringen
unterheben	gleichmäßiges Unterheben z. B. von Eischnee unter eine Masse (nicht rühren!); = unterziehen
Warenkorb	Er zeigt an ausgewählten Beispielen das Konsumverhalten eines durchschnittlichen Haushalts (evtl. Kostenangabe)
Wasserbad	Gefäß mit kochendem Wasser zum Garen empfindlicher Speisen, Soßen oder Cremes
WHO	World-Health-Organization – Weltgesundheitsorganisation
Wurzelwerk	Dazu gehört: eine Scheibe Sellerie, eine Gelbe Rübe, eine Petersilienwurzel, ein Stück Lauch, grob geschnitten
ziehen lassen	garen in Flüssigkeit unter Siedetemperatur (75–95 °C)
Zöliakie	Stoffwechselkrankheit, die durch das Klebereiweiß von Weizen, Roggen, Gerste und Hafer verursacht wird

Prüfungsaufgaben

I. Fett – wichtiger, aber auch risikoreicher Bestandteil unserer Nahrung

Verbindliche Fragen

1. Zeigen Sie die Bedeutung von Fett für den menschlichen Organismus auf.

2. Beschreiben Sie den stufenweisen Abbau von Fetten beim Stoffwechsel.

3. Vergleichen Sie pflanzliches und tierisches Fett nach Geschmackswert, Verdaulichkeit, Gesundheitswert und Verwendbarkeit.

Wahlfragen: Bearbeiten Sie nachfolgend Aufgabe 4 oder 5

4. Diagnose „erhöhter Cholesterinspiegel". Zeigen Sie für diese Stoffwechselerkrankung Regeln für eine Diät und weitere wichtige Maßnahmen auf.

5. Überhöhte Fettzufuhr kann unseren Organismus belasten. Begründen Sie dies anhand von drei Argumenten.

II. Auch ein moderner Haushalt braucht Vorrat

Verbindliche Fragen

1. Das Bundesministerium für Verbraucherschutz, Ernährung und Landwirtschaft empfiehlt den Bundesbürgern das Anlegen eines Vorrats.
Begründen Sie diese Empfehlung und beweisen Sie an drei Beispielen, dass zeitgemäße Vorratshaltung den Alltag bequemer und wirtschaftlicher gestaltet.

2. Lagermöglichkeiten entscheiden über die Art der Bevorratung. Erläutern Sie vier verschiedene Lagermöglichkeiten für einen Familienhaushalt.

3. Verschiedene Konservierungsverfahren machen Lebensmittel erst haltbar. Beschreiben Sie fünf Konservierungsverfahren und geben Sie je zwei Lebensmittelbeispiele an.

Wahlfragen: Bearbeiten Sie nachfolgend Aufgabe 4 oder 5

4. Die Kartoffel ist ein gut zu lagerndes Lebensmittel. Geben Sie Tipps für die Einlagerung und begründen Sie diese.

5. Das Angebot an Convenience-Produkten für den Verbraucher ist riesig. Definieren Sie den Begriff und erstellen Sie vier Regeln, die Sie als Verbraucher beachten müssen.

I. Fett – wichtiger, aber risikoreicher Bestandteil der Nahrung

1. Bedeutung der Fette für den menschlichen Organismus

Fette sind konzentrierte Energielieferanten
Der Energiegehalt der Fette ist mehr als doppelt so hoch wie der von Kohlenhydraten oder von Eiweißstoffen und beträgt durchschnittlich 39 kJ je Gramm. Diese Energie steht dem Körper zur Verfügung
– zur Aufrechterhaltung des Stoffwechsels,
– zur Aufrechterhaltung der Körpertemperatur
– und für Arbeitsleistungen.

Fette dienen als langfristige Energiereserve
Wird mehr Fett mit der Nahrung aufgenommen, als zur Energiegewinnung nötig ist, wandelt es der Körper um und speichert es als Depotfett vor allem im Unterhautfettgewebe und Bauchfett – als „Reserve für später".
Größere Mengen Depotfett führen zu Übergewicht, ein Risikofaktor für Bluthochdruck und Arteriosklerose mit den Folgeerscheinungen Herzinfarkt und Schlaganfall.
Bei Energiebedarf wird Depotfett wieder zu Glycerin und Fettsäuren abgebaut.

Depotfett erfüllt Schutzfunktionen
Geringe Mengen Depotfett sind für den Körper notwendig. Es schützt innere Organe, die darin eingebettet sind, vor Stoß und Druck. Bewegliche Organe, z. B. die Nieren, werden in der richtigen Lage gehalten.
Depotfett schützt vor Kälte. Es hilft dem Menschen, die Eigenwärme zu entfalten und aufrechtzuerhalten. Magere Menschen frieren leichter.

Fette haben einen hohen Sättigungswert
Fetthaltige Speisen verweilen länger im Magen als andere (z. B. Gänsebraten 8 Std.). Das Gefühl der Sättigung hält geraume Zeit an. Durch Fette wird das Nahrungsvolumen verringert, aber eine größere Energiemenge zugeführt. Diese Tatsache ist für Schwerarbeiter sicher vorteilhaft, für andere Menschen eher von Nachteil.

Fette sind Träger essenzieller Fettsäuren
Pflanzenöle sind reich an mehrfach ungesättigten Fettsäuren, z. B. der Linolsäure. Diese Substanzen sind für die Ernährung des Menschen von großer Bedeutung, denn sie haben im Organismus lebenswichtige Aufgaben zu erfüllen:
– Sie sind am Aufbau der Zellmembranen beteiligt.
– Sie sind Grundbausteine bei der Bildung von Hormonen.
– Sie können einen erhöhten Blutcholesterinspiegel senken.
Diese lebensnotwendigen Fettsäuren kann der Körper allerdings nicht selbst aufbauen, sie müssen ihm mit der Nahrung zugeführt werden.

Fette sind Träger der fettlöslichen Vitamine A, D, E, K und des Provitamins Carotin
Nur mithilfe von Nahrungsfetten können diese Vitamine aus der Nahrung gelöst und vom Körper genutzt, d. h. aus dem Darm ins Blut aufgenommen werden.

Fette gelten als ideale Geschmacksträger
Die meisten Geschmacksstoffe sind gut fettlöslich. Man denke an Soßen und Gebratenes, an würzige Wurst und schmackhafte Käsearten oder an Schokolade, Kuchen und sonstige gehaltvolle Süßspeisen.

2. Stufenweiser Abbau der Fette beim Stoffwechsel

Verdauung / Übersicht		
Verdauungsorgane Verdauungssäfte	Enzyme	Schritte des Fettabbaus
Mund Mundspeichel		Die Nahrung wird zerkleinert. Die Fette werden erwärmt und beginnen z. T. zu schmelzen
Magen Magensaft	Lipasen	Nur Milchfett wird unter Wasseranlagerung in Fettsäuren und Glycerin gespalten
Zwölffingerdarm Gallensaft		Durch den Gallensaft werden restliche Fette und Öle emulgiert.
Bauchspeichel	Lipasen	Fette und Öle werden in Fettsäuren und Glycerin gespalten
Dünndarm Dünndarmsaft		Hier befindet sich kein Fett spaltendes Enzym; die Lipasen des Bauchspeichels wirken weiter.

Fettsäuren und Glycerin sind die Endprodukte der Fettverdauung. Sie stehen für den Aufbau körpereigener Stoffe und zur Energiegewinnung zur Verfügung.

Verdauung

Im **Mund** wird die Nahrung zerkleinert. Die Fette erwärmen sich durch die Körpertemperatur und beginnen zum Teil zu schmelzen. Hier befindet sich kein Fett spaltendes Enzym.

Im **Magen** spalten die Lipasen des Magensaftes eine geringe Menge des leicht verdaulichen emulgierten Milchfettes unter Wasseranlagerung in Glycerin und Fettsäuren.

Im **Zwölffingerdarm** wirkt der Gallensaft emulgierend auf alle restlichen Fette und Öle. Gleichzeitig sondert die Bauchspeicheldrüse Verdauungssäfte (Bauchspeichel) ab. Enzyme des Bauchspeichels, die Lipasen, spalten dann Fette und Öle unter Wasseranlagerung in Glycerin und Fettsäuren.

Im **Dünndarm** wirken die Lipasen des Bauchspeichels weiter und spalten Fette vollständig in Glycerin und Fettsäuren.

Resorption

Die entstandenen Spaltprodukte werden über die Darmwand direkt ins Blut oder über die Lymphe ins Blut aufgenommen, d. h. resorbiert, und zu den Zellen transportiert.

Zellstoffwechsel

Alle Reaktionen, die innerhalb der Körperzellen ablaufen, fasst man unter dem Begriff Zellstoffwechsel zusammen.

In den Zellen werden ständig körpereigene Stoffe auf- bzw. abgebaut:
– Aufbau körpereigener Fette, z. B. Zellfett, und Aufbau fettähnlicher Stoffe, z. B. Lecithine,
– Abbau von Fettsäuren und Glycerin zu Kohlenstoffdioxid und Wasser unter Energiegewinnung.

Körpereigene Fette werden als Depotfett im Unterhautfettgewebe oder als Zellfett gespeichert.

Zwischen den Grundnährstoffen bestehen Wechselbeziehungen. Essenzielle Fettsäuren können jedoch nicht aufgebaut werden.

3. Pflanzliches und tierisches Fett im Vergleich

	Pflanzliches Öl z. B. kaltgepresstes Rapsöl	Tierisches Fett z. B. Butter
Geschmacks-wert	Kaltgepresstes, bernsteinfarbenes Rapsöl besitzt ein nussiges Aroma.	Sauerrahmbutter schmeckt leicht säuerlich und frisch. Süßrahmbutter besitzt ein mildes, sahniges Aroma, da bei der Herstellung die Säuerung entfällt.
Verdaulich-keit	Öle sind etwas schwerer verdaulich als Butter. Sie müssen im Zwölffingerdarm erst durch den Gallensaft emulgiert werden. Der Schmelzpunkt liegt, wie bei den meisten Ölen, bei ca. 5 °C. Rapsöl ist ein gut bekömmliches Produkt aus heimischer Landwirtschaft.	Butter ist leicht verdaulich, weil das Milchfett bereits emulgiert ist. Der Schmelzpunkt liegt bei ca. 30–37 °C, d. h. bei Körpertemperatur.
Gesundheits-wert	Rapsöl ist sehr reich an essenziellen ungesättigten Fettsäuren. Außerdem enthält es die verschiedenen Fettsäuren in einer nahezu optimalen Zusammensetzung. Wie die meisten pflanzlichen Fette und Öle ist es reich an den natürlichen, fettlöslichen Vitaminen E und A.	Der Anteil an essenziellen Fettsäuren ist gering. Der Gehalt an Cholesterin kann bei regelmäßigem Verzehr ein Risikofaktor für Herz- und Kreislauferkrankungen sein.
Verwendbar-keit	Hervorragend geeignet für kalte Speisen, Salate und Dips. Weil wasserfrei, kann es bis 190 °C erhitzt werden und lässt sich gut zum Schmoren, Braten und Dünsten verwenden. Die Haltbarkeit beträgt 6–12 Monate.	Sehr gut geeignet zum Dünsten und als Streich- und Backfett. Weil wasserhaltig, spritzt und schäumt sie beim Erhitzen und kann nur bis 150 °C erhitzt werden. Butter bräunt bei höheren Temperaturen durch ihren Eiweißgehalt. Je nach Lagerung beträgt die Haltbarkeit wenige Wochen.

4. Regeln für eine Diät bei erhöhtem Cholesterinspiegel

Zur Information!

Cholesterin – ein lebenswichtiger Fettbegleitstoff – dient nicht als Energielieferant. Es ist vielmehr ein unentbehrlicher Baustein aller Zellen und Gewebe, außerdem ein unverzichtbarer Baustoff für Hormone und Vitamine. Unser Körper produziert in der Leber selbst Cholesterin und zwar bis zu zwei Gramm täglich. Es wird aber auch über die tierischen Fette mit der Nahrung aufgenommen. Der Mensch braucht das Cholesterin, allerdings wohldosiert. Eine erhöhte Cholesterinzufuhr hat meist einen zu hohen Cholesterinspiegel zur Folge, und das wiederum ist ein Risikofaktor bei der Entstehung von Herz- und Kreislauferkrankungen.

Cholesterin wird im Blut transportiert und seine Konzentration kann aus dem Blutserum bestimmt werden. Man unterscheidet heute zwischen zwei Formen, dem HDL- und dem LDL-Cholesterin.

- Alle Nahrungsmittel meiden, die reichlich Cholesterin enthalten.
  Das sind ausschließlich tierische Produkte, z. B. Eigelb, Butter, Schweineschmalz, Sahne, fette Wurstwaren, Geflügel, Innereien.
- Mit cholesterinfreien und cholesterinarmen Nahrungsmitteln den Speiseplan gestalten.
  Dazu gehören z. B. Getreide und Getreideprodukte, Teigwaren ohne Ei, Kartoffeln, Obst, Gemüse, Fruchtsäfte, fettarme Milch und Milchprodukte.
- Wenn Fette, dann Fette mit mehrfach ungesättigten Fettsäuren bevorzugen.
  Eine gute Quelle dafür sind Weizenkeime und verschiedene Ölsaaten, z. B. Soja-, Raps-, Sonnenblumen- oder Distelöl und als Ausnahme ein tierisches Fett, das der Seefische.
- Kalorienzufuhr insgesamt einschränken.
  Das bedeutet, den Fett-, Zucker- und Alkoholkonsum zu reduzieren, auch küchentechnische Tricks beim Kochen zu nutzen und die versteckten Fette meiden!
- Reichlich Ballaststoffe in die täglichen Mahlzeiten einplanen.
  Vollkornprodukte, Rohkost, Obst, Hülsenfrüchte und Kartoffeln helfen, den Cholesterinspiegel zu senken.
- Sich möglichst ausgewogen ernähren, denn alle Nahrungsbausteine müssen im richtigen Verhältnis zueinander stehen. Nur so kann der Körper seine Funktionen erfüllen.

Begleitende Maßnahmen zur Diät

Mögliche Risikofaktoren sind auszuklammern. Hierzu einige Tipps:

- das Rauchen aufgeben
- übermäßigen Salzkonsum einschränken
- hohen Blutdruck behandeln lassen
- ebenso mögliche Stoffwechselstörungen, wie z. B. Diabetes mellitus oder Gicht
- bestehendes Übergewicht reduzieren
- Stress vermeiden, schlechten Stress abbauen
- sich viel bewegen oder, noch besser, sich regelmäßig sportlich betätigen

Bei der ererbten Form des erhöhten Cholesterinspiegels bewirken diese Maßnahmen keine ausreichende Senkung. Daher ist eine medikamentöse Therapie in Betracht zu ziehen. Dabei sollten

- die Cholesterinwerte regelmäßig gemessen und darüber Buch geführt werden
- die Ratschläge des Arztes befolgt
- und verordnete Medikamente stets genau dosiert eingenommen werden.

5. Überhöhte Fettzufuhr kann den Organismus belasten

Begründung:
Viele Menschen zeigen eine gestörte Nahrungsaufnahme. Sie kann sich in einer Überbewertung des Essens, einer verstärkten Zuwendung zum Essen, z. B. Essgier, Heißhunger und Naschhaftigkeit äußern.
Hoher Fettkonsum führt häufig zu Übergewicht. Überschüssiges Fett wird im Unterhautfettgewebe und als Bauchfett gespeichert. Der durchschnittliche Anteil an Depotfett beträgt bei Männern 15 % und bei Frauen 25 % der Körpermasse. Männliche Personen haben generell mehr aktives Gewebe (Muskelmasse) als Frauen, diese haben mehr passives Gewebe, d. h. der Fettgewebsanteil ist höher.
- Bereits ein geringes Übergewicht belastet Herz und Kreislauf und kann das Atmen beschwerlich werden lassen.
- Regelmäßige hohe Fettzufuhr begünstigt oder verursacht folgende Stoffwechselkrankheiten:
- die Zuckerkrankheit
- die Gicht
- hohen Blutcholesterinspiegel.
  Bei einem erhöhten Cholesterinspiegel – der vor allem durch den Konsum tierischer Fette entsteht – steigt die Gefahr der Arteriosklerose (einer Verengung der Blutgefäße), die ein hohes Risiko für Herzinfarkt und Schlaganfall ist.
- Durch Übergewicht treten vermehrt Schäden am Skelett, an der Wirbelsäule, an Knien und Füßen auf. Diese Veränderungen an den Knochen und Gelenken sind sehr schmerzhaft und schränken die Beweglichkeit ein. Durch so entstandene Unsicherheit sind Unfälle auf der Straße und im Haushalt vorprogrammiert.
- Übergewichtige schwitzen leicht. Unangenehme, schmerzende Hautentzündungen können sich in Hautfalten bilden.

II. Auch ein moderner Haushalt braucht Vorrat

1. Das Bundesministerium für Verbraucherschutz, Ernährung und Landwirtschaft empfiehlt den Bundesbürgern das Anlegen eines Vorrats.

Begründung
Immer wieder werden wir von Situationen überrascht, in denen wir froh sind, einen vernünftigen Vorrat an Lebensmitteln im Haushalt zu haben.
Ob es nun die alltäglichen Verlegenheiten betrifft oder große Versorgungsstörungen, z. B. infolge von Unwettern, Katastrophen oder internationalen Krisen mit Auswirkungen auf unsere Versorgung – Vorrat sollte selbstverständlich sein.
- Der Umfang und die Auswahl des Vorrats ist u. a. abhängig von der Art des Haushalts – einem landwirtschaftlichen oder städtischen Haushalt –, von den Verzehrsgewohnheiten der Familienmitglieder und von der Familiensituation.
- Wenn zur Familie Personen gehören, die auf eine bestimmte Diät angewiesen sind, dann ist auch das zu berücksichtigen.
- Grundsätzlich können Vorräte nach individuellen Bedürfnissen und persönlichen Vorlieben angelegt werden.
- Notvorräte sollen für 14 Tage berechnet sein. Auch Trinkwasser, zwei Liter pro Person täglich, darf nicht fehlen.
- Da Stromausfall möglich ist, sollen vor allem Lebensmittel gewählt werden, die ohne Kühlung gelagert und ohne Erhitzen zubereitet und verzehrt werden können.
- Bei einem planvoll angelegten Vorrat kann die Familie vielen Überraschungen ruhig entgegensehen.

– Vorräte müssen auch verwaltet werden. Eine Aufstellung bietet Überblick, wann die Lebensmittel verbraucht und ersetzt werden müssen; sie sollten nicht als eiserne Ration im Keller liegen, vergessen werden und verderben.

Mit einem zeitgemäß angelegten Vorrat lässt sich der Haushalt

bequemer gestalten	wirtschaftlicher gestalten
– Durch Großeinkäufe lassen sich tägliche **Wege** und damit **Zeit** und **Kraft** sparen. Besonders Berufstätige wissen das zu schätzen.	– Wenn Vorrat hauptsächlich durch Nutzung von Saison- und Sonderangeboten und wenn möglich mit der Ernte aus dem eigenen Garten zusammengestellt wird, kann spürbar **Geld** gespart werden.
– Fertigprodukte und vorgefertigte Gerichte machen unabhängig von Ladenschlusszeiten. Unvorhergesehene Situationen (unerwarteter Besuch, Krankheit, Rückkehr aus dem Urlaub nach Ladenschluss) lassen sich ohne Stress meistern.	– **Energie**verbrauch und **Zeit**aufwand reduzieren sich bei der Herstellung größerer Mengen, die für mehrere Mahlzeiten portioniert und tiefgefroren werden.
– Geschickte Lagerhaltung erfüllt evtl. ausgefallene Wünsche, bereichert die Mahlzeiten, bietet willkommene Überraschungen.	– Ein gut sortierter Haushalt gibt Sicherheit.

2. Lagermöglichkeiten von Lebensmitteln im Familienhaushalt

Mehrzonenkühlschrank
Mit diesem Gerät ist es gleichzeitig möglich, Lebensmittel bei Temperaturen zu lagern, die z. B. jenen im Keller, im Kühl- oder im Gefrierschrank entsprechen.

Kühlschrank
In diesem Gerät herrschen keine Minusgrade, die Temperaturen betragen zwischen $+2\,°C$ bis $+8\,°C$. Viele tierische und pflanzliche Nahrungsmittel setzen während der kühlen Lagerung ihre Stoffwechselvorgänge fort, auch Mikroorganismen bleiben noch aktiv. Ein Kühlschrank ist daher nur für die kurzfristige Lagerung frischer, leicht verderblicher Lebensmittel geeignet. Vorräte, die so aufbewahrt werden, müssen außerdem gut verschlossen oder zugedeckt sein, um sie vor dem Austrocknen und vor der Annahme fremder Gerüche zu schützen.
Die Lagerdauer von Frischvorräten beträgt nur wenige Tage.

Gefriergerät
Die Lagertemperatur beträgt ca. $-18\,°C$. Tiefkühlkost aus dem Handel kann bedenkenlos so weiter gelagert werden, wenn die Tiefkühlkette nach dem Einkauf nicht unterbrochen wurde. Frische Waren können im Haushalt selbst eingefroren werden, bei Temperaturen bis zu $-24\,°C$.
Im Gefrierfach ist die Lagerdauer der einzelnen Lebensmittel unterschiedlich. Sie beträgt im Durchschnitt einige Monate. Als langfristiger Vorrat werden im Gefriergerät vor allem gelagert: Fleisch, Obst, Gemüse, Backwaren, industriell vorgefertigte Tiefkühlkost, gegarte Speisen.
Gefriergeräte bieten eine vorteilhafte Möglichkeit der Lagerung, allerdings ist der Stromverbrauch nicht unbeträchtlich.

Vorratskammer / Vorratsschrank

Im Unterschied zum Schrank kann ein eigener Raum problemlos gelüftet werden und bietet außerdem mehr Platz. Beide Lagermöglichkeiten sind besonders geeignet für Trockenvorräte und Konserven, die jedoch gut verschlossen sein müssen, da Temperatur und Luftfeuchtigkeit zeitweise recht hoch sind. In ausziehbaren Vorratsschränken, sog. Apothekerschränken, können Lebensmittel sehr geordnet und übersichtlich gelagert werden.

Vorratskeller / Erdmiete

Kühle, dunkle Kellerräume ohne Heizung sind bestens geeignet für die Lagerung von Kartoffeln, Äpfeln und Birnen. Die Vorräte sollten aber voneinander getrennt sein. Die Räume müssen gut zu lüften sein und im Winter vor Frost geschützt werden. Einige Gemüse, z. B. Gelbe Rüben, Rote Bete oder Schwarzwurzeln, können in reichlich Sand gesteckt und vor Nässe geschützt (= Erdmiete) im Freien gut überwintern.

3. Verschiedene Konservierungsverfahren mit Angabe von Lebensmittelbeispielen

Tiefgefrieren	Bei einer **Kälteeinwirkung** bis $-24\,°C$ wachsen die Mikroorganismen nicht mehr weiter, die Enzymtätigkeit verlangsamt sich. Um bei pflanzlichen Nahrungsmitteln jede Enzymtätigkeit auszuschalten, werden sie vorher noch blanchiert. Das Tiefgefrieren hat den großen Vorteil, dass es den Frischezustand der Lebensmittel besonders gut erhält. Gelagerte Lebensmittel bleiben mehrere Monate haltbar. Nach dem Auftauen jedoch muss tiefgefrorene Ware sofort verbraucht werden.	Geeignet für: **Fleisch, Gemüse, Fertiggerichte**
Sterilisieren	Lebensmittel werden durch **Erhitzen auf 100 °C** (in der Industrie bis 135 °C) haltbar gemacht. Mikroorganismen sind hitzeempfindlich und sterben ab. Im Gegensatz zum Tiefgefrieren leidet bei diesem Verfahren die Qualität der Lebensmittel. Farbe, Geschmack und Beschaffenheit werden negativ verändert und Vitamine zu einem hohen Prozentsatz zerstört. Sterilisierte Lebensmittel sind langfristig haltbar. Die Lagerung ist einfach. Verpackungen – Dosen u. Gläser – können wieder verwendet werden, die Umweltbelastung ist also gering.	Dieses Verfahren eignet sich besonders für alle Nahrungsmittel, deren Konsistenz und Gefüge durch die hohen Temperaturen nicht sehr verändert wird; das sind insbesondere **Gemüse, Obst** und **Fleisch**.

Trocknen	**Wasserentzug** durch heiße Luft oder Sonne stoppt die Tätigkeit der Mikroorganismen. Wasser- und luftdicht verpackt sind getrocknete Nahrungsmittel bis zu einem Jahr haltbar. Wichtig dabei: es darf keine Feuchtigkeit eindringen. Enzyme und Mikroorganismen könnten sonst wieder aktiv werden. Schimmelpilze brauchen nur 15 % Wassergehalt zum Leben, Bakterien 40 %.	Trocknen eignet sich im Haushalt für **Früchte, Kräuter, Pilze**.
Einzuckern	In hoher Konzentration **entzieht** Zucker den Mikroorganismen das **Zellwasser.** Zucker gehört wie Salz zu den hygroskopischen Stoffen. Er setzt den Wassergehalt in Nahrungs-mitteln so weit herab, dass Mikro-organismen sich nicht mehr entwickeln können.	Geeignet für **Früchte, Blüten**
Marmelade bereiten	Bei diesem Verfahren wirken **Wasserentzug und Hitze** keim-tötend. Mit den heutigen Geliermitteln sind Obsterzeugnisse in wenigen Minuten, also sehr vitamin-schonend, zubereitet.	Geeignet für **Beeren, Früchte** Nahezu alle Obstsorten und Wildfrüchte können zu wohl-schmeckenden, haltbaren Erzeug-nissen verarbeitet werden.
Säuern	Die meisten auf Nahrungsmitteln unerwünschten Mikroorganismen lieben neutrales oder alkalisches **Milieu**. In **saurer Lösung** ent-wickeln sie sich entweder nur langsam oder sind in ihrem Wachstum gehemmt. Es gibt zwei Möglichkeiten des Säuerns: **Zusatz von Genusssäuren** Man setzt dem Nahrungsmittel meistens Essigsäure, Wein- oder Zitronensäure zu. Geschmack und Aroma werden vor allem durch die zugesetzte Säure bestimmt und je nach Rezept durch Gewürze abgerundet.	Auf diese Art werden gesäuert: **Essiggemüse (Mixed Pickles), Essigfrüchte (Pflaumen, Kürbis)**

	Natürliche Säuerung Dabei bilden z. B. Milchsäure- bakterien im Nahrungsmittel selbst die konservierende Säure. Vitamine bleiben bei beiden Metho- den weitgehend erhalten. Die Haltbarkeit beträgt ca. 6 Monate.	Bei der Zubereitung von **Sauer- kraut** spielt die Milchsäure eine Rolle.
Salzen	Kochsalz **entzieht** den Mikroben eine wichtige Lebensgrundlage, das **Wasser**. Abgetötet werden sie dadurch nicht, aber gehemmt in ihrem Wachstum.	Geeignet für **Kräuter, Fleisch, Fisch**

Weitere Möglichkeiten der Haltbarmachung:
- UV-Strahlen
- radioaktive Bestrahlung
- Räuchern kalt oder heiß
- Pökeln
- Einlegen in Alkohol
- chemische Konservierungsstoffe

4. Tipps für die Einlagerung von Kartoffeln

Bezüglich der Lagerbedingungen sind Kartoffeln recht anspruchsvoll. Grundsätzlich sollte man nur gesunde, unbeschädigte, gut sortierte trockene und saubere Kartoffeln einkellern und dabei Folgendes beachten:

- Kartoffeln möglichst **dunkel** lagern!

Licht begünstigt das Auskeimen, schädigt lichtempfindliche Inhaltsstoffe, z. B. Vitamin C, und fördert außerdem die Grünfärbung, bei der sich das gesundheits-schädliche Solanin bildet.

- Kartoffeln **luftig** lagern!

Für größere Vorratsmengen sind Horden oder Lattenroste geeignete Lagerplätze, denn auch von unten sollte Luft Zutritt haben und zirkulieren können. Kartoffeln auf dem Boden nicht höher als ca. 40 cm aufschütten. Verschlossene Foliensäcke sind ungeeignet.

- Kartoffeln **trocken** lagern!

Die Knollen beginnen zu faulen, wenn Feuchtigkeit das Wachstum von Mikroorga-nismen begünstigen kann. Bei feuchtkühlem Wetter sollen die Lagerräume belüftet werden.

- Kartoffeln **kühl** lagern!

Die günstigste Lagertemperatur liegt bei +4 °C. Bei höheren Temperaturen trocknen die Kartoffeln und schrumpfen. Bei niedrigeren Temperaturen werden Enzyme (Amylasen) aktiv. Sie wandeln ständig kleine Mengen der Stärke in Zucker um, der sich in den Zellen ansammelt und nicht mehr abgebaut wird. Die Kartoffeln schmecken dann süß.

- Kartoffeln, wenn möglich, in einem **eigenen Raum** lagern!

Zusammen mit Äpfeln gelagert leidet die Haltbarkeit. Das Gas Ethylen, das vom Obst abgegeben wird, beeinträchtigt die Qualität der Kartoffeln.

- Leider können Kartoffeln heutzutage in Stadtwohnungen selten eingelagert werden, da die notwendigen Lagerbedingungen nicht gegeben sind.

Auf einen Blick

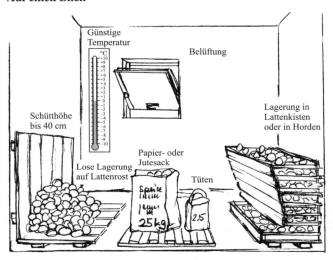

Günstige Temperatur

Belüftung

Schütthöhe bis 40 cm

Lagerung in Lattenkisten oder in Horden

Lose Lagerung auf Lattenrost

Papier- oder Jutesack

Tüten

5. Definition des Begriffs „Convenience-Produkte"

Die Bezeichnung, aus dem Amerikanischen übernommen, gilt für Lebensmittel, die vom Hersteller bereits be- oder verarbeitet worden sind. Übersetzt heißt „convenience" Bequemlichkeit.

Der Lebensmittelmarkt bietet eine Vielzahl von Convenience-Produkten an. Die jeweilige Haushaltssituation wird wohl über den Einsatz der Produkte entscheiden. Das wird der Fall sein, wenn der Wunsch besteht, Arbeitszeit einzusparen oder wenn Fachkenntnisse, Geschicklichkeit und notwendige Geräte fehlen.

Vorgefertigte Lebensmittel

teilfertige Lebensmittel	verzehrfertige Lebensmittel

küchenfertige Lebensmittel

Gemüse geputzt, Hähnchen roh, Fischfilet, Kuchen- zubereitungen, Kartoffel- püree (Trockenpulver)

garfertige bzw. aufbereitfertige Lebensmittel

Apfelstrudel, Pizza, Gulasch, Suppen, Reis parboiled, Teigwaren, Knödelteige

Eis, Torte, Kompotte, Dips, Cremes, Geleespeisen, Salate

Von teilfertigen Lebensmitteln ist bereits der nicht essbare Teil entfernt. Sie können schon zerkleinert sein. Teilfertige Lebensmittel benötigen weitere Zutaten, wie Flüssigkeiten, Fett, Eier oder müssen zusätzlich bearbeitet werden, z. B. zerkleinert, gerührt oder erhitzt.

Verzehrfertige Lebensmittel brauchen nur ausgepackt, evtl. angerichtet werden.

Regeln, die der Verbraucher beim Kauf beachten muss:
- Tiefkühlprodukte kritisch auswählen und prüfen, ob die Ware sachgerecht gelagert ist!
- Sich über Inhaltsstoffe, Herkunft und Haltbarkeit des gewählten Produkts informieren!
- Tiefkühlkost rasch in geeigneten Behältern transportieren, um die Tiefkühlkette nicht zu unterbrechen!
- Überwiegend Fertiggerichte bevorzugen, die natürliche Zutaten, wenig Fett, Salz, Zucker oder Zusatzstoffe enthalten!
- Stets auf einwandfreie Verpackung achten!
- Convenience-Produkte sollen den Speisezettel nur ergänzen und nicht beherrschen! Fertiggerichte immer mit frischen Zutaten aufwerten!

I. Teiglockerungsmittel – Gelatine

Verbindliche Fragen

1. Teige können durch unterschiedliche Methoden gelockert werden. Treffen Sie eine Einteilung und erläutern Sie diese. Stellen Sie für jede Methode ein Praxisbeispiel vor.

2. Stärke und stärkehaltige Lebensmittel werden in der Nahrungszubereitung häufig als Bindemittel eingesetzt. Erläutern Sie die küchentechnischen Eigenschaften von Stärke.

3. Gelatine als tierisches Produkt wird von Vegetariern und Veganern häufig abgelehnt. Stellen Sie drei pflanzliche Alternativen vor.

Wahlfragen: Bearbeiten Sie nachfolgend Aufgabe 4 oder 5

4. Bewerten Sie die Gelatine aus ernährungsphysiologischer und küchentechnischer Sicht.

5. Nennen Sie die Lebensbedingungen für Hefe und beschreiben Sie deren Wirkung. Stellen Sie eine Zubereitungsmethode für den Hefeteig dar.

II. Tischkultur – Planung einer Familienfeier

Verbindliche Fragen

1. Zeigen Sie auf, welche Vorüberlegungen für die Planung und Gestaltung einer Familienfeier nötig sind.

2. Erläutern Sie, was bei der Zusammenstellung eines festlichen Menüs und der dazu passenden Getränkeauswahl zu beachten ist.

3. Das kalte Büfett wird heute oft dem Festessen vorgezogen. Erläutern Sie die Vorteile dieser Bewirtungsform und geben Sie Tipps zum Aufbau.

Wahlfragen: Bearbeiten Sie nachfolgende Aufgaben 4 oder 5

4. „Auch das Auge isst mit!" – Zeigen Sie acht Regeln zum Anrichten und Garnieren von Speisen auf.

5. Legen Sie dar, welche Angaben in einer schriftlichen Einladung vorhanden sein sollten.

I. Teiglockerungsmittel – Gelatine

1. Möglichkeiten der Teiglockerung

Physikalische Teiglockerung	Durch **Kneten, Rühren und Schlagen** oder durch Unterheben von Eischnee gelangt **Luft** in den Teig. Während des Backens dehnt sie sich aus und lockert so den Teig.	Biskuitteig, Rührteige, Makronen, Baiser
	Wasser und wasserhaltige Zutaten, z. B. Milch, Alkohol, Saft, Butter/Margarine, Eier, bilden durch die Einwirkung der Backhitze **Wasserdampf**. Durch die Verdunstung erfolgt die Lockerung.	Blätterteig, Brandteig, Strudelteig
Biologische oder **Organische** **Teiglockerung**	**Hefepilze** sind in der Lage, Traubenzucker enzymatisch in Alkohol und Kohlenstoffdioxid (CO_2) aufzuspalten. Dieser Vorgang wird als alkoholische Gärung bezeichnet. Beide Abbauprodukte – Alkohol und Kohlenstoffdioxid – dehnen sich in der Backhitze aus und wirken auf diese Weise lockernd.	Kleingebäck, Pizza, Hefezopf, Stollen
	Im Sauerteig kommen **Milchsäurebakterien** und Hefepilze vor. Milchsäurebakterien spalten Traubenzucker enzymatisch in Milchsäure, die den Teig durchsäuert. Hefepilze spalten Zucker in Alkohol und Kohlenstoffdioxid. Beide Mikroorganismen zusammen lockern schwere Brotteige. Sauerteiggärung ist die älteste Form der Teiglockerung.	Sauerteigbrote in allen Formen und Größen
Chemische oder **Anorganische** **Teiglockerung**	**Backpulver** ist ein Gemisch aus Natriumhydrogencarbonat und einem sauer reagierenden Bestandteil. Während des Backens spaltet es, unter Hitze- und Feuchtigkeitseinwirkung, Kohlenstoffdioxid ab. Durch die Backwärme dehnt sich das Gas aus, treibt den Teig hoch und lockert ihn.	Rührteige, Quarkölteige, Knetteige
	Backpulver ist geschmacksneutral. Es wird gerne verwendet, da es sich einfach dosieren lässt und die Teigbereitung innerhalb kurzer Zeit ermöglicht. Die CO_2-Entwicklung wird bereits bei Zugabe von Flüssigkeit eingeleitet. Backpulver wird daher immer zum Schluss – unter das Mehl gemischt – zum Teig gegeben.	

| Chemische oder Anorganische Teiglockerung | **Hirschhornsalz**, ein Ammoniumhydrogencarbonat, gibt in der Backhitze Kohlenstoffdioxid, Wasser und gleichzeitig Ammoniak frei. Wegen des starken Geruchs und Geschmacks sollte es nur für flaches, gewürztes Gebäck verwendet werden. | Lebkuchen, flaches Kleingebäck: „Amerikaner" |
| | **Pottasche**, ein Caliumcarbonat, ist für Teige geeignet, die organische Säuren enthalten. Im Lebkuchenteig bildet sich z. B. Milchsäure, während man ihn ruhen lässt. Nur Säure bewirkt bei Pottasche die Freisetzung von lockerndem Kohlenstoffdioxid. | Honiglebkuchen |

2. Stärke, ein Bindemittel – küchentechnische Eigenschaften der Stärke

Stärke ist ein pflanzliches Produkt, das aus Knollen, Wurzeln, Samen und Früchten gewonnen wird. Nach dem Vermahlen der Pflanzenteile kann die Stärke ausgewaschen und weiter verarbeitet werden.

– Stärke schmeckt neutral; sie eignet sich daher für süße und pikante Gerichte als Bindemittel.
– In kalter Flüssigkeit ist Stärke unlöslich und setzt sich ab. Vor der Verarbeitung mit etwas Flüssigkeit angerührt, kann sie dann unter ständigem Rühren in das kochende Gericht gegeben werden.
– Die Speise wird kurz aufgekocht; dabei quellen die Stärkekörner, verkleistern und binden Flüssigkeit.
– Stärke quillt beim Erkalten nach. Diese Eigenschaft sollte beim Binden von Soßen und Suppen bedacht werden.
– Bei längerem Erhitzen wird Stärke zu Dextrinen abgebaut. Dadurch nimmt das Bindevermögen ab oder es kann ganz verloren gehen. Deshalb dürfen die Speisen erst kurz vor dem Ende der Garzeit gebunden werden und sollen nur einmal kurz aufkochen.
– Auch durch Säuren wird Stärke abgebaut. Nach der Zugabe von Zitronensaft, Wein oder Essig sollten stärkehaltige Speisen nicht mehr längere Zeit kochen.
– Von der verwendeten Stärkemenge hängt es ab, ob ein Gericht von soßiger, breiiger oder schnittfester Beschaffenheit ist.
– Stärke wirkt als Schutzkolloid. Verquirlt man eiweißhaltige Zutaten, z. B. saure Sahne, vor dem Erhitzen mit etwas Stärke, so gerinnt das Eiweiß feinflockiger.

3. Pflanzliche Geliermittel – eine Alternative zur Gelatine

Immer mehr Menschen suchen nach Alternativen zu herkömmlichen Geliermitteln, z. B. der Gelatine. Die einen, weil sie auf tierisches Eiweiß verzichten wollen, die anderen, weil sie allergisch darauf reagieren.

Pektin E 440

Pektin wird vor allem aus getrocknetem Apfeltrester und Zitrone gewonnen, ist aber auch in der Zuckerrübe, in Quitten, Johannisbeeren, Himbeeren und anderen Früchten enthalten.
Pektin ist flüssig oder als Pulver erhältlich und eignet sich für die Zubereitung von Marmeladen und Gelees, für Tortenguss und Speiseeis.
Pektin kann nicht kalt angewendet werden. Es ist wasserunlöslich, aber sehr stark quellfähig.

Wird Marmelade mit Pektin hergestellt, müssen die Früchte nicht lange kochen, bis der Geliervorgang beginnt. Wertvolle Vitamine bleiben dadurch erhalten.
Pektin ist nahezu kalorienfrei, jedoch reich an Ballaststoffen. Sie fördern das Sättigungsgefühl und regen die Darmtätigkeit an. Außerdem kann Pektin wegen seiner hohen Quellfähigkeit Giftstoffe im Darm absorbieren und unschädlich machen.

Agar-Agar E 406
Agar-Agar wird aus getrockneten Meeresalgen gewonnen. Dieses Geliermittel ist geschmacksneutral und für Nachspeisen, Cremes, Tortenguss oder Gelees und Konfitüren geeignet. Es kann bei vielen Speisen statt Gelatine verwendet werden. Agar-Agar gibt es im Handel in Form von Pulver, als Flocken, Streifen oder Blätter.
Agar-Agar ist in kaltem Wasser unlöslich, aber sehr quellfähig. Damit es geliert, muss es aufgekocht werden. Für die Zubereitung roh gerührter Süßspeisen eignet es sich deshalb nicht. Agar-Agar kann andererseits mehrmals aufgekocht werden, weil es immer wieder geliert. Gerät also eine Nachspeise zu fest, kann Flüssigkeit dazugegeben und das Ganze erneut erhitzt werden. Der Geliervorgang beginnt bereits nach wenigen Minuten Kochzeit, wodurch die wertvollen Inhaltsstoffe erhalten bleiben.
Schon eine geringe Konzentration reicht für ein gutes Gelee: z. B. entspricht ½ Teelöffel Agar-Agar vier Blatt Gelatine.
Agar-Agar ist kalorienfrei. Es enthält reichlich unverdauliche Ballaststoffe, auch Mineralstoffe, davon besonders viel Eisen.

Johannisbrotkernmehl E 410
Johannisbrotkernmehl wird aus den Früchten des Johannisbrotbaumes gewonnen.
Es ist geschmacksneutral und wird zum Binden von Suppen, Soßen, Dressings und Süßspeisen, als Ersatz für Mehl, Stärke oder Eigelb genutzt. Außerdem kann durch Zugabe dieses Bindemittels die Konsistenz von Tortenguss verbessert werden.
Johannisbrotkernmehl ist in kalten Flüssigkeiten sehr quellfähig. Speisen brauchen nicht erhitzt zu werden.
Johannisbrotkernmehl enthält kaum Kalorien.

Pfeilwurzelmehl (kein Zusatzstoff, daher keine E-Nr.)
Pfeilwurzelmehl wird aus den Wurzeln der Marantapflanze, einer tropischen Knollenpflanze, gewonnen. Es ist vielseitig verwendbar, z. B. zum Binden von Suppen, Soßen, Aufläufen, Gelees und Grützen. Mit Wasser vermischt, kann es auch als Paniermehl Eier und Milch ersetzen. Es ist sehr wertvoll als Bindemittel in glutenfreien Brotteigen.
Pfeilwurzelmehl hat keinen Geruch, keinen negativen Beigeschmack und trübt zubereitete Speisen nicht. Für die Anwendung wird es in kaltem Wasser aufgelöst, in die erwärmte Speise eingerührt und einige Minuten leicht gekocht.
Pfeilwurzelmehl ist ein cholesterinfreies, leicht verdauliches, den Magen schonendes Bindemittel.

Im Handel gibt es weitere pflanzliche Stoffe, die als Ersatz für Gelatine eingesetzt werden können. Sie sind ebenfalls mit E-Nummern gekennzeichnet:
Alginat (E 400–405), Guarkern (E 412), Carrageen (E 407–E 413), Sago, Traganth, Gummiarabicum (E 414).

4. **Bewertung der Gelatine aus ernährungsphysiologischer Sicht**
Gelatine
– ist ein Lebensmittel, kein Lebensmittelzusatzstoff, für den die Kennzeichnung mit E-Nummern Vorschrift ist.
– ist ein tierisches Produkt, hergestellt aus Knorpeln, Sehnen und Knochen vom Rind oder Schwein.

- ist sehr eiweißreich. Zu 84 % besteht sie aus diesem Nährstoff, die biologische Wertigkeit ist jedoch sehr gering.
- ist leicht verdaulich, gut bekömmlich und wird vom Körper vollständig aufgenommen.
- besitzt niedrigen Energiewert – 1 g liefert 3,4 kJ.
- enthält kein Fett, keine Kohlenhydrate, keine Vitamine, aber in geringen Mengen die Mineralstoffe Natrium, Kalium, Calcium und Magnesium.
- ist für alle Kostformen geeignet. Vegetarier, Veganer und Personen mit einer besonderen Lebensmittelunverträglichkeit jedoch wählen ein pflanzliches Produkt, um Speisen zu gelieren.

Bewertung der Gelatine aus küchentechnischer Sicht
Gelatine
- ist geruchs- und geschmacksneutral, kann daher für die Zubereitung süßer und saurer Speisen verwendet werden.
- ist als Blatt und in Pulverform im Handel. Gemahlene Gelatine lässt sich nicht so gut dosieren.
- ist gut haltbar, vorausgesetzt, sie wird trocken und luftdicht gelagert. Durch Einwirkung von Formaldehyd-Verbindungen (Innenanstriche und Klebestoffe von verleimten Möbeln) verliert sie die Löslichkeit.
- nie kochen, sie verliert an Bindefähigkeit und schmeckt nach Leim. Am sichersten ist es, das eingeweichte Geliermittel im kochenden Wasserbad oder in einer warmen Speise vorsichtig aufzulösen.
- braucht Zeit zum Steifen. Kühle Umgebung beschleunigt den Vorgang.
- wird durch Eiweiß spaltende Enzyme, die vor allem in frischen Ananas, Kiwis, Mangos und Papayas enthalten sind, abgebaut. Es tritt keine Bindung ein. Deshalb sind diese Früchte nur in konservierter Form zu verwenden.
- reagiert in saurer Umgebung, z. B. bei Verwendung von Zitronensaft oder Essig. Deshalb kann die Gelatinemenge reduziert werden.
- kann durch vorsichtiges Erwärmen im Wasserbad wieder verflüssigt werden. Das ist notwendig bei Speisen, die zu sehr gesteift sind oder wenn sich Klümpchen gebildet haben.

5. Lebensbedingungen der Hefe
Backhefen sind Pilzkulturen lebender Mikroorganismen.

Sie brauchen zum Wachstum

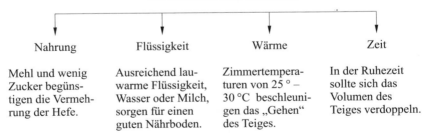

Nahrung	Flüssigkeit	Wärme	Zeit
Mehl und wenig Zucker begünstigen die Vermehrung der Hefe.	Ausreichend lauwarme Flüssigkeit, Wasser oder Milch, sorgen für einen guten Nährboden.	Zimmertemperaturen von 25 ° – 30 °C beschleunigen das „Gehen" des Teiges.	In der Ruhezeit sollte sich das Volumen des Teiges verdoppeln.

Vorsicht!
- Kälte hemmt die Gärtätigkeit.

- Bei über 60 °C sterben Hefezellen ab.
- Für fett- und zuckerreiche Teige sind Hefen ungeeignet, denn Zucker entzieht den Hefen Wasser. Sie werden dadurch zerstört. Fett direkt auf Hefe aufgebracht, legt sich als Hülle um die Hefepilze und hemmt ihr Wachstum.

Wirkung der Hefe

Die Hefepilze sind in der Lage, Zucker in Kohlenstoffdioxid und Alkohol aufzuspalten. Dieser Vorgang wird als **alkoholische Gärung** bezeichnet.

$$\text{Traubenzucker (Glucose)} \xrightarrow{\text{Hefe}} \text{Kohlenstoffdioxid + Alkohol}$$

Zubereitungsmethoden für Hefeteig

a) Backhefe mit lauwarmer Flüssigkeit anrühren. Mit allen übrigen Zutaten in einer geeigneten Schüssel zu einem glatten Teig verkneten. Den Teig zugedeckt bei Zimmertemperatur gehen lassen, formen, backen.

b) Oder: Hefeteig mit Vorteig oder Dämpferl hergestellt: Mehl in die Schüssel geben und eine Mulde hineindrücken. Die mit warmer Flüssigkeit und etwas Zucker verrührte Hefe in die Mulde gießen und mit etwas Mehl zu einem Teiglein verarbeiten. Diesen Vorteig zugedeckt an einem warmen Platz ca. 15 Minuten ruhen lassen; dann mit den übrigen Zutaten zu einem glatten Teig kneten und nochmals gehen lassen. Der Teig sollte sich verdoppeln. Das gewünschte Gebäck formen und backen.

II. Tischkultur – Planung einer Familienfeier

1. Überlegungen zur Planung eines Festes

Im Laufe des Jahres gibt es in jeder Familie geeignete Anlässe, die gefeiert werden können. Offizielle Feste nimmt man wahr, weil sie sich im Leben nur einmal ereignen, z. B. Taufe, die Erstkommunion / Konfirmation, ein runder Geburtstag, ein Jubiläum. Inoffizielle Feste feiert man gerne innerhalb der Familie und zusammen mit Freunden, z. B. Ostern, Weihnachten, den Geburtstag oder ein bestandenes Examen. Diese Feste verlaufen eher zwanglos und sind finanziell leichter zu verkraften.
Zu einer Feier gehört in irgendeiner Form immer ein Essen. Ganz gleich, ob es ein kurzer Imbiss beim Sektempfang, eine Grillparty, ein kaltes Büffet oder ein feudales Menü ist – Unterhaltung und gepflegte Geselligkeit sind damit stets verbunden.
Ein großes Fest aber, zu dem eine Anzahl unterschiedlicher Gäste geladen ist, erfordert eine vorausschauende, gut durchdachte, perfekte Planung.

Es ist ratsam, zu folgenden Punkten eine Liste anzulegen:
- Zu welchem Anlass, unter welchem Motto lade ich Gäste ein?
- Bitte ich sie zum Mittagessen, zum Kaffeetisch oder zu einem warmen / kalten Büfett?
- Wie viele und welche Personen sind zu benachrichtigen, wer darf nicht vergessen werden?
- Lade ich schriftlich oder telefonisch ein oder schicke ich eine E-Mail?
- Ist es sinnvoll, eine Gästeliste anzulegen?
- Sind genügend Sitz- und Essplätze vorhanden?
- Ist genügend Freiraum für Kinder da?
- Reichen Tischdecken, Servietten, Essgeschirr, Besteck und Trinkgläser für alle?
- Welcher Blumenschmuck eignet sich, welche passende Dekoration wähle ich aus?
- Sind Tischkarten und / oder Menükarten anzufertigen oder zu besorgen?

- Welche interessante Speisenfolge kann ich anbieten, wann kaufe ich die Zutaten ein und was lässt sich vorbereiten?
- Sind besondere Essgewohnheiten zu berücksichtigen?
- Reicht das Kochgeschirr und die Kapazität des Kühlschranks für alle Speisen und Getränke?
- Kann mit einer Hilfe aus der Familie oder von Bekannten gerechnet werden?
- Sollte ein Partydienst in Anspruch genommen werden?
- Wie viel Geld steht zur Verfügung?
- Ist eine besondere Überraschung, z. B. eine Tischrede oder eine Musikeinlage, zur Unterhaltung und als Pointe einzuplanen?
- Muss für Übernachtungsmöglichkeiten oder Fahrgelegenheiten gesorgt werden?

2. Was ist bei der Zusammenstellung eines festlichen Menüs zu beachten?

Unter Menü versteht man eine Zusammenstellung von mindestens drei Gängen, z. B. Suppe, Hauptgericht und Dessert, die nacheinander serviert werden.
Ein festliches Menü dagegen beginnt mit einem Aperitif und mit einer leichten, kühlen Vorspeise. Nach der Suppe und einer warmen Vorspeise folgt das Hauptgericht. Vor dem Nachtisch wird ein Zwischengericht, z. B. Käse, gereicht. Ein Digestif rundet nach Wunsch das Ganze ab.

Menüaufbau

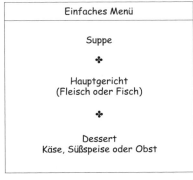

- Durch die Auswahl und das Hervorheben einer bestimmten Speise kann der Anlass eines festlichen Mahles besonders betont werden. Wildbret mit Preiselbeeren und Pilzen passt hervorragend z. B. in ein Menü bei einem Jagdessen.
- Wiederholungen gleicher Zutaten, Zubereitungsarten und Formen sollten im selben Menü vermieden werden, z. B.

als Suppe:	Kartoffelcremesuppe
zum Hauptgericht:	Salzkartoffeln
Vorspeise:	frittierte Scampi
Beilage zum Hauptgericht:	frittiertes Gemüse
als Vorspeise:	Käsesoufflee gestürzt
zum Dessert:	Nussflan (= kleiner Auflauf)

- Ein Menü soll auch farblich ansprechend sein. Kalbsgeschnetzeltes mit den Beilagen Blumenkohl und Kartoffelpüree wirkt wenig Appetit anregend.

- Die Jahreszeit ist zu bedenken. In der kalten Zeit bevorzugen Gäste eher energiereiche Speisen. In der heißen Jahreszeit können die Portionsgrößen reduziert sein. Saisonabhängige Rohstoffe sind als Zutaten zu verwenden!
- Bei umfangreichen Speisenfolgen kann die Beilagenmenge kleiner gehalten oder anstelle von Gemüse Salat angeboten werden.
- Ein Menü sollte ausgewogen sein und nicht belasten.
- Kleine Portionen erfordern interessantes, apartes Anrichten und Garnieren.
- Kaffee oder Espresso gehören nicht in die Menüfolge. Sie werden separat, mit kleinem Gebäck oder Konfekt, gereicht.
- Geschickte Wahl des Porzellans und Bestecks trägt zur Harmonie des Menüs bei.

Menü

Geräuchertes Forellenfilet
mit Meerrettich und Toast

Kräutercremesuppe
mit Croutons

Kalbsrahmschnitzel
Broccoli, Gelbe Rüben,
Kroketten

Gefrorenes
auf heißer Weichselsoße

Was ist bei der Auswahl der Getränke zu beachten?
Auf Gäste, die aus unterschiedlichen Gründen auf Alkohol verzichten, ist Rücksicht zu nehmen! (Kinder, Diabetiker, Übergewichtige, Alkoholkranke, Autofahrer)
Für diese Personengruppe bieten sich verschiedene alkoholfreie Getränke an; Mineralwasser, ungesüßte verdünnte Säfte, alkoholfreie Cocktails. Sie sind geschmacksneutral, durstlöschend und kalorienarm. Milch, süße Säfte, Nektar oder Cola eignen sich also nicht.
Heute gelten keine starren Regeln mehr für die richtige Wahl des passenden Weines zum Essen. Grundsätzlich werden leichte Weine vor schweren gereicht.
Ideal zum Essen passen die bekömmlicheren trockenen Weine, aber auch Mineralwasser und verdünnte Säfte.
Getränke zum Menü dürfen den Geschmack der Speisen nicht verfälschen, sie sollen ihn harmonisch ergänzen.
Rote, weiße und roséfarbene Weine werden in leichte, mittelschwere und besonders ausdrucksstarke Sorten eingestuft.
Ein Aperitif stimmt auf das Essen ein. Er soll trocken, bitter-aromatisch, kühl und erfrischend sein.
Ein Digestif beschließt die Mahlzeit. Die verdauungsfördernde Wirkung eines Obstwassers, Cognacs oder Cointreaus wird geschätzt.
Kaffeezubereitungen, wie Espresso oder Cappucino, gehören nicht zum Menü. Sie werden nach dem Essen serviert, um das Ermüden zu überwinden.

3. Das kalte Büfett

Vorteile dieser Bewirtungsform
Wenn ein Gastgeber eine größere Anzahl Freunde und Bekannte zu einem Empfang oder einer Party einladen möchte und dabei selbst viel Zeit mit den Gästen verbringen will, wählt er am besten ein kaltes Büfett als Bewirtungsform. Je nach Tageszeit und Anlass können unterschiedliche Büfetts aufgebaut werden. Man unterscheidet kalte, warme oder gemischte Büfetts.
- Für ein Büfett lassen sich alle Gerichte rechtzeitig vor Beginn des Festes zubereiten und anrichten.
- Es können alle Gerichte gleichzeitig präsentiert werden.
- Speisen können kalt angeboten werden, aber auch eine Mischung aus kalten und warmen Gerichten ist interessant.

- Das Auf- und Abtragen der Speisen entfällt.
- Ein Partyservice kann einen Großteil der Vorbereitungen abnehmen. Auf Wunsch liefert er nicht nur kalte und warme Gerichte, sondern hat auch Geschirr, Besteck und Dekoration in seinem Angebot.
- Jeder bedient sich selbst, wählt nach eigenem Geschmack und Appetit.
- Es gibt, außer beim Stehempfang, genügend Sitzgelegenheiten, aber keine feste Sitzordnung.
- Im Stehen kann gut gespeist werden, nur mit der Gabel oder einem Löffel. Wenn mundgerechte Happen und Spießchen angerichtet sind, ist kein Besteck nötig.
- Der Beginn ist zwanglos; Gäste, die später kommen, können ohne Störung am Büfett teilnehmen.
- Die lockere Atmosphäre lädt zur ungezwungenen Unterhaltung der Gäste ein.

Tipps zum Aufbau eines Büfetts
Auch bei dieser zwanglosen Art der Bewirtung muss Ordnung und System herrschen, damit sich in kurzer Zeit viele Personen ohne Drängeln bedienen können.
- Der Aufbau richtet sich nach den Gegebenheiten des Raumes. Breite Tische können zu einer großen Tafel frei im Raum zusammengestellt werden und sind von allen Seiten bequem zugänglich.
- Schmale Tische werden besser an die Wand geschoben oder in Form eines Hufeisens angeordnet.
- Einheitliche Tischtücher und unaufdringlicher Schmuck bilden den äußeren Rahmen. Die Dekoration soll dem Charakter des Festes angemessen sein; Blumen passen zu jedem Anlass. Im Mittelpunkt des Büfetts aber stehen die Speisen!
- Es müssen genügend Teller, Bestecke, Vorlegebestecke, Servietten, Gläser und Krüge vorhanden und so platziert sein, dass sie leicht zu erreichen sind.
- Zum Anrichten kann die Tafel in drei Bereiche gegliedert werden. Rechts stehen Teller, Bestecke und Servietten, links Gläser und Getränke, sofern für sie nicht ein eigener Platz vorgesehen ist. In der Mitte ist Platz für alle Speisen.
- Die Gerichte sind in der Reihenfolge aufgestellt, in der sie gegessen werden: Vorspeisen, Hauptgerichte, daneben Käse und Dessert.
- Von rechts nach links gehend bedienen sich die Gäste selbst.
- Es gehört einander zugeordnet, was zusammen gegessen wird: die richtige Soße zum Fisch, die passenden Beilagen zum Fleisch.
- Ein Büfett kann durchwegs nur aus kalten Speisen zusammengestellt sein. Interessant ist auch ein Angebot aus kalten und warmen Gerichten, vorausgesetzt, es stehen Warmhalteplatten zur Verfügung.
- Alle Speisen, d. h. Fleisch, Fisch, Salate, Soßen, Käse, Desserts, Obst und Brot werden gleichzeitig angeboten.
- Was leicht verdirbt oder rasch unansehnlich wirkt, ist für diese Form der Bewirtung ungeeignet.
- Es ist vorteilhaft, für benütztes Geschirr und Besteck einen eigenen Tisch zu reservieren. Gäste, die sich ein zweites Mal bedienen, nehmen häufig wieder ein neues, unbenutztes Essgeschirr.

4. Auch das Auge isst mit! – Regeln für das Anrichten und Garnieren von Speisen

Mit Einfallsreichtum, Phantasie und Kreativität kann aus einer Vielfalt an Möglichkeiten gewählt werden.
- Gleichgültig, ob auf Portionstellern oder Platten angerichtet wird: warme und kalte Gerichte sollen dekorativ aussehen und appetitlich präsentiert werden.
- Anrichtegeschirr nicht überladen!

- Der Anlass oder die Speisenfolge entscheiden über die Wahl des Geschirrs, – Holzbrett, schlichte Keramik, edles Porzellan und Glas oder festliches Silber.
- Nachspeisen lassen sich wirkungsvoll auf großen Tellern dekorieren. Muschelschalen dagegen bieten sich für kleine, exotisch anmutende Vorspeisen an.
- Dekor und Farbe des Geschirrs unterstreichen die angerichteten Köstlichkeiten.
- Für heiße Speisen angewärmtes Anrichtegeschirr benützen. Glas ist dafür jedoch nicht geeignet.
- Es empfiehlt sich, Aufschnitt oder Häppchen auf Platten sauber und symmetrisch anzuordnen: kreisförmig, oval oder in Reihe (gerade oder diagonal).
- Besteck oder Vorlegebesteck dürfen nicht fehlen. Eine Serviette vervollständigt das Bild.

Eine Auswahl weiterer Regeln für das Garnieren:
- Teller, Schalen, Gläser oder Platten locker anrichten und die Ränder nicht belegen.
- Nur Garnituren verwenden, die essbar sind.
- Frische Kräuter, Blüten oder Früchte eignen sich hervorragend zum Garnieren. Sie dürfen allerdings erst kurz vor dem Servieren verarbeitet werden.
- Farbe ist ein aparter Blickfang. Eine dezente Sahnecreme oder Beilagen wie Reis und Spätzle brauchen einen Farbtupfer. Schokoraspeln, Kirschen, Orangenscheiben, Petersilie, Radieschen eignen sich dazu.
- Zwei oder drei verschiedene Zutaten lassen sich phantasievoll miteinander kombinieren und werten ein Gericht optisch vorteilhaft auf. Beispiel einer Kombination: Hälften von Cocktailtomaten auf Limettenscheiben, dazu Schnittlauchhalme.
- Es ist meist besser, die Garnierung im Ganzen an einer passenden Stelle aufzulegen, als sie zerkleinert über das gesamte Gericht zu verstreuen.
- Die Dekoration soll schmückende, appetitanregende Beigabe sein, sie soll nicht erdrückend wirken.
- Vor allem bei Kindern isst das Auge mit. Sie lieben bunte Kleinigkeiten. Ein Grießbrei schmeckt noch einmal so gut, wenn aus Schokoflocken, Himbeersoße und Sahnetupfern ein Gesicht darauf gezaubert wurde.

5. Notwendige Angaben auf einer schriftlichen Einladung

- Anschrift / Name des Eingeladenen
- Adresse / Name des Einladenden
- Ort der Veranstaltung
- Datum und Uhrzeit
- Anlass: Geburtstag, Gartenfest. Es muss erkennbar sein, ob und zu welcher Art eines Essens eingeladen wird.
- Bitte um Rückantwort
- Eventuelle Kleidervorschrift

I. Kohlenhydrate: Süßes – die große Verführung

Verbindliche Fragen

1. Erläutern Sie die ernährungsphysiologische Bedeutung von drei verschiedenen Süßungsmitteln.

2. Beschreiben Sie die Verdauung von Zucker und stellen Sie die Probleme eines hohen Zuckerkonsums dar.

3. Kinder und Jugendliche verzehren oft Süßigkeiten in großen Mengen. Geben Sie sieben Ratschläge, wie sich der hohe Zuckerkonsum reduzieren lässt.

Wahlfragen: Bearbeiten Sie nachfolgend Aufgabe 4 oder 5

4. Bewerten Sie die ernährungsphysiologische Bedeutung von Colagetränken, Energy-Drinks und Apfelsaftschorle.

5. Beim Essen von Süßigkeiten bleiben die Ballaststoffe meist auf der Strecke. Überzeugen Sie mit fünf Argumenten für eine ballaststoffreiche Ernährung.

II. Materialien in der Küche – zweckmäßig und ästhetisch

Verbindliche Fragen

1. Definieren Sie den Begriff Keramik. Vergleichen Sie Töpferwaren und Porzellan in ihren spezifischen Eigenschaften.

2. Wir benötigen für die Schulküche neue Arbeitsschüsseln: Kunststoff oder Edelstahl stehen zur Diskussion. Bewerten Sie beide Materialien hinsichtlich Anschaffung und Gebrauch.

3. Begründen Sie die Notwendigkeit werterhaltender Pflege von Metallgegenständen und Metallflächen. Erstellen Sie fünf Regeln für die Metallreinigung.

Wahlfragen: Bearbeiten Sie nachfolgend Aufgabe 4 oder 5

4. Das Besteck spielt für den festlich gedeckten Tisch eine herausragende Rolle: Edelstahl oder Silber? Erläutern Sie die Materialeigenschaften von Edelstahl- und Silberbesteck.

5. Zeigen Sie die Arbeitsschritte zur Herstellung eines Porzellantellers auf.

Lösungsvorschlag

I. Kohlenhydrate: Süßes – die große Verführung

1. Ernährungsphysiologische Bedeutung von drei Süßungsmitteln

Zu den Süßungsmitteln zählen Zucker, Honig, Zuckeraustauschstoffe und Süßstoffe. Süßungsmittel können wiederum unterteilt werden. Zu den Zuckeraustauschstoffen zählen z. B. Fruktose, Isomalt und Lactit. Aspartam, Saccharin und Cyclamat gehören zur Gruppe der Süßstoffe.

	Honig	Zuckeraustauschstoffe	Süßstoffe
Energiegehalt	Honig liefert viel Energie (100g = 1270 kJ /300 kcal). Honig ist ein Gemisch aus Frucht- und Traubenzucker (Invertzucker).	Zuckeraustauschstoffe sind vom Energiewert mit dem Haushaltszucker vergleichbar (100g = 1 650 kJ/394 kcal). Dies ist bei einer Diät zu berücksichtigen.	Fast alle Süßstoffe sind kalorienfrei (außer Aspartam).
Süßkraft	Honig süßt sehr gut.	Die Süßkraft der Zuckeraustauschstoffe entspricht nicht der des Haushaltszuckers (ca. nur die Hälfte – bei gleichem Energiewert).	Die Süßkraft von Süßstoffen ist erheblich höher als die von Haushaltszucker (bis zu 500 mal).
Energieaufnahme im Körper	Die Energie des Einfachzuckers geht sehr schnell ins Blut über. Sie hält aber nicht sehr lange an.	Die Energie wird, im Gegensatz zu Traubenzucker, langsamer im Körper aufgenommen (außer beim Fruchtzucker).	Süßstoffe können Heißhunger hervorrufen, da der Körper durch das süße Schmecken auf der Zunge Insulin ausschüttet, aber keine Kohlenhydrate verarbeiten muss. Süßstoffe werden einigen Futtermitteln beigemischt, damit der Appetit der Tiere gesteigert und deren Mast beschleunigt wird.

	Honig	Zuckeraustauschstoffe	Süßstoffe
Gesund-heitliche Wirkung	Honig besitzt eine schleimlösende und heilende Wirkung. Heiße Milch mit Honig hilft bei Erkältungen.	Der Abbau von Zucker-austauschstoffen im Körper erfolgt weit-gehend insulinunab-hängig. Deshalb dient Fruktose bei Zucker-krankheit (Diabetes) als Ersatzsüßungsmittel anstatt Haushalts-zucker. Größere Mengen können Blähungen und Durchfall auslösen.	Süßstoffe werden völ-lig insulin-unabhängig vom Körper verwertet. Deshalb sind sie für Diabetiker geeignet. Süßstoffe eignen sich für eine energie-reduzierte Ernährung. Bei der Stoffwechsel-krankheit Phenyl-ketonurie ist die Ver-wendung des Süß-stoffes Aspartam gesundheitsschädlich. Beim Verzehr über einen größeren Zeit-raum und bei höherer Dosis können Süßstoffe Allergien und sogar Krebs auslösen.
Karies-gefahr	Ein zu hoher Verzehr von klebrigem Honig kann verstärkt Karies und Parodontose verursachen.	Die Kariesgefahr ist im Vergleich zu Haus-haltszucker niedriger.	Sie greifen die Zähne nicht an (keine Kariesgefahr).
Geschmack	Honig gibt es in vielen abwechslungsreichen Geschmacksvarianten, z. B. Blütenhonig (Kleehonig) oder Honigtauhonig (Waldhonig).	Rohstoffe können den Geschmack beein-flussen.	Manche Stoffe besitzen einen unangenehmen, metallischen Beige-schmack (z. B. Saccha-rin).

Weiterer Lösungsvorschlag:
Es wäre ebenso möglich, drei verschiedene Zuckeraustauschstoffe oder Süßstoffe zu vergleichen, wenn die Thematik sehr ausführlich behandelt wurde.

2. Verdauung von Zucker

Die Verdauung im Körper läuft durch verschiedene Ebenen. Zunächst findet die Verdauung in den Verdauungsorganen statt (Verdauungskanal). Danach folgen die Resorption und der Stoffwechsel in den Zellen.

Verdauungsorgane	Ablauf des Verdauungsprozesses von Zucker
Mund	Haushaltszucker ist aus zwei Zuckerbausteinen aufgebaut. Dieser Doppelzucker wird im Mund noch nicht abgebaut.
Magen	Magensäfte kommen zum Einsatz. Der Doppelzucker wird damit durchsäuert.
Zwölffingerdarm Bauchspeichel **Dünndarm** Dünndarmsaft	Erst jetzt beginnt die eigentliche Verdauung des Zuckers. Durch die Enzyme Amylase und Glukosidase wird der Doppelzucker (Disaccharid) im oberen Teil des Zwölffingerdarms und im Dünndarm in zwei einzelne Zuckerbausteine aufgesplittet. Nur in Form von Einfachzucker (Monosachariden) gelingt die anschließende Resorption durch die Darmwandzellen in die Blutbahn und Lymphe. Für den Energiestoffwechsel steht der Haushaltszucker relativ schnell zur Verfügung.

Probleme eines hohen Zuckerkonsums:

– Mund

Ein zu hoher Verzehr von Zucker kann Karies und Parodontose verursachen. Fast 100 % der Bevölkerung in den Industrienationen ist davon betroffen. Durch den Zucker und die Süßigkeiten wird eine Säure produzierende Mundflora gebildet. Sie greift den Zahnschmelz an.

– Darm

Durch den Zuckerverzehr wird die natürliche Darmflora stark beansprucht. Der Säure-/Basenhaushalt wird beeinflusst. Es kann dadurch zu einer Übersäuerung des Darms kommen (Sodbrennen).

– Bauchspeicheldrüse

Durch den Verzehr von zuckerreichen Lebensmitteln schüttet der Körper Insulin aus. Bei einem erhöhten Zuckerverzehr wird das Hormon vermehrt produziert. Die Bauchspeicheldrüse, in der Insulin hergestellt wird, wird damit überfordert. Das Diabetesrisiko (Diabetes mellitus) steigt.

– Auswirkungen auf den Körper
  • Bestimmte Stoffe wie Vitamin B1 werden zum Abbau von Zucker verbraucht. Ebenfalls wurde ein indirekter Entzug der Kalk- und Mineralstoffreserven im Knochen- und Zahngewebe nachgewiesen. Bei zu hohem Verzehr führt dies zu einer Vitamin- und Mineralstoffunterversorgung.

- Durch die Raffination des Zuckers enthält er keine einzige lebensnotwendige Substanz für den Körper, weder Vitamine, Mineralstoffe noch Ballaststoffe. Deshalb wird der Zucker auch als leerer Energieträger bezeichnet (100 g = 1 650 kJ / 394 kJ).
- Der Expressenergielieferant Zucker geht schnell ins Blut über. Diese Energieschübe sind jedoch nur von kurzer Dauer. Somit wird das Gleichgewicht des Blutzuckerspiegels gestört.
- Wird die aufgenommene Energie nicht verbraucht, so lagert sie der Körper als Depotfett für „Notzeiten" ein. Es besteht die Gefahr von Gewichtsproblemen.
- Psychische Abhängigkeit
  Es besteht bei ständigem Übersüßen der Speisen die Gefahr, dass der Süßgeschmack nicht mehr ausreichend wahrgenommen wird. Die Dosis wird immer mehr gesteigert. Manche Menschen empfinden sogar Entzugserscheinungen, wenn sie nicht die gewohnte Menge an Süßigkeiten bekommen.

3. Ratschläge zur Reduzierung eines hohen Zuckerkonsums

Bunte, trendige und farbstoffreiche Süßigkeiten in vielen ansprechenden Formen sprechen Kinder und Jugendliche an. Damit die Aufnahme von Zucker nicht überhand nimmt, sollten folgende Ratschläge beachtet werden:
- Süßigkeiten nicht als Erziehungsmittel verwenden. Ungenügende Leistungen, z. B. schlechte Noten, sollen nicht mit deren Entzug bestraft werden, da das Verlangen nach Süßem ein angeborenes Grundbedürfnis ist. Der ungezwungene Umgang damit kann gestört werden.
- Erst nach den Mahlzeiten naschen. Die Gefahr des unkontrollierten Naschens entsteht, wenn der Hunger mit Süßigkeiten gestillt wird.
- Süßigkeiten in den Speiseplan mit einbauen. Nach dem Essen ein Dessert (z. B. Jogurtcreme, Fruchtsalat) einplanen, um die Lust nach Süßem zu stillen.
- Süßigkeiten nicht sichtbar herumstehen lassen. Dadurch werden nicht nur Kinder und Jugendliche, sondern auch Erwachsene immer wieder zum Naschen verführt.
- Auf versteckte Zuckerfallen achten. Dazu ist es hilfreich, die Zutatenliste vor dem Einkauf durchzulesen. Zucker hat viele Namen, z. B. Glucose, Fruktose.
- Zuckerhaltige Getränke wie Limo oder Cola nicht als Durstlöscher verwenden. Ebenfalls in den Speiseplan als gelegentliche Süßigkeit einplanen.
- Der Zucker- und Süßigkeitenkonsum sollte nicht vollständig verboten werden. Besser ist es, täglich eine vereinbarte Menge an Süßigkeiten zuzulassen. Den Verzehr auf kleinere Mengen einschränken und nicht die gesamte Tafel Schokolade oder die Tüte Gummibärchen auf einmal essen.
- Das Verlangen nach Süßem reduzieren. Stark zuckerhaltige Süßigkeiten (z. B. Caramelriegel) langsam gegen gesündere Naschereien (z. B. exotische Früchte) austauschen.

Weitere Tipps zur Reduktion von Zucker
- Selten dienen Süßigkeiten zur Stillung des Hungergefühls. Gerade beim Fernsehen wird oft nebenher unbewusst viel Süßes verzehrt. Diese Haltung muss wieder abgelegt werden, denn auch gesundes Essen kann Spaß machen. Eine köstliche Abwechslung bietet das Obstangebot der Saison. Den Apfel oder den Geschmack der Erdbeeren sollte man wieder mit allen Sinnen wahrnehmen und genießen lernen.
- Gerade zur Hauptsendezeit im Fernsehen sind Werbeblöcke mit Eis- und Süßigkeitenspots gespickt. Solchen Lustfallen sollte man sich bewusst werden, um nicht ständig dadurch zum Naschen verlockt zu werden.
- Für manche Kinder und Jugendlichen geht der Verzehr von Süßigkeiten weit über die reine Befriedigung der Lust am Süßen und von Grundbedürfnissen hinaus. Schlecken steht oft für Entspannung, Belohnung, es hilft Aggressionen abzubauen

oder der Seele zu schmeicheln. Kinder und Jugendliche sollten versuchen, diese Störungen zu erkennen und zu überwinden. Eine gute Möglichkeit wäre Sport in der Gruppe oder ein befriedigendes Hobby.

4. Bewerten der ernährungsphysiologischen Bedeutung von Colagetränken, Energy-Drinks und Apfelsaftschorle

	Colagetränke	Energy-Drinks	Apfelsaftschorle
Zucker-gehalt/ Energie-gehalt	– Cola und Colamix-getränke besitzen einen hohen Energie-gehalt (182 kJ / 100 ml). – Dieser Energiegehalt ist auf die hohe Zuckermenge zurückzuführen (110 g pro Liter).	– Der hohe Zucker-anteil der Getränke geht sofort ins Blut über (pro Liter bis zu 320g). – Durch diesen Effekt wird sofort viel Energie zum Verbrauch freigesetzt.	– Apfelschorle enthält keinen zusätzlichen Zuckerzusatz. Der natürliche Frucht-zucker (bis 60 g pro Liter) geht schnell ins Blut über (102 kJ / 100 ml).
Weitere Inhaltsstoffe	– Um den typischen braunen Farbton und die Geschmacksnote zu erzeugen, werden z. B. Zuckercolour sowie weitere Zu-satzstoffe beigefügt.	– Energy-Drinks ent-halten die Amino-säure Taurin (ver-sprochen wird laut Werbung eine Leis-tungssteigerung). Taurin ist ein körper-eigener Stoff, der sogar in der Mutter-milch enthalten ist. – Außerdem werden Energy-Drinks Farb-stoffe, Aromastoffe, z. B. Guarana (stark koffeinhaltiger Pflanzensamen) und weitere Zusatzstoffe zugemischt.	– Apfelsaftschorle ent-hält außer Vitaminen und Mineralstoffen auch sekundäre Pflanzenstoffe, wie natürliche Aromen und Farbstoffe. – Bei Apfelsaftschorle handelt es sich um ein isotonisches Getränk, da es eben-so viele gelöste Nährstoffe wie das Blut enthält.
Koffein-gehalt	– Diese Getränke ent-halten sehr viel Koffein (bis zu 250 mg pro Liter.)	– Energy-Drinks ent-halten erhebliche Mengen an Koffein (bis zu 320 mg pro Liter) und sind damit mit stark gesüßtem Kaffee vergleichbar.	– Apfelsaftschorle ist koffeinfrei und daher im Vergleich das einzige Getränk, das für Kinder geeignet ist.

	Colagetränke	Energy-Drinks	Apfelsaftschorle
	Wirkung des Koffeins – Koffein regt über das zentrale Nervensystem schnell Kreislauf und Nerven an, somit werden Puls und Atmung beschleunigt, Aufnahme- und Reaktionsfähigkeit verbessert und die Müdigkeit verzögert. – Koffein erhöht die Harnausscheidung. Auf Dauer führt es zu innerer Unruhe, Herzklopfen, Schweißausbrüchen, Schlafstörungen und Nervosität. – Es steht im Verdacht, Hyperaktivität auszulösen und zu verstärken. – Koffein verhindert den Abbau von Stresshormonen. **Bei regelmäßigem Gebrauch ist körperliche Abhängigkeit möglich** – Kopfschmerzen, Schwindel und Müdigkeit können eintreten, wenn Personen versuchen, ohne Getränke mit viel Koffein auszukommen.		
Bewertung	– Energy-Drinks und Colagetränke liefern zu viel Energie. Sie sind leere Energieträger, da überwiegend Zucker, aber kaum Vitamine- und Mineralstoffe enthalten sind. Diese Energie wird meistens nicht verbraucht und als Depotfett eingelagert (Gefahr von Übergewicht). – Diese Getränkegruppen enthalten zu viele künstliche Zusatzstoffe, die Allergien auslösen können. – Koffeinhaltige Getränke sind Genussmittel. Koffein kann süchtig machen und entwässert den Körper. Sie sind nicht für Kinder geeignet und keine Durstlöscher.		– Apfelsaftschorle ist ideal für Freizeitsportler geeignet. Der Körper kann durch die isotonische Wirkung das Getränk aufnehmen, ohne es nochmals zu verdünnen. Somit gleicht es rasch das Flüssigkeitsdefizit wieder aus (Mischungsverhältnis von Wasser : Saft = 5:1 bis 3:1). – Durch das Schwitzen verliert der Körper Kalium. Dieser Mineralstoff ist in Äpfeln enthalten und beugt beim Sport einem Kraftmangel vor. Im Mineralwasser steckt das Nervenmineral Magnesium. – Schorle eignet sich als gesunder Durstlöscher, da weder Farb-, Geschmacks- noch Aromastoffe zugefügt werden. – Sie verfügt über einen natürlichen Geschmack und eignet sich daher für die vollwertige Ernährung. – Apfelsaft wird in manchen Haushalten sogar aus eigenen Äpfeln hergestellt.

5. Argumente für eine ballaststoffreiche Ernährung

– Studien haben bewiesen, dass bei hohem Verzehr von Süßigkeiten und ballaststoffarmer Kost häufiger Darmkrebs auftritt. Ballaststoffe schützen davor. Bestimmte Ballaststoffe werden bei der Verdauung zu kurzkettigen Fettsäuren abgebaut, von denen vor allem die Buttersäure vor Darmkrebsbildung schützt. Auch das Wachstum der Krebszellen selbst wird dadurch gehemmt.
– Gerade bei einseitiger Ernährung, wie dem ständigen Verzehr von hellen Backwaren, können Verdauungsprobleme auftreten. Meist kommt es zu Verstopfungen (Obstipation). Durch ballaststoffreiche Kost, wie z. B. Vollkornbackwaren, wird das Stuhlgewicht erhöht und der Stuhlgang erleichtert.
– Süßigkeitenverzehr fördert knolligen, harten Stuhlgang und erschwert diesen. Der Druck im Darminneren muss erhöht werden. Dabei können sackartige Ausstülpungen (Divertikel) in der Darmwand entstehen. Schmerzhafte Entzündungen sind der Preis für süße einseitige Kost.

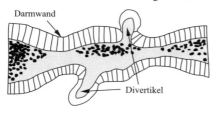

– Im Gegensatz zu den meisten Süßigkeiten enthält Obst zum Beispiel viele Ballaststoffe, sekundäre Pflanzenstoffe, Vitamine und Mineralstoffe. Diese gesunden Naschereien sättigen länger. Die Verweildauer im Körper wird erhöht, da der Vielfachzucker zunächst zerlegt werden muss.
– Süßigkeiten verändern den pH-Wert im Mund und fördern Karies. Beim Verzehr von faserartigen Nahrungsbestandteilen dauert die Zerkleinerung im Mund viel länger. Durch die erhöhte Kautätigkeit wird mehr Speichel produziert und das Kariesrisiko vermindert.

Weitere Argumente für eine ballaststoffreiche Ernährung

– Cellulose und Pektine, unverdauliche Nahrungsbestandteile z. B. im Obst, regen die Darmtätigkeit positiv an. Beide Ballaststoffe quellen in Verbindung mit Wasser stark, füllen den Darm und helfen somit giftige Zersetzungsprodukte der Mikroorganismen sowie Schadstoffe (Schwermetalle) auszuscheiden.
– Zuckerhaltige Lebensmittel beanspruchen die Darmflora enorm. Durch eine ballaststoffreiche Kost aber kann sie positiv beeinflusst werden. Darmbakterien, die Ballaststoffe als Nahrungsquelle nutzen, vermehren sich besser.
– Gerade Süßigkeiten sättigen nur kurz, liefern aber zu viel Energie. Lebensmittel mit einem hohen Ballaststoffanteil sind bei höherem Nahrungsvolumen meist energieärmer. Sie helfen Übergewicht zu vermeiden.
– Ballaststoffe aktivieren den Stoffwechsel und regen die Produktion und Abgabe von Verdauungssäften an.

II. Materialien in der Küche – zweckmäßig und ästhetisch

1.

Definition
Der Begriff Keramik wird von dem griechischen Wort „Keramos" abgeleitet. Er bezeichnet sowohl das Ausgangsmaterial (den Töpferton) als auch die daraus hergestellten Waren. Diese haben Herstellungsprozesse, z. B. drehen, aufbauen, gießen oder vielleicht sogar glasieren und dekorieren, durchlaufen und wurden durch Hitzeeinwirkung dauerhaft gemacht. Zu diesem Sammelbegriff zählen nicht nur Töpferwaren und Porzellan, sondern auch Steinzeug und Steingut.

Vergleich von Töpferwaren und Porzellan

Spezifische Eigenschaften	Töpferwaren wie z. B. Blumentöpfe	Porzellan wie z. B. Kaffeeservice
Farbe	– meist terrakottafarben, erdfarben, rot- oder braunbrennend	– weiß-, hellbrennend
Klang	– tief, dumpf	– hell
Materialhärte	– Töpferwaren besitzen eine geringe Härte und Festigkeit aufgrund der niedrigeren Brenntemperatur von 1 000 °C bis 1 100 °C.	– Dünn gegossenes Porzellan ist beim Halten gegen Licht stark durchscheinend. – Trotz der Dünnwandigkeit ist die Materialhärte höher (Brenntemperatur ca. 1 220 – 1 300 °C).
Temperatur-wechsel-beständigkeit	– Bei **unglasierten Töpfer-waren** besteht keine Temperaturbeständigkeit (nur bedingt für die Spülmaschine und den Garten geeignet).	– Porzellanwaren sind spülmaschinenfest.
Oberflächen-behandlung	Bei Töpferwaren unterscheidet man – **unglasierte** Töpferwaren (z. B. Blumentöpfe) – **glasierte** Töpferwaren (z. B. Vasen, Kacheln). Die Glasur ist evtl. nicht säurefest und haarrissfrei.	– **Porzellan wird glasiert.** (haarrissfreie Glasur) – Dadurch ist die Oberfläche dieser Erzeugnisse glatt, hygienisch, Bakterien abweisend, schnittfest und säurebeständig (Sanitärporzellan, z. B. Toiletten).
Porosität	Die Porosität unterscheidet sich je nach Oberflächenbehandlung: – **unglasierte** Töpferwaren • Diese Waren sind sehr porös und gut saugfähig, da sie mit niedriger Temperatur gebrannt wurden. • Dadurch besitzen sie eine geringere Dichte und einen rauen Bruch.	– Porzellanwaren werden mit höherer Temperatur gebrannt und sind dadurch dicht und wasserundurchlässig (gesintert). – Der glatte Bruch der Porzellanscherben sieht glasartig aus. Poröse Stellen sind nicht erkennbar.

Spezifische Eigenschaften	Töpferwaren wie z. B. Blumentöpfe	Porzellan wie z. B. Kaffeeservice
	• durch längeres Benutzen lagert sich Schmutz ein, Gefäße können sich verfärben (Porosität). – **glasierte** Töpferwaren • Diese Erzeugnisse sind wasserdicht.	

2. Bewertung von Kunststoff- und Edelstahlarbeitsschüsseln hinsichtlich Anschaffung und Gebrauch

	Kunststoff	Edelstahl
ANSCHAFFUNG		
Preis	– Eine günstige Anschaffung ist möglich.	– Edelstahl ist langlebig, aber sehr teuer.
Ökologie beim Einkauf	– Auf Langlebigkeit bei den Produkten achten. Vorsicht bei Billigware! – Das „Öko-Audit-Gütesiegel" bei der Auswahl beachten. Es steht für eine umweltfreundliche Herstellung. – Auf die Lebensmittelechtheit achten	– Die Möglichkeit, Schüsseln gleicher Art nachzukaufen, besteht oft noch sehr lange.
GEBRAUCH		
Aussehen/ Ästhetik	– eine unterschiedliche Farbwahl pro Kochgruppe wäre möglich, um die Zuordnung und Kontrolle zu erleichtern. – Der Kauf von durchsichtigen Schüsseln ist möglich.	– Edelstahl hat eine zeitlose, elegante Erscheinung.
Haltbarkeit	– Das Material ist relativ bruchsicher. – Die Oberfläche der Schüsseln kann bei starker Benutzung aufgeraut werden. Bakterien und Mikroorganismen siedeln sich an.	– Edelstahl ist das unempfindlichste Material für die Küchenausstattung (Profiküchen). – Durch die glatte Oberfläche ist das porenlose Material sehr hygienisch. – Edelstahl ist bruchsicher. Verformungen durch Schläge können entstehen.

	Kunststoff	Edelstahl
Einsatzmöglich-keiten	– Einige Arbeitsschüsseln haben einen integrierten Gummiring, um die Haftung zu verbessern. – Auf eine gute Stapelmöglich-keit achten.	– Diese Arbeitsschüsseln sind hitze- und kälteunempfindlich. Edelstahlschüsseln eignen sich z. B. als Schmelzeinsatz im Wasserbad. – Für den Einsatz in der Mikro-welle sind die Metallschüsseln ungeeignet. – Schüsseln (Schüsselsets) in verschiedenen Größen lassen sich gut stapeln.
Gewicht	– Sehr leichtes Material.	– Edelstahlschüsseln sind relativ schwer.
Reinigungs-aufwand	– Arbeitsschüsseln aus Thermo-plast verformen sich in der Spülmaschine (ab 60 °C). – Fettfilme können haften blei-ben (Biskuitteige gelingen evtl. nicht). – Verfärbungen durch Karotten- oder rote Betesaft sind mög-lich. – Nicht unbedingt geschmacks- und geruchsneutral.	– Edelstahlschüsseln sind rost-frei und spülmaschinenfest, geschmacks- und geruchs-neutral sowie säuren- und laugenbeständig.
Entsorgung	– Kunststoffschüsseln verrotten schwer. Das Recycling ist nur sortenrein möglich. – Bei der Verbrennung entstehen giftige Abgase.	– Die Langlebigkeit des Materi-als macht Arbeitsschüsseln daraus umweltfreundlich.

3. **Notwendigkeit der werterhaltenden Pflege von Metallgegenständen und Metall-flächen**

Schonung der Rohstoffressourcen
– Durch eine sachgerechte Pflege von Metallgegenständen sind sie fast lebenslang einsetzbar. Eine Verschwendung immer knapper werdender Rohstoffreserven und hohe Energiekosten durch Neuproduktion können so vermieden werden.

Kostenersparnis
– Der Neukauf von hochwertigem Kochgeschirr ist eine teuere Angelegenheit. Eine sachgemäße Pflege trägt zur lebenslangen Erhaltung bei.

Schutz der Gesundheit
– Kupferkochgeschirr ist mit einer dünnen Zinnschicht überzogen, damit es nicht oxidiert und giftigen Grünspan bildet. Das Kochgeschirr sollte man immer auf Beschädigung überprüfen und gegebenenfalls aussondern.
– Bei der Verwendung von beschichteten Backformen oder Pfannen muss darauf geachtet werden, dass weder beim Gebrauch noch bei der Reinigung die Schutz-schicht (Teflon) zerstört wird. Kochgeschirr mit Beschädigungen ist gesundheits-schädlich und somit unbrauchbar.

- Hygienevorschriften fordern eine sofortige Reinigung von Metallgegenständen und Arbeitsflächen. Schmutz begünstigt die Ansiedelung und Vermehrung von Keimen und Bakterien. Gerade bei der Verarbeitung von rohem Fleisch könnten, z. B. durch Salmonellen in Gewinden eines Fleischwolfes, Arbeitsgeräte schnell verseucht werden.

Flexibilität beim Einsatz
- Metallschüsseln, Messer und weitere Metallgegenstände werden häufig und vielseitig in der Küche verwendet. Diese Gegenstände sollten schnell wieder einsatzfähig sein, um Wartezeiten zu vermeiden.

Ästhetische Gründe
- Metallgegenstände und Metallflächen aus Edelstahl wirken zeitlos, schlicht und edel. Auf den Oberflächen sind allerdings Fingerabdrücke sofort erkennbar, die optisch nicht sehr ansprechend sind.
- Messingtürschilder oder Türgriffe wirken durch den goldfarbenen Glanz sehr elegant. Um diese Wirkung zu erhalten, ist das häufige Polieren dieser Metallgegenstände erforderlich, da die Kupfer-Zinn-Legierung sehr leicht oxidiert.
- Die Familie oder Gemeinschaft fühlt sich wohler, wenn sie in einer gepflegten Umgebung speisen und leben kann.

Regeln für die Metallreinigung
- Reinigungsmittel sparsam verwenden. Umweltschonende Reinigungsmittel verhindern ein Aufrauen der Oberfläche.
- Gegenstände bei der Nassreinigung erst außen, dann innen mit kreisenden Bewegungen gründlich reinigen.
- Löcher und Kanten (Spätzlepresse, Kuchenform) mit einem Holzspieß reinigen. So natürlich und schonend wie möglich arbeiten.
- Metallgegenstände gründlich trocknen lassen oder polieren. Wasserflecken (Besteck) oder Roststellen werden vermieden.
- Gegenstände, die mit Lebensmitteln in Berührung kommen, müssen gründlich nachgespült werden, um sämtliche Reinigungsreste gut zu entfernen.

weitere Regeln der Metallreinigung
- Geräteteile, die einzeln gereinigt werden müssen, gut aufbewahren, damit sie nicht verloren gehen. Der Nachkauf ist aufwändig und verursacht unnötige Kosten (z. B. Teile vom Fleischwolf, Dampfdrucktopf).
- Metalle, wie Gusseisen, sind empfindlich gegenüber Säuren, Laugen, Luft und Feuchtigkeit. Die Gefahr des Rostens besteht, wenn Geräte aus Gusseisen nicht unverzüglich getrocknet und eingefettet werden.
- Angebrannte Stellen, z. B. im Kochtopf, können eingeweicht und ausgekocht werden. Ein unnötiges Verkratzen des Pfannen- oder Topfbodens wird vermieden.
- Bei emaillierten Gusseisengefäßen wird die Reinigung durch die glatte Oberfläche erleichtert. Der Topf ist spülmaschinenfest. Bei der Reinigung ist darauf zu achten, dass die Emailschicht nicht durch Kratzer oder Schnitte beschädigt wird. Die Gefäße beginnen dann zu rosten.
- Silber läuft beim Kontakt mit Schwefelwasserstoff (in Eiern enthalten) schwarz an. Der Reinigungsaufwand wird damit erhöht. Extra Löffel zum Essen der Eier bereitstellen.
- Schwarzblech ist mit einer Schutzschicht überzogen. Diese Schutzschicht wird durch Kratzen zerstört.

4. Materialeigenschaften von Edelstahl- und Silberbesteck

	Edelstahlbesteck	Silberbesteck
Metall-zusammen-setzung	– Beim Einkauf auf das neue Warenzeichen achten. Besteck immer aus rostfreiem Edelstahl kaufen. (18/10). Hierbei werden 18 Teile Chrom und 10 Teile Nickel dem Rohstahl zugefügt (Chromagan).	– Beim Einkauf ist zu unterscheiden: • Bestecke aus Echtsilber (800) • Sterlingsilber (925) • Feinsilber (90 oder 100) – Der Stempelaufdruck gibt den Anteil der Legierung an.
Metallhärte	– Edelstahl ist sehr widerstandsfähig. Diese Materialeigenschaft macht das Besteck daraus praktisch unbegrenzt haltbar. – Edelstahlbesteck ist rostfrei, säurefest und laugenbeständig und ein schlechter Wärmeleiter.	– Da Silber sehr weich und dehnbar ist, wird es oft mit Kupfer legiert. – Silberbesteck ist kratzempfindlich.
Oxidations-verhalten	– Edelstahl oxidiert (Flugrost; nur in Verbindung mit „schwarzem Stahl"), läuft an oder wird beim Waschen in der Spülmaschine fleckig. (Ausnahme: 18/10)	– Säure- und schwefelhaltige Lebensmittel führen zur Oxidation und beeinträchtigen den Genuss der Speisen. Die Pflege von Besteck ist daher sehr aufwändig.
Materialpreis	– Preis-Leistungsverhältnis beachten. Aktuelle Kollektionen und Markenprodukte sind häufig sehr teuer.	– Silberbesteck ist ein Wertgegenstand und dementsprechend kostspielig. – Das klassische Besteck wirkt durch sein Material edel und antik.
Verarbeitung	– Messer sollten aus einem Metallstück gearbeitet sein. Schlitze bilden Angriffsflächen für Bakterien und Mikroorganismen und erschweren die Reinigung.	– Gerade Bestecke mit filigranen Mustern sind sehr schwer zu reinigen (Silberputztuch verwenden).

5. **Herstellung eines Porzellantellers**

Hochwertiges Porzellangeschirr wird heute vor allem in Manufakturen hergestellt. Hierbei handelt es sich um eine industrielle Herstellung in höherer Stückzahl.

---

1. **Entwurfsidee / Entwurfsmodell**
   Skizzen und Zeichnungen für ein neues Porzellangeschirr werden angefertigt. Um die Stabilität und Gebrauchsfähigkeit zu testen, wird ein Probemodell hergestellt.

↓

2. **Gussform / Gießform**
   Entspricht das Design und die Funktionalität des Entwurfsmodells den Anforderungen, so wird ein Gipsteller angefertigt. Eine Negativform/Gussform wird aus dem Gipsteller erstellt.

↓

3. **Herstellung der Porzellangießmasse**
   Pulverton (fertige Masse) wird mit Verflüssiger, z. B. Soda und Wasser, versetzt und somit gießfähig gemacht. Wenige Manufakturen stellen die Gießmasse aus den Rohstoffen Quarz, Feldspat, Kaolin und Aluminiumoxid und pulverisierten Scherben selber her.

↓

4. **Eingießen**
   Die Porzellanmasse wird nun in die zweiteilige Gussform eingefüllt. Dieses Gussverfahren bezeichnet man als Kernguss.

↓

5. **Trocknen**
   Durch das Teilen der Gussform wird der noch feuchte Scherben entnommen. Vor dem Brand muss der Teller vollständig trocknen.

↓

6. **Erster Brand**
   Bei ca. 1 000 bis 1 050 °C wird der Porzellanteller gebrannt (Schrühbrand). Der Teller ist jetzt noch porös, damit er anschließend die Glasur gut aufsaugen kann.

↓

7. **Glasieren**
   Für das Glasieren verwendet man eine haarrissfreie Gebrauchsglasur. Der Teller kann damit übergossen, getaucht oder auch gespritzt werden.

↓

8. **Zweiter Brand**
   Bei ca. 1 220 °C – 1 300 °C schmilzt die Glasur beim Glasurbrand und verschließt somit die Poren. Der Teller ist wasserdicht.

↓

9. **Dekor**
   Verwendungszweck und modischer Einfluss bestimmen das Dekor des Tellers. Im Hotel- und Gaststättengewerbe fällt dies oft viel schlichter und zeitloser aus. Malereien und Drucke sind im privaten Haushalt oft beliebt und regen die Kunden immer wieder zum Kauf eines neuen Services an. Vor dem Glasurauftrag (Unterglasdekor) oder auch nach dem Glasurbrand (Aufglasurmalerei) kann das Dekor durch Handmalerei, Schablonendruck, Dekorbilder und weitere zeitgemäße Methoden aufgebracht werden.

I. Übergewicht – ein Problem vieler Jugendlicher

Pflichtbereich

1. Die Anzahl übergewichtiger Jugendlicher nimmt stetig zu. Beschreiben Sie die körperlichen und seelischen Auswirkungen von Übergewicht auf den jungen Menschen.

2. Formulieren Sie zehn Regeln, die jungen Menschen dabei helfen können, eine dauerhafte Gewichtsreduzierung zu erreichen.

3. Stellen Sie ein vollwertiges, dreigängiges Mittagsmenü für die Familie zusammen und ändern Sie es für ein Familienmitglied zur Reduktionskost um. Belegen Sie die Vollwertigkeit des von Ihnen vorgeschlagenen Menüs.

Wahlfragen: Bearbeiten Sie eine der beiden folgenden Aufgaben.

4. Viele Fachleute betrachten Fast Food als mögliche Ursache für Übergewicht.
   Zeigen Sie die Nachteile dieser Ernährungsform auf.

5. Übergewicht im Jugendalter erhöht das Risiko, an Diabetes Typ II zu erkranken.
   Erläutern Sie den Diabetes Typ II und erstellen Sie fünf Regeln für eine entsprechende Diät.

II. Hygiene – Mikroorganismen – Schadstoffe

Pflichtbereich

1. Hygienevorschriften bei der Herstellung, beim Vertrieb und bei der Verarbeitung von Lebensmitteln sind rechtlich verankert. Formulieren Sie notwendige Hygienemaßnahmen für die praktische Arbeit in der Schulküche, und zwar für den persönlichen Bereich, den Arbeitsplatz und den Umgang mit Lebensmitteln.

2. Schimmelpilze können Lebensmittel verderben. Erläutern Sie deren Eigenschaften, mögliche gesundheitliche Gefährdungen und küchentechnische Maßnahmen, die sich daraus ableiten.

3. Die Zubereitung von Geflügel bedarf besonderer Sorgfalt. Zeigen Sie fünf Maßnahmen zur Vermeidung gesundheitlicher Gefahren im Umgang mit Geflügel auf.

Wahlfragen: Bearbeiten Sie eine der beiden folgenden Aufgaben.

4. Nennen Sie drei Schadstoffe, die bei der Zubereitung von Lebensmitteln entstehen können, und stellen Sie ein Beispiel genauer vor.

5. In einigen Lebensmitteln befinden sich natürliche Gifte. Nennen Sie drei dieser Giftstoffe, die von Natur aus in Lebensmitteln vorkommen, und beschreiben Sie einen Giftstoff ausführlich.

Lösungsvorschlag

I. Übergewicht – ein Problem vieler Jugendlicher

1. Körperliche und seelische Auswirkungen von Übergewicht auf junge Menschen

Schon heute ist in Deutschland jedes fünfte Schulkind und jeder dritte Jugendliche zu dick und das mit jährlich steigender Tendenz.
Mit dem Übergewicht steigt die Gefahr, seelisch und körperlich zu erkranken.

Körperliche Auswirkungen

Gewicht stellt eine hohe Belastung für den Körper dar. Besonders Wirbelsäule, Knie- und Fußgelenke werden geschädigt, sodass **Abnutzungserscheinungen und Verformungen von Knochen und Gelenken** und **Haltungsschäden** auftreten können.
Herz und Kreislauf werden stark belastet. Damit steigt die Gefahr von **Bluthochdruck und Arteriosklerose**, die im äußersten Fall zu Schlaganfall und Herzinfarkt führen können. Stark übergewichtige (adipöse) Kinder erkranken häufiger an Stoffwechselerkrankungen wie z. B. **Diabetes mellitus Typ II** (Altersdiabetes, kurz Zuckerkrankheit), **Gicht** (hohe Harnsäurewerte im Blut, die zu Ablagerungen an Gelenken führen) oder **Fettstoffwechselstörungen** (erhöhte Cholesterinwerte = Blutfett) im Blut.
Das hohe Gewicht belastet zusätzlich die Arbeit der Organe. Das Herz muss mehr Kraft aufwenden, um das Blut durch den Körper zu pumpen, und auch die Belastung für die Lunge ist höher. Die Beeinträchtigung der Atmung erhöht das Risiko, an einer Bronchitis zu erkranken.
Übergewichtige Menschen sind unbeweglicher, bewegen sich unsicher und haben ein verlangsamtes Reaktionsvermögen, damit steigt das Unfallrisiko.

Seelische Auswirkungen

Dicke Jugendliche werden oft von Gleichaltrigen gehänselt und ausgegrenzt. Sie fühlen sich in ihrem Körper nicht wohl, sind deshalb im Umgang mit anderen gehemmt und können nur schwer Kontakt mit ihrem sozialen Umfeld aufnehmen. **Depressionen und Minderwertigkeitskomplexe** sind Folgen der mangelnden Akzeptanz durch die Umwelt, und über den entstandenen Kummer tröstet wiederum Essen hinweg
→ ein Teufelskreis entsteht, der nur schwer zu brechen ist.
Übergewichtige Jugendliche haben Schwierigkeiten beim Einkauf von Kleidung. Obwohl die Zahl dicker Jugendlicher ansteigt, nimmt die Bekleidungsindustrie darauf nur wenig Rücksicht. Im Gegenteil, Mode wird für schlanke Menschen gemacht, XXL-Mode ist nicht chic, sondern nur zweckmäßig.
Ständige Zurückweisung durch die Gesellschaft führt zu **Unzufriedenheit, zu mangelndem Selbstbewusstsein** und kann sich sogar in ein **Aggressionsverhalten** umwandeln.

2. Zehn Regeln für eine dauerhafte Gewichtsreduzierung

Für eine dauerhafte Gewichtsreduzierung ist eine Veränderung der Ernährungsgewohnheiten und des Essverhaltens notwendig. Dazu helfen die nachfolgenden Regeln:
– Die tägliche Energiezufuhr muss 2 000 – 3 000 kJ unter dem tatsächlichen Energiebedarf liegen.
– Ernährungsgewohnheiten können nur dann verändert werden, wenn dies über einen längeren Zeitraum geschieht. Blitzdiäten sind daher für eine dauerhafte Gewichtsreduzierung ungeeignet (Jojo-Effekt!).
– Leere Kohlenhydrate, die nur Energie, aber kaum Vitamine, Mineralstoffe und Ballaststoffe liefern, wie Zucker und Weißmehlprodukte, sind zu vermeiden.

- Ballaststoffreiche Kohlenhydrate (Vollkornprodukte, Gemüse und Obst) sind sinn-voll, da sie ein lang anhaltendes Sättigungsgefühl bewirken und trotzdem energie-arm sind.
- Die Fettzufuhr muss stark eingeschränkt werden, fettarme Lebensmittel sind zu bevorzugen, versteckte Fette zu meiden. Auch mit fettarmen Garmethoden wie Kochen, Dünsten, Grillen oder Garen in der Mikrowelle kann wohlschmeckendes Essen zubereitet werden.
- Eiweißprodukte, die eine hohe biologische Wertigkeit aufweisen, sind für den Kör-per notwendig und dürfen nicht vom Speiseplan gestrichen werden. Sie sollten über die Verwendung fettarmer Milch und Milchprodukte und magerer Fleisch- und Wurstwaren abgedeckt werden. Weiterhin sollte fettarmer Fisch den Kostplan berei-chern.
- Der Bedarf an Vitaminen und Mineralstoffen sollte durch Frischkost gedeckt werden. Frischkost enthält kaum Fett, aber viele Ballaststoffe.
- Energiereiche, gezuckerte Getränke und Säfte sind zu meiden. Vorzuziehen sind ungesüßte Getränke, ungezuckerte Tees und Leitungs- oder Mineralwasser.
- Alkohol enthält viel Energie und ist deshalb ungeeignet.
- Die Nahrungsaufnahme verteilt man besser auf mehrere (fünf) kleine Mahlzeiten, so wird ein Heißhungergefühl vermieden.
- Während der Nahrungsaufnahme nicht lesen oder fernsehen! Ein konzentriertes Essen und Kauen helfen rascher, ein Sättigungsgefühl zu erlangen.
- Sport und Bewegung unterstützen die Gewichtsreduzierung.

3. Menüvorschlag für ein vollwertiges, dreigängiges Mittagsmenü für die Familie und eine zur Reduktionskost umgewandelte Variante

Champignoncremesuppe mit Sahnehäubchen	Champignonsuppe
Spargel mit Buttersauce Paniertes Schweineschnitzel Bratkartoffeln Bunter Frühlingssalat mit Olivenöl-Dressing	Spargel natur Putenschnitzel naturell Pellkartoffeln Bunter Frühlingssalat mit Joghurt-Dressing
Obstsalat aus frischen Früchten mit Honig und Mandelsauce	Obstsalat aus frischen Früchten
Saftschorle	Mineralwasser

Bewertung des Menüs

Vorspeise
Champignons enthalten wichtige Mineralstoffe wie z. B. Kalium, Phosphor, Magne-sium und die Spurenelemente Eisen und Fluorid. Sie sind reich an Vitamin B2, Niacin und Folsäure, enthalten Ballaststoffe und nur wenig Fett.

Hauptgericht
Spargel ist eine fettarme, aber ballaststoffreiche Gemüseart.
Schweineschnitzelfleisch enthält gesättigte und ungesättigte Fettsäuren, der Fettanteil bei Putenfleisch ist geringer. Putenfleisch ist reicher an hochwertigem tierischen Ei-weiß als Schweineschnitzelfleisch und wirkt sich positiver auf den Blutfettspiegel aus. Beide sind mineralstoffreich und enthalten fettlösliche und wasserlösliche Vitamine.

Pellkartoffeln enthalten Kohlenhydrate in Form von Stärke, sekundäre Pflanzenstoffe und Ballaststoffe.
Der Frühlingssalat ist reich an Vitaminen, Mineralstoffen, sekundären Pflanzenstoffen und Ballaststoffen.

Dessert
Obstsalat enthält viele verschiedene Vitamine, Mineralstoffe, sekundäre Pflanzenstoffe und Ballaststoffe.

Getränk
Mineralwasser führt dem Körper wichtige Flüssigkeit, Mineralstoffe und Spurenelemente zu.

Bewertung gesamt
In beiden Menüs sind die für eine vollwertige Mahlzeit notwendigen Bausteine enthalten. Das reduzierte Menü enthält die gleichen Zutaten, jedoch in allen Menübausteinen wird Fett (Sahne, Olivenöl und Bratfett) eingespart und durch fettarme Zutaten (Joghurt) ersetzt. Das fetthaltigere Schweinefleisch wird durch hochwertigeres, fettarmes Putenfleisch ersetzt. Bei der Nachspeise wird auf Kohlenhydrate in Form von Honig und Mandelsauce verzichtet. Sie wird nur auf Ballaststoffe, Vitamine und Mineralstoffe reduziert.

4. Fast Food als mögliche Ursache für Übergewicht. Nachteile dieser Ernährungsform

Fast Food ist eine moderne Ernährungsform, die vor allem von Jugendlichen geschätzt wird. Schnelles Essen zwischendurch entspricht unserer Lebensweise. Doch daraus ergeben sich große Nachteile:
– Fast Food wird meist als Zwischenmahlzeit gegessen. Der Energiegehalt von Fast Food in Form von Fett jedoch ist hoch und entspricht eher dem Energiegehalt einer Hauptmahlzeit.
– Der Anteil an Mineralstoffen und Vitaminen ist gering, fehlende Ballaststoffe vermindern den Sättigungsgehalt.
– Fast Food enthält meist einen hohen Anteil an tierischem Eiweiß und leeren Kohlenhydraten in Form von Zucker und Weißmehl.
– Schnelles und hastiges Essen im Stehen ist ungesund für den Magen und es stellt sich kein Sättigungsgefühl ein.
– Fast Food wird mit überhöhten Gewürzmengen „schmackhaft" gemacht, der Einsatz von Geschmacksverstärkern wirkt sich auf das Geschmacksempfinden der Jugendlichen aus. Das natürliche Geschmacksempfinden für die Zutaten geht verloren.
– Bei der Zubereitung von Fast Food kann es zu Problemen mit der Lebensmittelhygiene kommen. Mangelnder Absatz bei kleinen Imbissbuden führt zu Warmhalten der Speisen. Deshalb sind Salmonellenerkrankungen nach dem Verzehr von Fast Food möglich.
– Um einen niedrigen Preis zu gewährleisten, werden manchmal minderwertige Zutaten verwendet, deren schlechter Geschmack „überwürzt" wird.
Der regelmäßige Konsum von Fast Food führt zu gesundheitlichen Störungen. Eine gelegentliche „schnellen Mahlzeit", die nicht zur Gewohnheit wird, ist sicherlich unbedenklich.

5. Die Krankheit Diabetes Typ II und fünf Regeln für eine entsprechende Diät

Diabetes mellitus Typ II, auch Zuckerkrankheit genannt, tritt bei übergewichtigen Jugendlichen immer häufiger auf. Diese Stoffwechselkrankheit hängt mit der Produktion des Hormons Insulin zusammen, das in der Bauchspeicheldrüse gebildet wird. Diabetikern fehlt es an Insulin, es kommt zum relativen Insulinmangel. Das Hormon wird zwar gebildet, jedoch nicht in der nötigen Menge und zum richtigen Zeitpunkt. Insulin hat die Aufgabe, für den Glucoseübergang vom Blut in die Zelle zu sorgen und ist für die Bildung von Nährstoffspeichern im Körper (Bildung von Depotfett, Glykogen und Muskeleiweiß) verantwortlich. Fehlt es, können diese Aufgaben nicht erledigt werden. Diabetes mellitus Typ II wird auch Altersdiabetes genannt, da die Häufigkeit, daran zu erkranken, mit zunehmendem Alter steigt. Sie kann auch erblich angelegt sein. Übergewicht steigert die Gefahr, an Diabetes mellitus zu erkranken erheblich, und es beeinträchtigt außerdem die Wirksamkeit von Insulin.

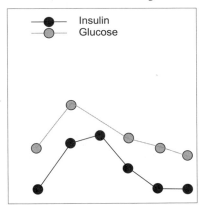

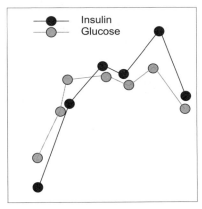

Insulinproduktion eines Gesunden
Der Insulingehalt im Blut steigt entsprechend der Glucosemenge an, die in das Blut gelangt.

Insulinproduktion bei Altersdiabetes
Der Insulingehalt im Blut steigt an, jedoch nicht zum richtigen Zeitpunkt und in der richtigen Menge.

Wer an Diabetes mellitus erkrankt ist, sollte nachfolgende Regeln beachten:
- Für Übergewichtige gilt als erste und wichtigste Empfehlung das Gewicht zu reduzieren.
- Normalgewichtige Diabetiker müssen sich keiner speziellen Diät unterwerfen. Für sie gelten die gleichen Ernährungsempfehlungen wie für Gesunde, nämlich eine vollwertige Ernährungsform.
- Süßigkeiten enthalten Mono- und Disaccharide, die schnell resorbiert werden. Dies bewirkt, dass der Blutzucker schnell ansteigt, die Produktion von Insulin kann diesem schnellen Anstieg nicht folgen. Deshalb sind Süßigkeiten unbedingt zu vermeiden.
- Zum Süßen können kalorien- und kohlenhydratfreie Süßstoffe verwendet werden wie z. B. Saccharin oder Cyclamat.
- Stärke, sogenannte Polysaccharide, werden während der Verdauung nur langsam gespalten. Dadurch steigt auch der Blutzuckerspiegel nur langsam an. Ballaststoffe verzögern die Abgabe von Glucose ins Blut. Sie sind für Diabetiker unbedingt zu empfehlen.

- Gesättigte Fettsäuren müssen vermieden werden, da hohe Blutfettwerte häufige Begleitsymptome bei Diabetes sind. Die Fettzufuhr sollten reduziert werden und aus ungesättigten und mehrfach ungesättigten Fettsäuren bestehen.
- Alkoholkonsum erhöht die Gefahr der Unterzuckerung (Hypoglykämie). Alkoholische Getränke sollten deshalb besser zu kohlenhydrathaltigen Mahlzeiten getrunken werden, um das Risiko der Unterzuckerung zu vermindern.

II. Hygiene – Mikroorganismen – Schadstoffe

1. Hygienemaßnahmen für die praktische Arbeit in der Schulküche

Hygienevorschriften sind wichtige Regeln beim Umgang mit Lebensmitteln. In der Schulküche werden Hygieneregeln aufgestellt, die in Regeln für den persönlichen Bereich, Regeln am Arbeitsplatz und Regeln im Umgang mit den Lebensmitteln eingeteilt werden.

Persönliche Hygienemaßnahmen	Begründung
Saubere und zweckmäßige Arbeitskleidung tragen!	In verschmutzter Kleidung vermehren sich Keime besonders gut.
Lange Haare zusammenbinden oder eine Kopfbedeckung tragen!	Haare sind Keimträger, auch wenn sie sauber sind.
Hände sorgfältig säubern, Fingernägel kürzen und nicht lackieren!	Über die Hände können Keime auf Lebensmittel übertragen werden.
Schmuck an Armen und Händen ablegen!	Am Schmuck setzen sich Keime ab. Außerdem kann das Tragen von Schmuck zu Verletzungen führen.
Offene Wunden luft- und wasserdicht verbinden, gegebenenfalls Handschuhe verwenden!	Keime können sonst auf Lebensmittel übertragen werden.
Beim Niesen oder Husten sich von den Lebensmitteln abwenden! Nach dem Toilettenbesuch unbedingt die Hände waschen!	Mikroorganismen (z. B. Eitererreger) führen zu Lebensmittelvergiftungen.
Zum Probieren und Abschmecken zwei Probierlöffel verwenden!	Krankheitsbakterien gelangen sonst in die Nahrung und werden auf andere Personen übertragen.
Bei Erkrankungen wie z. B. Durchfall, Übelkeit und Erbrechen nicht mit Lebensmitteln arbeiten! Die Erkrankung ist unbedingt zu melden!	Es besteht Ansteckungsgefahr, weitere Personen werden gefährdet.

Hygiene am Arbeitsplatz	Begründung
Abfälle in einem Abfallbehälter sammeln, diesen regelmäßig leeren und reinigen!	Abfälle enthalten viele Keime.
Arbeitsplatz auf Sauberkeit kontrollieren und gegebenenfalls reinigen! Nach jedem Arbeitsgang ist eine Reinigung notwendig!	Keime können sich so nicht vermehren.
Gebrauchte Arbeitsgeräte sammeln und gründlich reinigen; – dabei Speisereste entfernen und eventuell einweichen; – mit heißem Wasser und Spülmittel reinigen; – in heißem Wasser nachspülen.	Arbeitsgeräte werden hygienisch sauber, Speise- und Spülmittelreste werden gut entfernt.
Schneidebretter und andere Arbeitsgeräte aus Holz oder Kunststoff vor dem Wegräumen erst gründlich trocknen lassen!	Feuchtwarmes Milieu zur Vermehrung von Bakterien und Schimmelpilze wird vermieden.
Den Arbeitsplatz in einen sauberen und einen unsauberen Bereich trennen.	Mikroorganismen werden nicht auf andere Lebensmittel verteilt.

Hygiene im Umgang mit Lebensmitteln	Begründung
Verdorbene Lebensmittel sofort entfernen und nicht weiterverarbeiten!	Lebensmittelvergiftungen werden so vermieden.
Eiweißhaltige Lebensmittel sind leicht verderblich; – aus der Verpackung nehmen, – kühl und abgedeckt lagern.	Niedrige Temperaturen hemmen das Wachstum von Mikroorganismen.
Geflügel in einer Auffangschale auftauen lassen, die Auftauflüssigkeit unbedingt wegschütten!	Infektionsmöglichkeit mit Salmonellen.
Geflügel und Eier sollten an einem separaten Arbeitsplatz verarbeitet werden. – Speisen mit rohen Eiern müssen ständig gekühlt werden. – Sie sollten innerhalb von 12 Stunden verzehrt werden.	Salmonellengefahr!
Das Warmhalten von Speisen vermeiden, nicht verbrauchte Lebensmittel kalt stellen.	Das Wachstum von Keimen und Bakterien ist bei kühlen Temperaturen vermindert.
Unsaubere, erdbehaftete Lebensmittel von sauberen Lebensmitteln trennen.	Vermeidung einer Lebensmittelvergiftung durch Infektion mit dem Botulismuserreger.

2. Schimmelpilzbildung bei Lebensmitteln – Eigenschaften, gesundheitliche Auswirkungen und küchentechnische Maßnahmen

Schimmelpilzbildung ist wohl der bekannteste Lebensmittelverderb, der bei sachgerechter Lagerung weitgehend vermieden werden kann.

Eigenschaften von Schimmel

Schimmelpilze gedeihen besonders gut auf kohlenhydratreichen Lebensmitteln, man kann sie aber auch auf eiweißhaltigen Lebensmitteln wie z. B. Milch und Milchprodukten finden. Sie vermehren sich durch Sporen, die über die Luft auf Lebensmittel gelangen. Der sichtbare Schimmelbelag auf der Oberfläche ist nur ein Teil des Pilzes, der für das Auge unsichtbar wie ein Geflecht in tiefere Bereiche des Lebensmittels gelangt. Besonders betroffen sind stark wasserhaltige Lebensmittel (Brot, Gemüse und Obst). Schimmelpilze sind wasserlöslich und hitzeresistent und können weder weggewaschen, noch durch Kochen unschädlich gemacht werden. Manche Schimmelpilze erzeugen im Stoffwechselprozess Aflatoxine, die zu den stärksten Krebsgiften gezählt werden. Vor allem auf Nüssen, Erdnüssen, Mandeln, Getreide und Getreideprodukten, Obst und Gemüse kann man dieses Gift finden.

Gesundheitliche Auswirkungen

– Aflatoxine verursachen Krebs, Leberschäden, Erbschäden und Schädigungen des Kindes im Mutterleib.
– Vergiftungserscheinungen direkt nach dem Verzehr schimmelbefallener Lebensmittel treten nicht auf, stattdessen ist mit Spätfolgen zu rechnen.

Küchentechnische Maßnahmen

– Die Bildung von Schimmel durch sachgerechte Lagerung verhindern: Kühle, trockene und dunkle Lagerung wirkt dem Verderb von Lebensmitteln entgegen.
– Die Lebensmittel beim Einkauf sorgfältig aussuchen und nur kleinere Mengen bevorraten verhindert Schimmelbefall.
– Komplett verschimmelte Lebensmittel, aber auch stark wasserhaltige Lebensmittel, die nur einzelne Schimmelstellen aufweisen (schimmelige Milchprodukte, Fruchtsäfte, Kompotte oder Suppen) vollständig entsorgen.
– Verschimmelte Nüsse, Getreide, Obst, Gemüse und Brotwaren sofort beseitigen.
– Schimmel an Käsesorten wie Roquefort, Gorgonzola oder Camembert ist gezüchtet und unbedenklich.
– Verschimmelte Lebensmittel, die einen hohen Zuckergehalt von über 50 % aufweisen wie z. B. Marmelade, können nach großzügigem Entfernen des Schimmels noch verzehrt werden.

3. Maßnahmen bei der Zubereitung von Geflügel

Geflügelgerichte müssen besonders sorgfältig zubereitet werden, um gesundheitliche Gefahren zu vermeiden. Folgende Maßnahmen sind dabei unerlässlich:
– Geflügel aus der Verpackung nehmen und kühl stellen, tiefgefrorenes Geflügel im Kühlschrank in einem Auftaubehälter auftauen lassen.
– Die Auftauflüssigkeit von Geflügel entfernen, hier ist die Salmonellengefahr besonders hoch.
– Zum Vorbereiten von Geflügelfleisch Arbeitsgeräte mit glatten Flächen benutzen, z. B. Schneidebretter aus Glas, damit sich keine Keime festsetzen können. Schneidebretter aus Holz sind besonders ungeeignet, da Keime in das poröse Material eindringen können.
– Geflügelfleisch kurz unter kaltem Wasser waschen, mit Küchenkrepp trocken tupfen. Das Papier sofort entfernen.
– Arbeitsplätze und Arbeitsgeräte sofort mit heißem Wasser reinigen.

– Geflügel möglichst an einem separaten Arbeitsplatz vorbereiten, um Kontakt mit anderen Lebensmitteln zu vermeiden. Es darf keine Kontaktmöglichkeit mit Lebensmitteln, die roh verzehrt werden (z. B. Salate oder Obst für eine Nachspeise), erfolgen.
– Geflügelfleisch muss immer ganz durchgaren und darf nicht warmgehalten werden. In der Wärme vermehren sich Keime besonders schnell. Reste besser abkühlen lassen und erneut erhitzen.

4. Schadstoffe, die bei der Zubereitung von Lebensmitteln entstehen können

Bei der Zubereitung im Haushalt, aber auch bei der industriellen Be- und Verarbeitung von Lebensmitteln können Schadstoffe entstehen. Dazu gehören Acrolein, Acrylamid, Benz(a)pyren, Nitrit und Nitrosamine.

Nachfolgend werden die Schadstoffe Acrolein, Acrylamid und Nitrit näher erläutert:

	Vorkommen	Beschwerden	Maßnahmen
Acrolein	Überhitzte Fette färben sich zuerst braun, dann schwarz und riechen stechend. Bei diesem Vorgang spalten sich die Fettmoleküle in ihre Bestandteile Glycerin und Fettsäuren. Von Glycerin wird Wasser abgespalten und es entsteht Acrolein.	Acrolein ist ein starkes Gift. Es reizt die Schleimhäute und kann bleibende Schäden an den Atmungsorganen und Atemwegen verursachen.	Fette nicht überhitzen! Schwarz verbrannte Stellen nicht essen, sondern entfernen. Marinaden, die Öl enthalten, vor dem Grillen abtupfen.
Acrylamid	Bei einer Erhitzung von Zucker- und Eiweißbausteinen über 100 °C wird Acrylamid gebildet. Besonders gefährdet sind stärkereiche Lebensmittel, die stark erhitzt werden durch Frittieren oder Backen wie z. B. Pommes frites, Chips, Bratkartoffeln oder Knäckebrot.	Acrylamid steht in Verdacht, krebserregend zu sein und kann sich schädigend auf das Erbgut auswirken.	Fett nicht überhitzen! Bei Temperaturen von 170 °C wird verstärkt Acrylamid erzeugt. Frittierte und stärkehaltige Lebensmittel nicht zu häufig in den Speiseplan aufnehmen.
Nitrit	Einige Lebensmittel (z. B. Spinat, Salat, gepökelte Fleischwaren und auch manches Trinkwasser) enthalten Nitrat. Dies wird durch Enzyme bestimmter Mikroorganismen in das giftige Nitrit umgewandelt (chemisch = reduziert). Dieser Vorgang kann sowohl im Lebensmittel selbst, als auch im Körper geschehen.	Nitrit beeinträchtigt das Bindevermögen des roten Blutfarbstoffes für Sauerstoff. Als Folge entsteht Sauerstoffmangel. Besonders gefährlich ist dies für Säuglinge. Sie bilden höhere Nitritkonzentrationen und können an Blausucht erkranken und damit ersticken.	Saisongemüse bevorzugen, bei nitratreichen Lebensmittel äußere Blätter, Stiele und Blattrippen entfernen. Reste von zubereitetem nitratreichen Gemüse im Kühlschrank abkühlen und erneut erwärmen. Langsames Abkühlen und stehen lassen bei Zimmertemperatur begünstigen die Nitritbildung. Nitratarme Gläschenkost zur Säuglingsernährung verwenden.

5. Natürliche Giftstoffe in Lebensmitteln

Viele Pflanzen bilden Stoffe, die für ihre Existenz notwendig sind, für den Menschen jedoch schädlich und sogar giftig sind. Zu diesen natürlichen Giftstoffen gehören Blausäure, Oxalsäure, Phasin, Pilztoxine und Solanin.

Nachfolgend werden die Giftstoffe Oxalsäure, Phasin und Solanin näher erläutert:

	Vorkommen	Beschwerden	Maßnahmen
Oxalsäure	Sie ist Bestandteil einiger Gemüsesorten wie Spinat, Rhabarber, Rote Beete, Mangold und Kakao. In Verbindung mit Calcium bildet sie Calciumoxalat. Calcium kann nicht mehr vom Körper aufgenommen werden. Körpereigenes Calcium wird unter Umständen gebunden und ausgeschieden.	Eine erhöhte Konzentration an Oxalsäure kann zur Bildung von Nieren- und Gallensteinen führen. Eine akute Vergiftung ist nicht zu erwarten.	Oxalsäurehaltige Lebensmittel wie z. B. Rhabarber, Spinat oder Mangold nicht zu häufig essen, bei einer Veranlagung zu Nierensteinen möglichst meiden. Die Calciumzufuhr durch Milch und Milchprodukte erhöhen. Beim Kochen oxalsäurehaltiger Lebensmittel das Kochwasser weggießen.
Phasin	Phasin ist ein Eiweißstoff, der in rohen Bohnenarten vorkommt. Er bewirkt ein Zusammenklumpen der roten Blutkörperchen.	Leichte Vergiftungsformen äußern sich als Magenverstimmung, starke Gifteinwirkungen als Darmschleimhautentzündung, Krämpfe oder Kaliummangel im Blut. Schon fünf bis sechs rohe Bohnen können unter Umständen tödlich sein.	Kochen zerstört Phasin, deshalb rohe Bohnen ca. fünfzehn Minuten kochen, dann können sie bedenkenlos gegessen werden.
Solanin	Solanin ist ein Giftstoff, der in den grünen Teilen von Nachtschattengewächsen, besonders Kartoffeln und Tomaten, gebildet wird. Kartoffeln bilden, wenn sie Licht ausgesetzt sind, direkt unter der Schale grüne Stellen.	Kopf- und Magenschmerzen, Übelkeit, Erbrechen und Kratzen im Hals sind Anzeichen einer leichten Solaninvergiftung. Bei hohen Konzentrationen kommt es zu Atemnot, Krämpfen und Bewusstlosigkeit, bei sehr hohen Mengen kann eine Solaninvergiftung tödlich sein.	Kartoffeln mit grünen Stellen sorgfältig abschälen, Keimanlagen entfernen und das Kochwasser nicht weiterverwenden. Keine unreifen Tomaten essen und den Stielansatz entfernen. Kartoffeln dunkel lagern, da sich bei Licht Solanin bildet.

I. Die Bedeutung einer ausgewogenen Ernährung

Pflichtbereich

1. Erläutern Sie aufgrund des Verlaufs der Tagesleistungskurve die Bedeutung von Zwischenmahlzeiten.

2. Zeigen Sie auf, wovon der Energiebedarf des Menschen abhängig ist.

3. In allen Altersstufen trinken viele Menschen zu wenig oder das Falsche. Nennen und erläutern Sie die Aufgaben des Wassers in unserem Körper. Geben Sie drei Ratschläge, wie man sich eine ausreichende Flüssigkeitszufuhr angewöhnen kann.

Wahlfragen: Bearbeiten Sie eine der beiden folgenden Aufgaben.

4. Jede Altersgruppe fordert ihre spezielle Ernährung. Beschreiben Sie die Ernährung des alternden Menschen.

5. Gicht – eine Wohlstandskrankheit! Begründen Sie diese Aussage und stellen Sie Regeln für eine Gichtdiät auf.

II. Küchenkauf – ein Kinderspiel?

Pflichtbereich

1. Nennen Sie sechs wichtige ergonomische Gesichtspunkte, nach denen der Arbeitsplatz Küche gestaltet sein sollte.

2. Zeichnen und beschriften Sie einen gängigen Küchentyp Ihrer Wahl und machen Sie fünf Vorschläge zu Material und baulichen/technischen Besonderheiten.

3. Es sollen neue Töpfe gekauft werden. Nennen Sie wichtige Kriterien für den Einkauf von geeignetem Kochgeschirr.

Wahlfragen: Bearbeiten Sie eine der beiden folgenden Aufgaben.

4. Bei der Anschaffung von Schneidebrettern steht Rohholz zur Diskussion. Beurteilen Sie dieses Material hinsichtlich seiner Eigenschaften und Pflege.

5. Beschreiben Sie die Funktionsweise und die Einsatzmöglichkeiten eines Mikrowellengerätes.

Lösungsvorschlag

I. Die Bedeutung einer ausgewogenen Ernährung

1. Die Bedeutung von Zwischenmahlzeiten anhand des Verlaufes der Tagesleistungskurve

Die Verteilung der Tagesenergiemenge könnte entweder auf drei Hauptmahlzeiten (Frühstück, Mittagessen und Abendessen) beschränkt werden oder durch **Zwischenmahlzeiten (2. Frühstück und Nachmittagsvesper)** ergänzt werden.

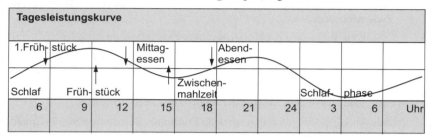

Bedeutung von Zwischenmahlzeiten
– Nach dem 1. Frühstück steigt die Leistungskurve bis ca. 9.00 Uhr rapide an. Zwischen 9.00 Uhr und 12.00 Uhr besteht am Vormittag ein Leistungshoch. Das 2. Frühstück bringt nun einen weiteren Energieschub für den langen Vormittag, z. B. Vollkornprodukte und Obst sowie Gemüse. **Kinder und Jugendliche haben weniger Reserven, um die Energie zu speichern, bei ihnen sinkt die Leistung schneller ab.** Deshalb ist gerade für sie die Zwischenmalzeit am Vormittag so wichtig.
– Nach dem Mittagessen fällt die Leistung bis ca. 15.00 Uhr wieder ab. **Eine Zwischenmahlzeit am Nachmittag ist ideal, um fehlende Energiereserven aufzufüllen und den Kreislauf in Schwung zu bringen.** Die Zwischenmahlzeit sollte eiweiß- und vitaminreich sowie leicht und erfrischend sein, z. B. Obst, Kakao.

Weiterer Lösungsvorschlag
Am Abend steigt die Leistung nochmals an. Um 21.00 Uhr ist ein kleines Leistungshoch zu verzeichnen, bis die Leistungskurve schließlich um 3.00 Uhr nachts den absoluten Tagestiefpunkt erreicht hat. **Trotz dieses Leistungsdefizits sollten in der Nacht keine zusätzlichen Zwischenmahlzeiten verzehrt werden,** wie z. B. Knabbereien, Süßigkeiten und Alkohol. Diese **Zwischenmahlzeiten werden nachts kaum mehr verdaut und enthalten zu viel Fett und kcal.**

2. Energiebedarf des Menschen

Grund- und **Leistungsumsatz** ergeben den **Gesamtenergiebedarf** des Menschen.

Der **Grundumsatz** wird benötigt, um alle Lebensvorgänge im Körper aufrecht zu erhalten, wie z. B. Atmung, Herzschlag und Stoffwechselfunktionen.

Der **Leistungsumsatz** ist die zusätzliche Energiemenge, um Muskelarbeit leisten zu können. Unterschieden wird in **Berufs- bzw. Arbeitsumsatz** (körperliche Arbeitsbelastungen der Berufsgruppe) und **Freizeitumsatz** (Leistungen im Haushalt und beim Sport).

Faktoren, die den Grundumsatz beeinflussen
– Das Geschlecht:
Bei Männern – bezogen auf die gleiche Körpermasse – liegt der Grundumsatz bei gleichem Alter ca. 9 % höher als bei Frauen. Männer haben generell mehr aktives Gewebe wie Muskelmasse als Frauen.
– Das Alter:
Stoffwechselvorgänge verlangsamen sich mit zunehmendem Alter.
– Die Größe und das Gewicht (Körperoberfläche):
Je mehr Gewicht (im Normalbereich), desto mehr Gewebsmasse muss mit Nährstoffen und Energie versorgt werden.
– Die Hormone:
Schilddrüsenhormone und Adrenalin können den Grundumsatz beeinflussen.
– Das Klima:
Je heißer (Tropen) das Klima, desto weniger Grundumsatz haben die Menschen.
– Individuelle Faktoren:
z. B. Stress erhöht den Grundumsatz, Depressionen verringern ihn.

Faktoren, die den Leistungsumsatz beeinflussen
– Die Berufsgruppe:
Unterscheidung in leichte, schwere und mittelschwere Arbeit. Der Anteil an Schwerarbeitern ist in den vergangen 60 Jahren erheblich gesunken.
– Der sportliche Einsatz:
Sportliche Aktivitäten steigern den Leistungsumsatz zum Teil erheblich.
– Das Klima:
Durch höhere Temperaturen schwitzt der Körper mehr. Die entstandene Verdunstungskälte ist für die Senkung der Körpertemperatur verantwortlich.
– Die Verdauungstätigkeit:
Nur 94 % der Nährstoffe werden vom Körper ausgenutzt. Es kommt zu Energieverlusten.

3. **Aufgaben des Wassers im Körper – Ratschläge zur Deckung des täglichen Flüssigkeitsbedarfs**

Wasser ist **lebensnotwendig**. Der Körper kann ohne Wasser höchstens drei Tage überleben.

Aufgaben des Wassers
– Baustoff:
65 % des menschlichen Körpers besteht aus Wasser. Es befindet sich hauptsächlich in den Körperzellen.
– Wärmeregler:
Bei zu hohen Temperaturen oder extremer körperlicher Beanspruchung wird Wasser durch die Schweißdrüsen abgegeben. Die Verdunstung des Wassers senkt die Körpertemperatur.
– Lösungsmittel:
Verwertbare Nahrungsbestandteile werden im Wasser gelöst und weitertransportiert.
– Transportmittel:
Über das Blut werden die im Wasser gelösten Nährstoffe zu den Zellen transportiert.

Drei Ratschläge zur ausreichenden Flüssigkeitszufuhr
- Insgesamt **mindestens 2 Liter energiearme Fruchttees, Mineralwässer oder Schorlen trinken.**
- Wasserflasche **mit 1,5 Liter Fassungsvermögen bereit stellen,** z. B. am Arbeitsplatz. Bewusst über den Vormittag die Flasche leeren. Am Nachmittag Vorgehensweise wiederholen.
- **Memo-Zettel zur Erinnerung ankleben,** z. B. an die Kühlschranktüre. Regelmäßige Trinkphasen einplanen (immer in den Pausen, beim Fernsehen usw.).

Weiterer Lösungsvorschlag
Vor dem Frühstück und den weiteren Mahlzeiten möglichst schon **ein Glas Wasser trinken.**

4. **Richtige Ernährung des alternden Menschen**

   Durch den medizinischen Fortschritt steigt die Lebenserwartung der Menschen enorm an. Um auch im hohen Alter **aktiv und fit** zu bleiben, müssen Veränderungen im Organismus bei der Ernährung älterer Menschen berücksichtigt werden.

   - Die **Gesamtnahrungsmenge** auf fünf bis sieben kleinere Mahlzeiten verteilen.
   - Der **Energiebedarf** ist gesenkt, da der Grundumsatz im Alter durch eine Verlangsamung der Stoffwechselvorgänge abnimmt. Die körperliche Bewegung nimmt ebenso ab.
   - **Fettarme Zubereitungsmethoden** auswählen, da der Fettbedarf gemindert ist. Fettarme Lebensmittel und hochwertige pflanzliche Öle mit mehrfach ungesättigten Fettsäuren bei der Seniorenkost verwenden. Essenzielle Fettsäuren beugen einer Arteriosklerose (Verkalkung) vor. Cholesterinreiche Lebensmittel unbedingt einschränken.
   - **Biologisch hochwertiges Eiweiß** anbieten, z. B. Magerfische. Im Alter kann der Körper Eiweiß schlechter verwerten. Außerdem kann hochwertiges Eiweiß den Abbau von Körperzellen entgegenwirken. Auf den Puringehalt in eiweißreichen Lebensmitteln achten.
   - Die **Calciumbedarfsdeckung** muss gesichert sein. Der Knochenbrüchigkeit mit Käse und Milchprodukten vorbeugen.
   - Der **Vitamin C-Bedarf** ist erhöht. Das Immunsystem muss gestärkt werden, um Krankheiten abwehren zu können.
   - Das **Durstgefühl** lässt im Alter oft nach. Auf eine ausreichende Flüssigkeitsversorgung achten, denn die Gefahr der Bildung von Nieren- und Harnsteinen ist im Alter erhöht.

Weitere Lösungsvorschläge
- Die **Salzzufuhr** unbedingt einschränken, da Kochsalz zu Bluthochdruck führen kann. Die Speisen mit Kräutern und salzarmen Gewürzen verfeinern.
- Die **Ballaststoffmenge** muss gerade in der Seniorenkost ausreichend sein. Die verringerte Darmtätigkeit und die verminderte Bewegung fördern eine Verstopfung.
- **Kauprobleme** können auftreten durch schlechte Zähne oder ein künstliches Gebiss. Die Speisen sollten evtl. zerkleinert werden.
- Sollten alte Menschen unter Einsamkeit leiden, könnte eine **Appetitminderung** die Nahrungsaufnahme erschweren. Günstig ist es, die alten Menschen beim Essen zu betreuen.

5. Gicht ist eine Wohlstandskrankheit! Regeln für eine Gichtdiät

Begründung der Aussage
- Gicht ist eine **Folge von Überernährung**. Gerade in den reichen Industrieländern leiden ca. 1–2 % der Bevölkerung an einer Gichterkrankung.
- Verantwortlich für Gicht sind Purine, die in vielen Nahrungsmitteln enthalten sind. Das Nahrungsmittelangebot ist in Deutschland unwahrscheinlich vielfältig. **Purinhaltige Lebensmittel** wie Huhn, Ente, Forelle und Krabben sind in vielen Alltagsgerichten Hauptbestandteil.
- Bei der Verarbeitung von Purinen im Körper entsteht das **Abfallprodukt Harnsäure**. Harnsäure wird beim gesunden Menschen im Blut gelöst und dann über die Nieren mit dem Urin ausgeschieden. Dieser Kreislauf gerät durch den übermäßigen Genuss von **purinhaltigen Lebensmitteln** aus dem Gleichgewicht. Demnach kommt es zu einer **Erhöhung der Harnsäurekonzentration im Blut**. Es bilden sich scharfe Harnsäurekristalle, die sich z. B. an den Zehgelenken oder Ohrknorpeln ablagern. Solche **Ablagerungen** führen zu schmerzhaften Entzündungen und Gichtanfällen.

Regeln für eine Gichtdiät
Medikamente sollen die Schmerzen lindern und fördern die Harnsäureausscheidung über die Nieren. Zur **Unterstützung der medikamentösen Behandlung** ist es notwendig, den **Speiseplan umzustellen**. Dabei gilt:
- Evtl. **vorhandenes Übergewicht** unbedingt abbauen. Bewegung an der frischen Luft regt den Stoffwechsel und somit den Abbau von Purinen an.
- **Reichlich Flüssigkeit** aufnehmen (ca. 1,5–2 Liter täglich). Mineralwasser, Fruchtsaft, Tee, Kakao und Kaffee sind erlaubt.
- Die Aufnahme von **alkoholhaltigen Getränken** beschränken (vor allem Bier). Alkohol hemmt die Harnsäureausscheidung über die Nieren.
- Auf Nahrungsmittel mit zu **hohem Puringehalt** sollte verzichtet werden, z. B. Geflügel, Linsen, Fettfische und Innereien. Auf einen **ausgewogenen und vielseitigen Speiseplan** achten. Fettarme Milchprodukte und viel frisches Obst und Gemüse verzehren.

II. Küchenkauf – ein Kinderspiel?

1. Wichtige ergonomische Gesichtspunkte bei der Gestaltung des Arbeitsplatzes Küche

Der „Arbeitsplatz Küche" sollte über viele Jahre hinweg seinen Zweck erfüllen. Bei jeder Küchenplanung müssen **räumliche Gegebenheiten und persönliche Vorlieben** unter möglichst ergonomischen Gesichtspunkten vereint werden.
- **Planung der richtigen Arbeitshöhe**
  Die Körpergröße bestimmt die Arbeitshöhe der Küche. Bestimmte Arbeitsbereiche sollten sogar in unterschiedlichen Höhen eingepasst werden.
- **Überlegte Anordnung von den Arbeitsbereichen und den zugehörigen Abstellflächen:**
  Eine Abstellfläche rechts neben der Spüle für Schmutzgeschirr sollte eingeplant werden. Hierbei ist auf Rechts- oder Linkshänder Rücksicht zu nehmen.
- **Einhaltung von Mindestabständen beachten**
  Normungsinstitute empfehlen einen Mindestabstand zwischen den Küchenzeilen von 1,20 Meter. Der Mindestabstand zwischen Herd und Dunstabzug beträgt 65 cm.
- **Richtige Ausstattung auswählen**
  Hochgesetzte Geschirrspüler oder Backofen im Sichtbereich ermöglichen rückenschonendes Arbeiten. Bei schmalen und tiefen Schränken hat man durch das „Apo-

thekerschranksystem" den besten Eingriff, da sich das Innenregal komplett heraus-ziehen lässt.
- **Auf optimale Beleuchtung achten**
  Um Ermüdungserscheinungen und Verletzungen vorzubeugen, ist für die richtige Beleuchtung am Arbeitsplatz zu sorgen. Die Beleuchtung darf nicht blenden. Der Arbeitsplatz muss „schattenfrei" ausgeleuchtet werden.
- **Lärmeinwirkung beschränken**
  Der Betriebslärm von Maschinen und Dauergeräten (z. B. Geschirrspüler, Kühl-schrank und Tiefkühlschrank) sollte schon bei der Anschaffung berücksichtigt wer-den. Eine zu hohe Geräuschkulisse wirkt sich auf das zentrale Nervensystem aus. Personen, die starkem Lärm ausgesetzt, sind oft gereizt und nervös.

2. **Ein gängiger Küchentyp – Vorschläge zu Material und baulichen/technischen Besonderheiten**

Lösungsvorschlag anhand der U-förmigen Küche
Der Küchentyp hängt vom vorhandenen Platz, der gewünschten Optik und den funk-tionalen Anforderungen ab. Gängige Typen sind die Einzeilige Küche, Zweizeilige Küche, L-förmige Küche, **U-förmige Küche**, Insellösungen und die Kochnische.

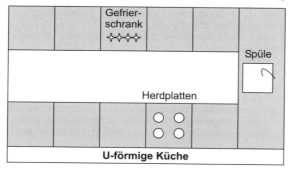

Erläuterung zur Skizze
Wichtige **Funktionsbereiche** einer Küche müssen in der Skizze vorhanden sein:
- zentraler Spülbereich (Einfach- oder Doppelspülbecken) mit Abstell- und Abtropf-fläche,
- Backofen und Herd,
- ausreichend Arbeits- und Abstellflächen,
- Standort für Großgeräte wie z. B. Kühlschrank, Gefrierschrank und Geschirrspül-maschine,
- Standort für Gewürze, Geschirr und Besteck.

Der Küchengrundriss und die ergonomische Gestaltung einzelner Funktionsbereiche der Küche sind tragende Elemente der Küchenplanung. Um den täglichen Grundanfor-derungen gerecht zu werden, kann auf eine **überlegte Materialauswahl** nicht ver-zichtet werden. Die **Planung von Ausstattungselementen** für die Küche muss gut durchdacht werden.

Vorschläge zu Material
- Bei der Auswahl der **Arbeitsflächen** unbedingt darauf achten, dass diese pflege-leicht, schnitt- und kratzfest sowie unempfindlich gegenüber Säuren, Laugen und Hitze sind.

– Ein **Glascerankochfeld** ist pflegeleichter als Edelstahlkochmulden. Zuckerhaltige Lebensmittel verkürzen allerdings die Lebensdauer eines Cerankochfeldes.

Vorschläge zu baulich-technischen Besonderheiten
– U-förmige Küchentypen bieten **viel Stauraum**, z. B. Hochschränke.
– Der Küchentyp bietet sehr viel Platz für **Lager- und Arbeitsflächen**, z. B. Apothekerschränke.
– Bei U-förmigen Küchentypen können Eckräume individuell und platzsparend genutzt werden, z. B. Karusselleinsatz oder Eckspüle.

Weitere Lösungsmöglichkeiten
– Backofen, Mikrowelle und Kühlschrank können problemlos in **Arbeitshöhe** eingebaut werden.
– **Bauhöhe, Anzahl der Fenster und Türen und Höhe der Fensterbrüstung** müssen bei der Planung berücksichtigt werden.
– **Steckdosen** an nützlichen Stellen und **Versorgungsanschlüsse** für Strom und Wasser müssen berücksichtigt werden.

3. Wichtige Kriterien für den Einkauf von geeignetem Kochgeschirr

Durch den meist sehr häufigen Einsatz von Kochgeschirr werden hohe Anforderungen an Stabilität und Zweckmäßigkeit gestellt. Deshalb sollten unbedingt wichtige Überlegungen bei der Anschaffung von neuen Kochtöpfen getroffen werden.

– **Überlegungen zur Materialauswahl**
Die Töpfe sollten formstabil und robust sein (z. B. Edelstahl 18/10).
Beim Kauf von Töpfen mit einer Antihaftbeschichtung zum fettsparendem Garen sollte unbedingt darauf geachtet werden, dass die Beschichtung kratz- und stoßfest ist.
Die Töpfe sollten unbedingt spülmaschinenfest sein.
– **Materialbeschaffenheit der Stiele bzw. Griffe**
Die Griffe müssen hitzebeständig sein, z. B. auch backofenfest. Die Form und Größe der Griffe sollte ergonomisch und handlich sein.
– **Auswahl der Form:**
Auf Stapelbarkeit der Töpfe achten. Dies spart viel Platz und Stauraum.
Ein Schüttrand ist praktisch. Er ermöglicht tropffreies Ausgießen.
– **Auswahl des Topfdeckels**
Der Deckel muss gut schließen, ansonsten kommt es zu unnötigen Energieverlusten.
Aus Spezialglas gibt es evtl. auch Sichtdeckel. Diese Deckel sind nicht bruchfest (evtl. Nachkaufmöglichkeit für Glasdeckel erfragen).
– **Überlegungen zum Topfboden**
Nur plan aufliegende Topfböden sind energieeffizient. Bei Induktionskochfeldern auf „Trans-Therm-Allherdboden" beim Kauf achten.
Ein Topf mit Sandwichboden ermöglicht energiesparendes Kochen. Die Wärmeleitung und -speicherung sorgt für optimale Koch- und Bratergebnisse.

Aufbau eines Sandwichbodens:

Edelstahl
Kupfer/Aluminium
Edelstahl

4. Schneidebrettern aus Rohholz – Eigenschaften und Pflege

Kochgeräte aus echtem Holz haben – wie auch Holzmöbel – eine harmonische Ausstrahlung und sind wertvoll.

Eigenschaften von Rohholz	Pflege von Rohholz
– Rohholz quillt und springt beim schnellen Trocknen.	– Die Bretter können sich verziehen, deshalb immer gut an der Luft trocknen. Nicht auf der Heizung und an der prallen Sonne trocknen lassen. Rohholzbrettchen nie in die Spülmaschine geben (quellen auf).
– Rohholz ist recycelbar. Holzbrettchen aus Rohholz sind langlebig.	– Die Entsorgung ist umweltschonend, da sich keine Lack- und Farbrückstände auf dem Rohholzbrettchen befinden.
– Rohholz saugt Flüssigkeiten auf und nimmt Gerüche an.	– Die Rohholzbretter aus hygienischen Gründen vor dem Gebrauch mit Wasser abspülen, damit die Holzporen Wasser und nicht Lebensmittelflüssigkeiten aufnehmen. Auf Holzbrettern kein rohes Fleisch vorbereiten (Salmonellengefahr).
– Rohholz ist relativ weich (z. B. Fichte), Messer stumpfen nicht so schnell ab wie auf Glasbrettern.	– Schnittstellen müssen gut gereinigt werden, da sich sonst Bakterien und Keime in den Schnittritzen festsetzen.
– Rohholz verfärbt sich durch Lebensmittel (z. B. Karottensaft).	– Brettchen mit Spülmittellösung reinigen. Farben mit Schmirgelpapier entfernen.
– Feuchte Rohholzbrettchen können in der Schublade schimmeln und unangenehm riechen.	– Nach der Reinigung die Holzbrettchen unbedingt vollständig an der Luft trocknen lassen (mehrere Stunden).

5. Funktionsweise und Einsatzmöglichkeiten eines Mikrowellengerätes

Jeder zweite deutsche Haushalt verfügt mittlerweile über ein Mirkowellengerät. Die „Schnelle Welle" liegt also im Trend. **Vielseitige Einsatzmöglichkeiten** und die **einfache Bedienung** machen das Gerät so beliebt.

Funktionsweise

- Bei Mikrowellen handelt es sich um **elektromagnetische Wellen** mit sehr kurzer Wellenlänge und hoher Schwingungszahl. Diese werden im Magnetron erzeugt.
- Diese Wellen **werden im Garraum gleichmäßig verteilt**.
- Sie gelangen in die Lebensmittel. Dort bringen sie die Wasser-, Fett- und Zuckermoleküle in Schwung. Diese **Schwingung erzeugt Wärme**.
- Die Zellstruktur der Lebensmittel wird durch die elektromagnetischen Wellen verändert.
- Mikrowellen werden an **Metallflächen reflektiert**. Lebensmittel, Glas, Papier und Keramik absorbieren die Mikrowellen. Teller mit Goldrändern und Metallformen sind zum Erwärmen von Speisen nicht geeignet. Es gibt **spezielles Mikrowellengeschirr** im Handel.
- Das Magnetron wird beim Öffnen des Gerätes automatisch abgeschaltet. Mikrowellen dringen dabei **nicht nach außen**.

Einsatzmöglichkeiten

Einsatz	Geeignete Lebensmittel
Erwärmen von Getränken	z. B. Milch, Kakao und Glühwein
Erwärmen von fertigen Speisen	z. B. Spaghetti Bolognese
Auftauen mit der * Einstellung	z. B. Erdbeeren oder Fleischstücke
Schmelzen	z. B. Kuchenglasur
Kochen	stark wasserhaltige Speisen wie z. B. Gemüse und Fisch
Garen	z. B. Kartoffel-Hackfleisch-Auflauf (hierbei nur bedingte Krustenbildung, eher Bräunung)

Einsatzmöglichkeiten bei Kombigeräten
z. B. mit Umluft- und Grillfunktion

Einsatz	Geeignete Lebensmittel
Grillen	z. B. Kartoffelgratin
Garen	mit starker Krustenbildung wie z. B. Hawaiitoast

I. Fleischkonsum oder vegetarische Ernährung?

Pflichtbereich

1. Erläutern Sie die ernährungsphysiologische Bedeutung von Fleisch und Wurstwaren.

2. Überhöhter Fleischkonsum kann zu Krankheiten führen. Belegen Sie diese Aussage.

3. „Fleischlos glücklich" heißt die Devise der Vegetarier. Immer mehr Menschen entscheiden sich für diese Kostform. Legen Sie vier Gründe für diese Entscheidung dar.

Wahlfragen: Bearbeiten Sie eine der folgenden Aufgaben.

4. Die vegetarische Ernährung wird in drei Hauptgruppen eingeteilt. Zeigen Sie diese auf und bewerten Sie eine aus ernährungsphysiologischer Sicht.

5. Obst und Gemüse sind Basisbestandteile der vegetarischen Ernährung. Beschreiben Sie die Bedeutung dieser Lebensmittel für die menschliche Ernährung.

II. Einkauf – Zusatzstoffe – Verbraucherschutz

Pflichtbereich

1. Der kritische Verbraucher kauft ökonomisch und ökologisch ein. Erstellen Sie eine Liste mit acht Einkaufsregeln für einen ökonomischen und ökologischen Einkauf.

2. Der gesundheitsbewusste Verbraucher weiß über mögliche Zusatzstoffe in Lebensmitteln Bescheid. Stellen Sie vier Zusatzstoffe vor, nennen Sie deren Wirkung und geben Sie je zwei Lebensmittel an, in denen diese Stoffe verarbeitet wurden.

3. Entwerfen Sie ein Etikett für eine selbst hergestellte Marmelade, entsprechend der gesetzlichen Vorgaben.

Wahlfragen: Bearbeiten Sie eine der folgenden Aufgaben.

4. Beim Einkauf fallen vielfältige Verpackungsmaterialien an. Bewerten Sie Kunststoffe, Verbundstoffe und Metalle hinsichtlich ihrer Umweltverträglichkeit.

5. Gentechnologie wird inzwischen häufig in der Lebensmittelproduktion eingesetzt. Nennen Sie drei Bereiche, in denen transgene Substanzen Verwendung finden, und erläutern Sie den Einsatz dieser Substanzen an je einem Beispiel.

Lösungsvorschlag

I. Fleischkonsum oder vegetarische Ernährung?

1. Ernährungsphysiologische Bedeutung von Fleisch und Wurstwaren

Als Fleisch bezeichnet man die Muskeln, das Fett und das Bindegewebe vom Schwein, Rind, Wild und Geflügel, vom Schaf und von der Ziege. Auch die Innereien zählen zu den verzehrbaren Teilen der Schlachttiere.

Wurstwaren bestehen vor allem aus zerkleinertem Fleisch, aus Fettgewebe, Zusatzstoffen und Gewürzen, die roh, gekocht oder gebrüht in den Handel gebracht werden.

Fleisch ist ein wertvolles Nahrungsmittel. Es enthält:
- Eiweiß/Protein
- Fett
- Mineralstoffen
- Vitaminen
- Kohlenhydraten
- Wasser.

Die Zusammensetzung unterliegt Schwankungen nach Tierart, Rasse, Alter, Fleischteil und Fütterung.

Eiweiß

Wichtigster Nährstoff des Fleisches (und der Wurstwaren) ist biologisch hochwertiges **Eiweiß**. Dieses natürliche Protein ist reich an essentiellen (acht) Aminosäuren, die vom menschlichen Körper nicht aufgebaut werden können und die meist in einer günstigeren Zusammensetzung und Menge vorhanden sind als in pflanzlichen Eiweißstoffen. Es kann fast restlos in körpereigenes Eiweiß umgewandelt und vom Organismus gut verwertet werden. Die biologische Wertigkeit von Fleischeiweiß ist sehr hoch, ca. 76 %. Diese Zahl sagt aus, dass 76 Gramm Körpereiweiß aus 100 Gramm Nahrungseiweiß aufgebaut werden können.

Überschüssige Aminosäuren, die nicht für den Aufbau und zur Erhaltung des Körpers nötig sind, werden zur Energiegewinnung genutzt.

Fett

Im Fleisch kommt **Fett** als Fettgewebe vor. Es befindet sich als Depotfett zwischen den Muskelsträngen und ist zwischen den Muskelfasern fein verteilt als Marmorierung zu erkennen. Auch unter der Haut lagern große Fettansammlungen, z. B. die Speckschichten beim Schwein.

Der Fettgehalt der verschiedenen Fleischarten ist unterschiedlich. Mit 100 g Rinderfilet nehmen wir nur 1 g Fett, mit 100 g Gänsebraten oder Eisbein aber 20 g Fett zu uns!

Das Fett erfüllt im Körper besondere, wichtige Aufgaben:
- es ist Energielieferant (1 g 39 kJ),
- Träger des fettlöslichen Vitamins A,
- Träger der ernährungsphysiologisch weniger wertvollen gesättigten Fettsäuren (Palmitinsäure, Stearinsäure und Ölsäure) sowie Träger auch ungesättigter Fettsäuren, die allerdings nur in geringen Mengen vorhanden sind (beide Fettsäuren sind wichtig für den Fettstoffwechsel),
- es ist verbunden mit Begleitstoffen, z. B. dem Cholesterin (im Organismus am Aufbau der Zellwände beteiligt und Grundbaustein für Hormone und Gallensäuren) und dem Lecithin (im Organismus wird es beim Aufbau von Zellmembranen benötigt),
- Fett verleiht dem Fleisch „Saftigkeit" und
- ist ein wichtiger Geschmacksträger.

Mineralstoffe

Das Lebensmittel Fleisch ist Hauptlieferant des Mineralstoffs **Eisen**. Er wird im Körper für den Sauerstofftransport und zur Bildung des roten Blutfarbstoffs, des Hämoglobins, benötigt. Fleisch und Wurstwaren verfügen nicht nur über einen hohen Eisen-Gehalt, seine Bioverfügbarkeit ist auch wesentlich besser als die von Eisen aus pflanzlichen Lebensmitteln.

Zusätzlich enthält Fleisch gut resorbierbares **Zink** (als Spurenelement wichtig für die Bildung von Insulin und den Aufbau von körpereigenem Eiweiß), **Phosphor** (Baustein von Knochen, Zähnen und Zellen), **Magnesium** (bedeutend für die Erregbarkeit der Zellen) und **Kalium** (ebenfalls für die Funktion der Muskeln und Nerven notwendig).

Vitamine

Fleisch ist reich an wertvollen **wasserlöslichen Vitaminen der B-Gruppe**. Vitamin **B1 – Thiamin** – wird für den Kohlenhydratabbau in den Zellen benötigt, hat eine große Bedeutung bei der Steuerung der Nerven- und Muskeltätigkeit und der Leistungs- und Konzentrationsfähigkeit. Bei Thiaminmangel werden die Zellen nicht mehr ausreichend mit Energie versorgt. Nerven- und Gehirnzellen sind besonders davon betrofen. Schweinefleisch ist neben Vollkornprodukten der wichtigste Vitamin B1-Lieferant.

Fleisch liefert **reichlich Vitamin B2**, das Riboflavin. Es garantiert einen glatten Ablauf der Eiweißverwertung.

Fleisch enthält außerdem **sehr viel Vitamin B12**, das Niacin. Dieses Vitamin ist wichtig für die Blutbildung und greift regulierend in den Stoffwechsel von Eiweiß, Fett und Kohlenhydraten ein.

Das **fettlösliche Vitamin A**, das für die Haut und die Sehkraft nötig ist, wird nur in der Leber gespeichert.

Kohlenhydrate

Im Fleisch kommen nur sehr geringe Mengen von **Kohlenhydraten** vor, und zwar als Glykogen. Aus diesem Grund ist dieses Lebensmittel für eine Diät bei Diabetes gut geeignet. Besonders glykogenreich ist die Leber.

Der **Wassergehalt** liegt bei 75 %. Bei sehr fettreichem Fleisch ist er niedriger.

Mageres Fleisch ist energiearm und leicht verdaulich, wenn es fettarm zubereitet, d. h. gekocht, gedünstet oder gegrillt wird. Der **Sättigungswert** ist aufgrund des Bindegewebes und des Eiweiß- und Fettanteils gut.

Fleisch und Wurstwaren sollten nur Bestandteil einer ausgewogenen abwechslungsreichen Ernährung sein. Diese ist dem Menschen weitaus zuträglicher als einseitige Kost.

Fleisch ist, wenn es in geringen Mengen in den Speiseplan einbezogen wird, ein wertvolles Lebensmittel, aber nicht unbedingt lebensnotwendig.

2. Überhöhter Fleischkonsum kann zu Krankheiten führen

Fleisch enthält eine Reihe von Nährstoffen und lässt sich vielfältig und schmackhaft zubereiten. In geringen Mengen verzehrt, kann es ein wertvoller Nährstofflieferant sein. Die DGE (Deutsche Gesellschaft für Ernährung) empfiehlt pro Woche maximal drei Portionen Fleisch von insgesamt 400 g.

Viele Verbraucher übertreiben allerdings den Fleischkonsum noch immer, trotz der Schreckensmeldungen über hohe Rückstände an Hormonen oder Antibiotika, trotz des BSE-Skandals, trotz Vogelgrippe und MKS (Maul- und Klauenseuche).

Hoher Fleischkonsum bedeutet zusätzliche Aufnahme von
– versteckten Fetten
– Cholesterin
– Purinen

- Pökelsalzen
- Rückständen aus Pflanzenschutz- und Arzneimitteln.

Hoher Fleischkonsum bedeutet aber auch, dass im Speiseplan der Anteil an Ballaststoffen niedriger ist, als es eine gesunde Ernährung erfordert.

Ständig überhöhte Fettzufuhr durch „verstecktes" Fett führt mit Sicherheit zu Übergewicht. Die überschüssige Energiemenge wird für die notwendigen Stoffwechselfunktionen und durch körperliche und geistige Arbeit nicht verbraucht, lagert sich daher als Depotfett im Gewebe ab. Übergewicht ist ein Wegbereiter für viele Folgeerkrankungen: Diabetes, Fettstoffwechselstörungen, Herz-Kreislaufkrankheiten, Bluthochdruck und Gicht.

Gemeinsam mit Fett kommt im Fleisch der Fettbegleitstoff Cholesterin vor. Diesen Bestandteil setzt unser Organismus für verschiedene Aufgaben ein:
- Cholesterin ist am Aufbau der Zellwände beteiligt,
- es ist Grundbaustein von Hormonen
- und von Gallensäuren, die beim Fettabbau eine große Rolle spielen.

Das Cholesterin ist also keine überflüssige Substanz. Aber: Der Körper kann seinen gesamten Bedarf an Cholesterin aus den Inhaltsstoffen der Nahrung eigenständig aufbauen. Zusätzliche Aufnahme mit der Nahrung ist überflüssig, denn eine zu hohe Cholesterinzufuhr hat oft einen hohen Cholesterinspiegel im Blut zur Folge. Das wiederum ist ein Risikofaktor bei der Entstehung der gefürchteten Arteriosklerose, die zum Herzinfarkt führen oder einen Schlaganfall auslösen kann, je nachdem, ob sich die Adern im Bereich des Herzens oder des Gehirns verengen.

Purine sind wichtige Bestandteile von Zellkernen. Besonders in den zellreichen Innereien, d. h. in Leber, Herz, Niere, Lunge, Zunge oder Bries sind Purine enthalten. Zum Vergleich: 100 g Rindfleisch enthalten 110 mg Purine, dagegen 100 g Leber 330 mg. Beim Abbau dieser Bestandteile entsteht Harnsäure.

Wird die Harnsäurekonzentration überschritten, kristallisiert die Harnsäure aus und lagert sich vor allem in Gelenken, aber auch in Schleimbeuteln und in Knorpeln oder in der Niere ab. Dort verursacht sie Schäden, die sich als schmerzhafte Gichtanfälle äußern.

Schmackhafte Fleischwaren werden mit Nitritpökelsalz (Kochsalz, dem gleichzeitig Nitrit zugesetzt wird) hergestellt. Nitrit und Nitrat haben bei Fleischwaren eine erwünschte Wirkung:
- sie bilden die rote Pökelfarbe, die hitze- und lagerbeständig ist,
- erzeugen das typische Pökelaroma,
- hemmen verderbniserregende Mikroben und verlängern dadurch die Haltbarkeit,
- verzögern das Ranzigwerden der Fette.

Aus toxikologischer Sicht sind Nitrat und Nitrit nicht ganz harmlos. Problematisch ist, dass Nitrite mit bestimmten Eiweißstoffen reagieren und dabei Nitrosamine bilden können, die als krebserregend gelten. Die Nitrosaminbildung ist bei über 170 °C besonders groß. Daher sollte bei gepökelter Ware auf Grillen und Braten verzichtet werden.

Kochsalz erfüllt in Wurstwaren, z. B. in Kasseler, Schinken und Salami drei wesentliche Funktionen: Geschmacksbildung, Wasser- und Fettbindung und mikrobielle Stabilität. Statistiken sagen aus, dass wesentlich mehr Kochsalz (Natriumchlorid) mit der Nahrung aufgenommen als benötigt wird. Es ist bewiesen, dass zu hohe Aufnahme von Kochsalz die Entstehung von Bluthochdruck begünstigen kann.

Die Massentierhaltung fordert den Einsatz von Tierarzneimitteln. Bei sachgerechtem Umgang enthalten tierische Lebensmittel keine Rückstände. Aber: die Missachtung der Gesetze ist auch heute nicht ganz auszuschließen. Rückstände von Antibiotika im

Fleisch bergen die Gefahr in sich, Allergien auszulösen und im Körper resistente Mikrobenstämme zu bilden. Hormone stehen im Verdacht, krebserregend und erbschädigend beim Menschen zu sein. Tranquilizer sind eine Belastung für herzkranke und kreislaufschwache Personen.

Schadstoffe wie **Pestizide** (Pflanzenschutzmittel) und **Schwermetalle** (Cadmium) aus Industrie und Landwirtschaft gelangen über Futtermittel in die Nahrungskette und in das Nahrungsmittel Fleisch.

3. „Fleischlos glücklich" – eine Devise der Vegetarier. Gründe für diese Entscheidung.

Immer mehr Menschen bekennen sich zum Vegetarismus, vor allem junge Leute interessieren sich für diese Ernährungsweise. Meisterköche und Gourmets haben die vegetarische Küche entdeckt. Auch Imbissbuden, Restaurants und Partydienste, die diesem Trend folgen, erfreuen sich zunehmender Beliebtheit.

Aus gesundheitlichen Gründen
Von ernährungswissenschaftlicher und medizinischer Seite wird aus Gründen der Gesundheitsvorsorge eine ausgewogene ovo-lacto-vegetarische Kost ausdrücklich empfohlen. Nicht nur für die optimale Versorgung mit allen lebensnotwendigen Nährstoffen ist dabei gesorgt, sie trägt auch in erheblichem Maß dazu bei, das Risiko für ernährungsbedingte Erkrankungen wie Übergewicht, Arteriosklerose, Herz-Kreislauf-Erkrankungen, Bluthochdruck, Gicht, Gallensteine und verschiedene Krebserkrankungen zu senken. Aus diesem Grund scheint eine vegetarische Ernährung vielen Menschen geeignet, die eigenen Abwehrkräfte zu stärken und sich fit zu halten. Nicht nur in der Ernährung, sondern auch in anderen Lebensbereichen verhalten sich Vegetarier gesund, z. B. hinsichtlich der körperlichen Aktivität und des Konsums von Genussmitteln. Vegetarier versuchen mit der körperlichen Gesundheit das seelische Wohlbefinden zu verbinden.

Aus ökologischen Gründen
Hoher Fleischkonsum ist durch eine intensive industrielle Fleischproduktion möglich. Die damit verbundene, nicht tiergerechte Massentierhaltung schafft viele ökologische Probleme:
- Gefährdung des Grundwassers durch Gülle und Pestizide,
- Beschleunigung des Treibhauseffektes durch Gase von Ausscheidungen der Tiere, vor allem der Rinderherden,
- Rückstände von „Masthilfen" und Tierarzneimitteln, die im Fleisch verbleiben oder in den Boden gelangen,
- Verlust an Artenvielfalt durch Züchtung und Haltung von Hochleistungsrassen,
- Erkrankung der Tiere an BSE, Schweinepest oder Vogelgrippe.

Ökologisches Bewusstsein lehnt die Umwandlung von pflanzlicher in tierische Energie ab. Nachlassende Fleischqualität und Krankheiten der Tiere verunsichern den Verbraucher. Vegetarier wollen durch Verzicht auf Fleisch einen wirksamen Beitrag zur Schonung der Umwelt und der natürlichen Ressourcen leisten.

Aus ökonomischen Gründen
Nahrungsmittel, die in den Industrienationen verzehrt werden, kommen auf langen Transportwegen zunehmend aus der ganzen Welt. Die Erzeugung tierischer Nahrungsmittel verschlingt gewaltige Mengen an Rohstoffen und erfordert große Ackerflächen. Um 1 kg Fleisch zu erzeugen, werden 5–7 kg Getreide benötigt, denn Tiere verbrauchen einen Großteil der aufgenommenen Nahrung zur Aufrechterhaltung des eigenen Stoffwechsels. Getreide ist jedoch ein Grundnahrungsmittel des Menschen. Ein beträchtlicher Teil (in USA 90 %) des erzeugten Getreides wird an Tiere verfüttert,

das dann als Fleisch verzehrt wird. Die Ernährung der Weltbevölkerung ist mit einem hohen Anteil an tierischen Nahrungsmitteln nicht durchführbar. Mit der vorhandenen Ackerfläche aber könnten alle Menschen ausreichend mit pflanzlicher Nahrung versorgt werden. Aus Verantwortung gegenüber der unterernährten Bevölkerung in den Ländern der Dritten Welt verzichten Menschen auf tierische Produkte in ihrer Ernährung.

Aus weltanschaulichen Gründen
In den verschiedenen Religionen finden sich Hinweise zur Achtung aller Lebewesen. Im Hinduismus, einer der ältesten Religionen, wird der Vegetarismus konsequent vertreten. Das Prinzip Nicht-Töten, Nicht-Verletzen, d. h. Gewaltlosigkeit gegenüber allen Geschöpfen, ist in den heiligen Schriften eingearbeitet. Beim Christentum finden sich im Alten Testament zahlreiche Hinweise und Anleitungen zu einer respektvollen und barmherzigen Behandlung aller Geschöpfe. Für viele Christen ist das Gebot: „Du sollst nicht töten!" ein klares Bekenntnis für den Vegetarismus. In der Schöpfungsgeschichte heißt es: „Gott sprach: Hiermit übergebe ich euch alle Pflanzen auf der ganzen Erde, die Samen tragen". Es ist keine Rede davon, dass der Mensch auch Tiere essen soll. Die Achtung aller Lebewesen ist der Grundgedanke vieler Menschen, sich vegetarisch zu ernähren.

Weitere Gründe, sich vegetarisch zu ernähren:
Hygienische:	Vegetarische Küchen sind sauberer (weniger Fett)
Kosmetische:	Reduktion des Körpergewichtes, gesunde Haut und volles Haar
Ästhetische:	Meiden des Anblicks toter Tiere, Ekel
Naturwissenschaftliche:	Tierschutz, Artenschutz

4. Grundformen vegetarischer Ernährung

Ovo-lacto-vegetarische Kost	lacto-vegetarische Kost	Vegane Kostform
Sie setzt sich zusammen aus pflanzlichen Lebensmitteln, Milch und Milchprodukten und Ei	Sie enthält neben pflanzlichen Lebensmitteln auch Milch und Milchprodukte	Sie besteht ausschließlich aus pflanzlichen Lebensmitteln
Fleisch, Fisch und die Produkte daraus sind in dieser Kostform nicht enthalten.	Auf Fleisch, Fisch, Eier und allen Produkten daraus wird verzichtet	Fleisch, Fisch, Milch, Eier, alle Produkte daraus und außerdem Honig kommen in dieser Kostform nicht vor.

Bewertung der ovo-lacto-vegetabilen und der lacto-vegetabilen Kost
Fleisch und Fisch und die Produkte daraus fehlen in dieser Ernährungsweise. Trotzdem wird der Bedarf an lebensnotwendigen Nahrungsinhaltsstoffen mühelos gedeckt und die Vollwertigkeit beachtet, solange die richtige Lebensmittelauswahl getroffen wird, wenn z. B. Milch und Milchprodukte und evtl. auch Eier die Ernährung ergänzen. Zusätzlich legen Vegetarier großen Wert auf unverarbeitete Lebensmittel, Vollkornprodukte und auf den Verzehr roher, frischer Ware.
Grundlage dieser Ernährung bilden Getreide, Hülsenfrüchte, Nüsse, Obst und Gemüse.

– Energie
Die Kost enthält ausreichend Energie. Die Aufnahme von Energie ist jedoch geringer im Vergleich zur normalen Mischkost. Das erweist sich als günstig. Übergewicht und dadurch bedingte Erkrankungen werden deshalb vermieden.

– Kohlenhydrate
Der große Anteil ballaststoffreicher Lebensmittel sorgt bei dieser Kost durch sein Quellvermögen für eine lang anhaltende Sättigung. Weil sich die Verweildauer ballaststoffreicher Nahrung im Darm verkürzt, wird einer Reihe von Erkrankungen entgegengewirkt: Obstipation (Verstopfung mit ihren zahlreichen Folgeerscheinungen), Übergewicht, Dickdarmkrebs. Ein weiterer Vorteil ist, dass Ballaststoffe Schadstoffe binden können.
Der Bedarf an verdaulichen Kohlenhydraten wird durch stärkehaltige Nahrungsmittel gedeckt, z. B. durch Vollkornprodukte, Kartoffeln, Hülsenfrüchte, die gut sättigen und ebenfalls noch andere wertvolle Inhaltsstoffe sowie sekundäre Pflanzenstoffe liefern.
Es wird weitgehend darauf verzichtet, den Kohlenhydratbedarf durch Zucker, einem reinen, rasch resorbierbaren Kohlenhydrat, zu decken. Das ist auch ein Vorteil für die Zähne, da Zucker durch Bakterien zu Säuren abgebaut werden kann, die den Zahnschmelz angreifen. Karies kann also vermieden werden.

– Fett
Die Fettzufuhr ist insgesamt niedrig. Geringere Energiezufuhr – kein Übergewicht! Ovo-lacto-vegetabile Kost ist cholesterinarm/-frei und enthält nur geringe Mengen an gesättigten Fettsäuren. Dagegen ist der Anteil an essentiellen ungesättigten und mehrfach ungesättigten Fettsäuren sehr hoch. Deshalb haben Vegetarier meist einen niedrigeren Triglyzerid- und Cholesterinspiegel, leiden seltener an Gallensteinen, Herz- und Gefäßkrankheiten und deren Folgen, z. B. Arteriosklerose, Herzinfarkt und Schlaganfall. Vegetarier weisen niedrigere Blutdruckwerte auf.

– Eiweiß
Bei Beachtung der Ergänzungswirkung von Proteinen ist die Zufuhr essentieller Aminosäuren ausreichend. Günstige Kombinationen beispielsweise von Getreide und Hülsenfrüchten oder Milch und Getreide erhöhen zusätzlich die biologische Wertigkeit.
Die Purinaufnahme liegt niedriger. Daher besteht keine Gefahr, an der Stoffwechselkrankheit Gicht zu erkranken.

– Vitamine, sekundäre Pflanzenstoffe
In der vegetarischen Kost kommen reichlich wasser- und fettlösliche Vitamine vor, z. B. C, A, B6, Thiamin, antioxidative Vitamine und sekundäre Pflanzenstoffe. Allerdings enthält sie weniger Vitamin D und B12. Letzteres ist fast nur im Schweinefleisch enthalten. Der hohe Gehalt an lebenswichtigen Vitaminen stärkt das Immunsystem.

– Mineralstoffe
Vegetariern steht mit ihrer Ernährung ausreichend Kalium und Magnesium zur Verfügung. Auf die ausreichende Versorgung mit Zink, Jod, Calcium und Eisen muss geachtet werden. Eisen wird aus pflanzlichen Nahrungsmitteln weniger gut resorbiert als aus tierischen. Durch gleichzeitige Vitamin-C-Zufuhr kann die Eisenverfügbarkeit erhöht werden.

– zusammengefasst:
Die ovo-lacto-vegetabile Ernährung stellt die Nährstoffversorgung sicher, erhält und verbessert die Gesundheit und eignet sich für alle Lebensphasen und Bevölkerungsgruppen. Vegetarier lehnen meist auch den Genuss von Alkohol und Nikotin ab und achten auf körperliche Bewegung.

Vegane Kostform

Die vegane Ernährungsweise erfordert ein sehr gutes Ernährungswissen, um durch gezielte Lebensmittelauswahl und -kombination ausreichend mit allen essentiellen Nährstoffen versorgt zu sein. Die deutlich eingeschränkte Lebensmittelauswahl birgt das Risiko einer unzureichenden Versorgung mit verschiedenen Nährstoffen, um die Energieaufnahme sicherzustellen.

Risikogruppen wie Kinder und Schwangere müssen besonders auf ausreichende Zufuhr wichtiger Vitamine und Mineralstoffe achten.

Je mehr naturbelassene, z. B. nicht erhitzte Lebensmittel verzehrt werden, um so größer ist die Gefahr von Lebensmittelallergien.

5. **Obst und Gemüse sind Basisbestandteile der vegetarischen Ernährung.**
   Ihre Bedeutung für die menschliche Ernährung.

Vom täglichen Speiseplan der Vegetarier sind Obst und Gemüse nicht wegzudenken. Weltweit werden zahlreiche Arten im Freiland und in Treibhäusern angebaut, somit stehen heimische und exotische Obst- und Gemüsearten ganzjährig frisch zur Verfügung.

In ihrer Nährstoffzusammensetzung sind sie sich ähnlich.

Obst	Gemüse
Wasser: Obst besteht zu mehr als 70 % seines Eigengewichts aus Wasser. Diese Flüssigkeitsmenge kann bei der Deckung des täglichen Bedarfs mit einbezogen werden. Eine Ausnahme bilden die Nüsse.	**Wasser:** Bei den meisten Gemüsearten ist das ebenso. Ca. 90 % des essbaren Anteils kann aus Wasser bestehen, z. B. sind in 100 g Gurke ca. 95 g Wasser enthalten.
Fett: Im Obst kommt kein Fett vor. Nur Schalenobst (Nüsse und Mandeln) enthält beachtliche Mengen davon. Es ist allerdings ernährungsphysiologisch sehr wertvoll, da es einen hohen Anteil an ungesättigten und mehrfach ungesättigten Fettsäuren enthält und cholesterinfrei ist!	**Fett:** Im Allgemeinen sind Gemüse fettarm und deshalb auch kalorien- und energiearm.
Kohlenhydrate – verdauliche: Frisches Beeren-, Kern- und Steinobst sowie Zitrusfrüchte und Exoten enthalten vorwiegend Frucht- und Traubenzucker. Diese Monosaccharide können vom Körper sehr rasch resorbiert werden. Die daraus gewonnene Energie steht schnell zur Verfügung. Bananen, Datteln und Feigen sind besonders zuckerreich und dadurch auch energiereicher.	**Kohlenhydrate – verdauliche:** Gemüse sind ausgesprochen energiearme Nahrungsmittel. Mit Ausnahme von Erbsen, Schwarzwurzeln und einigen Kohlarten enthalten sie im Vergleich zu Obst keine verdaulichen Kohlenhydrate.

Obst	Gemüse
Kohlenhydrate – unverdauliche: Pektine und Zellulose tragen als wertvolle Ballaststoffe zur Sättigung bei, ohne Energie zu liefern. Aufgrund des größeren Volumens werden vermehrt Verdauungssäfte abgegeben, dadurch ist eine gute Verdauung gesichert. Pektine, die besonders in saurem Obst vorkommen, quellen im Darm, regen die Darmbewegungen an und wirken „reinigend", sie verhindern die Vermehrung der Fäulnisbakterien im Darm.	**Kohlenhydrate – unverdauliche:** Gemüse sind meist zellulosereicher als Obst. Dieser hohe Ballaststoffgehalt ist ebenso wie bei Obst günstig für das Sättigungsgefühl, kann eine gute Verdauung bewirken und vor Übergewicht schützen. Außerdem werden teilweise Schadstoffe und Nahrungscholesterin gebunden und ausgeschieden. Zuckerkrankheit und Fettstoffwechselstörungen treten bei einer ballaststoffreichen Ernährung seltener auf, da der Blutzucker- und Blutcholesterinspiegel weniger belastet werden.
Eiweiß: Der Eiweißgehalt ist nicht nennenswert. Nur Nüsse enthalten essentielles pflanzliches Eiweiß. Vegetarier sollten das wissen, um den Eiweißbedarf abwechslungsreich decken zu können.	**Eiweiß:** Der Eiweißgehalt ist auch bei Gemüse nicht von Bedeutung. Aber Kohl, und vor allem die Hülsenfrüchte, spielen als Eiweißlieferanten eine wesentliche Rolle.
Vitamine und Mineralstoffe: Obst enthält in erster Linie die unentbehrliche Ascorbinsäure (= Vitamin C) und Carotin (Vorstufe von Vitamin A). Und es ist reich an Mineralstoffen wie Phosphor, Magnesium, Kalium und Calcium, die wichtige Stoffwechselvorgänge unterstützen. Standort, Reifegrad und Sorte beeinflussen den Gehalt an Vitaminen.	**Vitamine und Mineralstoffe:** Gemüse liefern reichlich Vitamine, besonders Vitamin C, Folsäure, Carotin und Vitamine der B-Gruppe. Nennenswert sind die Mineralstoffe Kalium, Phosphor und Magnesium. Einige Gemüsearten, z. B. Spinat, Grünkohl und Feldsalat enthalten beachtliche Mengen Eisen. Hervorzuheben ist der niedrige Natriumgehalt (Natrium kann an der Entstehung von hohem Blutdruck beteiligt sein). Die jeweiligen Werte zeigen jedoch unabhängig von Sorte, Standort und Düngung erhebliche Schwankungen.

Obst und Gemüse bilden die Lebensmittelgruppe mit der höchsten **Nährstoffdichte** an Vitaminen und Mineralstoffen. Als frische und rohe Zutat besitzen sie die meisten Wirkstoffe. Durch schonendes Vor- und Zubereiten lassen sich große Verluste vermeiden.

Neben den üblichen Nährstoffen enthalten Obst und Gemüse unzählige Substanzen – sogenannte **sekundäre Pflanzenstoffe** –, die zwar für den Körper nicht lebensnotwendig, aber dennoch für die Gesundheit von großer Bedeutung sind, weil sie auf vielfältige Weise in das Stoffwechselgeschehen eingreifen. Zu diesen bioaktiven Substanzen werden z. B. Farb-, Aroma- und Bitterstoffe gerechnet. Studien belegen, dass diese Pflanzenstoffe
• Krebserkrankungen vorbeugen,
• das Immunsystem stärken,
• vor Infektionen schützen,
• Risiken für Herz- und Kreislauferkrankungen abschwächen,

- Oxydationen verhindern,
- den Blutdruck günstig beeinflussen,
- auf die Zusammensetzung des Blutserums einwirken
- und cholesterinsenkend sind.

II. Einkauf – Zusatzstoffe – Verbraucherschutz

1. Einkaufsregeln für einen ökonomischen und ökologischen Einkauf

Einkauf nach ökonomischen – wirtschaftlichen – Überlegungen
Ein kluger, preisbewusster Verbraucher
- kauft nicht spontan, er plant den Einkauf,
- informiert sich in den Medien über günstige Einkaufsstätten,
- vergleicht und prüft die Qualität, die Menge und den Preis.

Regeln für ein ökonomisches Einkaufsverhalten
Es ist sinnvoll, vor dem Einkauf die Vorräte zu überprüfen und
✓ zu klären, wie viel Geld zur Verfügung steht,
✓ Einkaufszettel zu schreiben, als Gedächtnisstütze und als Schutz vor unüberlegten Entscheidungen,
✓ Marktschwemme, Sonderangebote und Lebensmittel der Jahreszeit entsprechend zu nutzen,
✓ Großpackungen zu wählen, denn je kleiner die Portion, desto größer ist der Verpackungsanteil,
✓ unverpackte frische Waren zu bevorzugen, wenn diese unbedenklich sind,
✓ Fertigprodukte, geschnittenes Brot, vorbereitete Salate usw. wenn möglich zu meiden, denn Bequemlichkeit muss mitbezahlt werden,
✓ auf Qualität Wert zu legen,
✓ Haltbarkeitsdatum und vorgeschriebene Kennzeichnung der Waren zu beachten,
✓ tägliche, wöchentliche oder monatliche Einkäufe nach den familiären Voraussetzungen zeitsparend zu planen.

Einkauf nach ökologischen – umweltbewussten – Gesichtspunkten
Beim ökologischen Einkauf kann ein Beitrag dazu geleistet werden,
- dass die Müllberge verkleinert und
- Rohstoffe geschont werden,
- Energie gespart wird.

Regeln für ein ökologisches Einkaufsverhalten
✓ Eigene Einkaufstasche oder Korb statt Plastiktüten benützen!
✓ Keine Wegwerfartikel kaufen, z. B. Backformen aus Aluminium oder Trinkbecher und Bestecke aus Kunststoff!
✓ Statt Einwegverpackungen Mehrwegsysteme wie Pfandflaschen wählen!
✓ Nachfüllpackungen nutzen!
✓ Auf Artikel mit aufwändiger Verpackung verzichten. Sie muss doppelt bezahlt werden, zuerst über den Kaufpreis und später über die Müllgebühren.
✓ Auf recyclebare umweltfreundliche Verpackung Wert legen; Verpackungen aus Aluminium und Verbundmaterialien vermeiden!
✓ Heimischen Produkten mit möglichst kurzen Transportwegen den Vorzug geben!
✓ Fleisch aus artgerechter Tierhaltung kaufen; frische Produkte direkt vom Bauern oder auf dem Wochenmarkt lose einkaufen!
✓ Wenn möglich unverpackte Ware auswählen!
✓ Bei Reinigungsmitteln die Zusammensetzung beachten und die Gefahrenhinweise berücksichtigen. Notfalls auf umweltfreundliche, harmlose Produkte umsteigen!
✓ Auf Reparaturanfälligkeit eines Produktes achten!

2. Mögliche Zusatzstoffe in Lebensmitteln und ihre Wirkung

Erst durch bestimmte Hilfsstoffe, die sogenannten Zusatzstoffe, ist es möglich geworden, dass Lebensmittel, die in großen Mengen hergestellt werden, mit ausreichender Haltbarkeit und zugleich mit ansprechendem Aussehen und Geschmack angeboten werden können.

Das Lebensmittelgesetz definiert Zusatzstoffe als Stoffe, die zugesetzt werden dürfen, um Lebensmittel in ihrer Beschaffenheit oder zur Erzielung bestimmter Eigenschaften oder Wirkungen zu beeinflussen. Diese Stoffe müssen ausdrücklich zugelassen sein. Sie gelten in allen Ländern der EU, teilweise auch weltweit und sind mit E-Nummern gekennzeichnet.

Zusatzstoffe und ihre Wirkung	Lebensmittel
Natürliche Farbstoffe, z. B. Zuckercouleur, Chlorophyll, Lactoflavin (Vitamin B2), Carotin, Betenrot Diese werden eingesetzt, um dem Aussehen von Lebensmitteln, die von Natur aus nicht farbig genug sind oder die bei der Verarbeitung durch Erhitzen farblos geworden sind, ein appetitanregendes und verkaufsförderliches Aussehen zu geben. Auch eine bessere Qualität soll vermutet werden, evtl. ein hoher Fruchtanteil im Jogurt. Farbstoffe werden relativ häufig verarbeitet. Sie schaden der Gesundheit nicht.	Obstkonserven, Fruchtbonbons, Gummibärchen
Synthetische Farbstoffe, z. B. Tartrazin, Azorubin Sie sind einfach und billig herzustellen und garantieren auch bei längerer Lagerung immer gleiche Farbstärke. Sie können Allergien, Nesselsucht und Asthmaanfälle auslösen. Auch die Vermutung, dass sie bei Kindern überaktives und nervöses Verhalten hervorrufen, ist noch nicht widerlegt.	Süßwaren, Eis, Obstkonserven, Fertigprodukte,
Chemische Konservierungsstoffe Sie werden eingesetzt, um die Haltbarkeit von Lebensmitteln zu verlängern. Konservierungsstoffe hemmen das Wachstum von Mikroben, wie Schimmelpilzen, Fäulniserregern oder Gärungserregern, die den Verderb eines Lebensmittels und evtl. dadurch ausgelöste Vergiftungen verursachen können.	
Sorbinsäure wird künstlich hergestellt, kommt aber auch als natürliche Fettsäure in Lebensmitteln vor. Sorbinsäure kann im Körper wie eine normale ungesättigte Fettsäure abgebaut werden und ist daher unschädlich.	Schinken, Schnittbrot
Benzoesäure löst bei empfindlichen Personen mit Asthma, Heuschnupfen oder sensibler Haut allergische Reaktionen aus.	Fischsoßen, Salatsoßen

Schwefeldioxid verhindert außerdem unerwünschtes Bräunen und Verfärben. Von übermäßigem Verzehr ist abzuraten, weil häufig Kopfschmerzen, Übelkeit und bei Asthmatikern auch Allergien verursacht werden.	Kartoffelerzeugnisse, Trockenfrüchte, Weißwein
Emulgatoren / Stabilisatoren Sie werden eingesetzt, um ursprünglich nicht miteinander mischbare Stoffe, wie Wasser und Fett oder Eiweiß und Luft, stabil miteinander zu verbinden. *Lecithin* ist am bekanntesten. Es ist ein natürlicher Emulgator, der ausschließlich aus Soja-, Sonnenblumen- und Rapsöl hergestellt wird. Lecithin ist auch für Öko-Lebensmittel zugelassen. Anbieter nutzen Emulgatoren allerdings auch dazu, um bei „light"-Produkten anstelle von Pflanzenfett schlichtweg Wasser einzulagern. Der Verzehr gilt als unbedenklich.	Majonäse, Margarine, Eis, Schokolade
Antioxidationsmittel Sie schützen vor dem Verderb durch Luftsauerstoff, indem sie die Reaktion von Sauerstoff mit Fettbestandteilen behindern. Die bekannteste Wirkung von Sauerstoff auf Lebensmittel ist das Ranzigwerden von Fett. *Ascorbinsäure (Vitamin C)* kommt im Zitronensaft vor, kann auch künstlich hergestellt werden. Sie ist im Stande, die krebserregende Wirkung der Nitrosamine abzuschwächen. *Tocopherol (Vitamin E)* Die ölhaltigen Samen von Getreide und anderen Pflanzen sind damit angereichert. Der Verzehr ist unbedenklich.	Marzipan, Kartoffelerzeugnisse Margarine
Süßungsmittel Diese Stoffe schmecken sehr süß, obwohl sie nicht zu den Zuckerarten gehören. Im Gegensatz zum Zucker haben sie keinen Nährwert. Hauptsächlich werden sie in Erzeugnissen für Diabetiker und für light-Produkte verwendet. Durch einseitige Ernährung besteht bei einigen Süßstoffen die Gefahr, dass die empfohlene Tagesdosis überschritten wird. *Saccharin* wirkt 500-mal stärker als Zucker. Es kann einen bitteren und metallischen Beigeschmack hervorrufen. Vom häufigen Verzehr ist abzuraten. Die Entstehung von Zellwucherungen und Krebs wird unterstützt. *Aspartam* ist ein Eiweißbaustein. Die Süßkraft ist 200-mal stärker als die des Zuckers. Der Verzehr ist unbedenklich.	Süßwaren, Getränke, Diabetikergebäck Getränke, „light"-Produkte

Geschmacksverstärker Sie intensivieren den Geschmack einer Speise. Als Grund- stoff von Würzmischungen prägen sie den Normgeschmack von Fertigprodukten. Geschmacksverstärker können zu großem Appetit anregen und dadurch die Gewichtszunahme fördern. Da diese Zusatz- stoffe den Geschmack von Rohstoffen verstärken, lassen sich bei der Produktion teure Zutaten einsparen. Bei allzu häufigem Verzehr derart verbesserter Speisen stumpfen die Geschmacksnerven ab.	Fertigsuppen, Fertigsoßen, Bonbons, Fruchtjogurt
Verdickungs-, Geliermittel Diese Zusatzstoffe werden zum Binden von Flüssigkeiten in Lebensmitteln verwendet. Dabei verdicken bzw. verfestigen sie die Lebensmittel, halten sie feucht, beeinflussen das Schmelzverfahren (im Eis) oder das Kaugefühl (bei Süßwaren). Pflanzliche Mittel sind: Agar Agar, Carrageen, Guarkern- mehl. Sie gelten als unbedenklich.	Marmelade, Sülzen

3. **Entwurf eines Etiketts für selbst hergestellte Marmelade, entsprechend der gesetzlichen Vorgaben**

Es gibt eine Anzahl staatlicher Verordnungen, die dem Verbraucher den Einkauf
erleichtern und ihn vor Täuschung und Gesundheitsschäden schützen sollen.
Die wichtigsten Hinweise enthält das Lebensmittelgesetz.
Die Verordnung der Lebensmittelkennzeichnung schreibt die Angaben vor, die auf
verpackter Ware deutlich sichtbar und leicht lesbar sein müssen:
– Name oder Firma und Anschrift des Herstellers
– Verkehrsbezeichnung, die klar aussagt, was drin steckt
– Mengenangabe: Stückzahl, Gewicht- oder Literangabe
– Zutatenliste: alle Zutaten in absteigender Folge ihres Gewichts, auch die Zusatzstoffe
– Mindesthaltbarkeitsdatum: auch ob kühle Lagerung erforderlich ist

Ein Etikett für selbst hergestellte Marmelade könnte entsprechend gestaltet werden:

4. Vielfältige Verpackungsmaterialien fallen beim Einkauf an.
Bewertung von Kunststoffen, Verbundstoffen und Metallen hinsichtlich ihrer Umweltverträglichkeit.

Verpackungen sind oft unerlässlich. Sie bewahren Lebensmittel vor Verschmutzung und Beschädigung, verhindern den Verderb durch das Eindringen von Schädlingen, Bakterien und Schimmelpilzen und bieten Schutz vor Licht und Sauerstoff. Verpackungen machen Lebensmittel versand-, lager- und stapelfähig, informieren über den Inhalt und machen Selbstbedienung möglich.

KUNSTSTOFFE

Herstellung:
– Für die Produktion ungeheurer Mengen von Verpackungen werden wertvolle, nicht nachwachsende und nur begrenzt verfügbare Rohstoffe wie Erdöl ausgebeutet und verschwendet.
– Dazu wird teure Energie benötigt.

Entsorgung:
Deponie
+ Biologisch abbaubare Kunststoffe bestehen aus natürlichen oder synthetischen Bausteinen (Erdöl) und können sich beim Deponieren unter Einwirkung von Mikroorganismen bzw. Enzymen zu Wasser, Kohlenstoffdioxid und Biomasse zersetzen. Polyethylenfolien verrotten grundwasserneutral.
– Verbrauch wertvoller Landschaftsflächen für Deponieplätze.

Müllverbrennung
+ Die Massenkunststoffe Polyethylen (PET), Polystyrol (PS) und Polypropylen (PP) verbrennen zu unschädlichem Kohlenstoffdioxid und Wasser. Es entstehen keine giftigen Abgase. Laut Statistik verbrennen sie sauberer als Heizöl.
– Ungünstiger sind die Verbrennungsprodukte von PVC (Polyvenylchlorid), die Chlorkohlenwasserstoff enthalten. Dies hat beim Verbrennen negative Auswirkungen auf die Umwelt, weil die Luft belastet wird und Schadstoffe mit dem Regen in die Böden und Gewässer gelangen.

Recycling
Das Recyceln von Kunststoffen ist prinzipiell möglich (siehe auch Duales System), aber wegen der großen Sortenvielfalt sehr schwierig.
+ Sortenreine Verpackungsabfälle können gut wiederverwertet werden.
– Zur Verarbeitung des chlorkohlenwasserstoffhaltigen Kunststoffs PVC werden Stabilisatoren, die vielfach Schwermetalle enthalten, eingesetzt, zudem Weichmacher, um die Elastizität zu erhöhen. Das Recycling erfordert deshalb einen erheblichen technischen Aufwand;
– der Energieverbrauch ist beträchtlich.

VERBUNDSTOFFE

Verpackungen aus Verbundstoffen sind leicht, gut stapelbar und werden häufig für Flüssigkeiten eingesetzt, z. B. für Milch, Fruchtsäfte, Wein, Tomatenmark oder flüssige Waschmittel. Dank ihres niedrigen Gewichts gelten derartige Verpackungen für den Transport und bei der Auslieferung als außerordentlich energie- und kostensparend.

Herstellung:
Die Einwegverpackung „Tetrapack" besteht zumeist aus drei verschiedenen Schichten: Karton, Kunststoff und Aluminium.
– Diese werden unter hohem Energieaufwand aus den Rohstoffen Holz, Erdöl und Bauxit (Aluminiumerde) hergestellt, wobei für die Gewinnung von Aluminium der Verbrauch an Energie extrem hoch ist (siebenmal höher als bei Eisen).
– Da Bauxit im Tagebau gefördert wird, erfolgen massive Eingriffe in die Landschaft.

Entsorgung:
Deponie
+ Verbundstoffe können verrotten. Der Karton, der heute nicht mehr chlorgebleicht ist, wird von Mikroorganismen zersetzt.
+ Unter dem Einfluss von Sonne (UV-Licht), Wind und Wetter verwittert die hauchdünne Beschichtung aus Polyethylen in Wasser und Kohlenstoffdioxyd.
+ Die aufgedruckten Farben enthalten keine Schwermetalle und auch keine giftigen Chemikalien, für das Grundwasser besteht keine Gefahr.
+ Luft und Wasser verbinden sich mit der dünnen Alufolie und wandeln sie in Aluminiumoxid um.
+ Verbundverpackungen verwittern also umweltfreundlich,
– aber wertvolle Rohstoffe gehen verloren und Deponieflächen werden benötigt.

Müllverbrennung
± Bei hohen Temperaturen unter Luftabschluss kann Abfall verschwelt werden (Pyrolyse). Moderne Müllverbrennungsanlagen stellen die Emissions-Grenzwerte sicher.
+ Aus dem entstehenden Gas kann Strom gewonnen und die freiwerdende Wärme als Fernwärme genutzt werden.

Recycling
– Dieses Verfahren wird zwar heutzutage vorgezogen, ist aber häufig sehr aufwändig.
+ Beim Recyceln werden Verbundstoffe gehäckselt, im Wasser gelöst und die einzelnen Materialien voneinander getrennt. Die zurückgewonnenen Stoffe – Papier, Kunststoff, Aluminium – können in neue Produkte umgewandelt werden.
+ Durch Recycling von Aluminium werden nur 5 % der Energie, verglichen mit der Gewinnung aus Bauxit, benötigt.
+ Ein großer Vorteil ist zudem, dass der Rohstoff Bauxit nicht ausgebeutet wird und Naturlandschaften erhalten bleiben.

Praktisch, umweltfreundlich und kostengünstig in der Herstellung und Entsorgung sind vor allem neue Lebensmittel-Verpackungen aus Papier und Polyethylen. Sie sind komplett recyclebar und können wie jede andere Verpackung mit dem Grünen Punkt über das ortsübliche Wertstoffsystem entsorgt werden.

METALLE
Weißblech
Herstellung:
Weißblech, hauptsächlich eine Legierung aus Aluminium und Eisen, ist das Verpackungsmaterial, das sich im Haushalt regelmäßig als Müll ansammelt.
– Um den aufwändigen Abbau der Rohstoffe, ihre Verarbeitung und die teure Energie, die dafür benötigt wird, zu sparen, produziert die Industrie zunehmend dünnwandigere Bleche.
– Dosen sind Einweg-Verpackungen, d. h. sie werden nicht wieder befüllt.
Entsorgung:
Deponie
± Unbeschichtetes und unbedrucktes Weißblech oxidiert und verrostet. Der Vorgang dauert Jahre lang, ist aber ökologisch unbedenklich.
– Jedoch werden wertvolle Naturlandschaften für die Lagerflächen verbraucht.
Recycling
– Das Sammeln und Wiederverwerten von Schrott hat in der Industrie eine lange Tradition. Durch den Einsatz von Alteisen entfällt die Umweltbelastung, die bei der Produktion des ersetzten Roheisens entstehen würde.
Der Zusatz von Weißblech aus dem Hausmüll (Dosen) ist dabei problematisch, da hohe Anforderungen an die Qualität des Schrotts gestellt werden. Die Verpackungen

von Konserven- und Getränkedosen genügen diesen Ansprüchen nicht, da sie legiert, zum Schutz des Inhalts mit Fremdstoffen beschichtet und bedruckt sein können.
– Aufwändige Verfahren sind notwendig, um die unterschiedlichen Rohstoffe zu trennen und das Weißblech für das Recycling aufzubereiten.
– Hinzu kommt, dass der Energiebedarf beim Wiederverwerten ebenso wie bei der Produktion sehr hoch ist.
– Dosen sind wie Einwegflaschen das Öko-Schlusslicht!

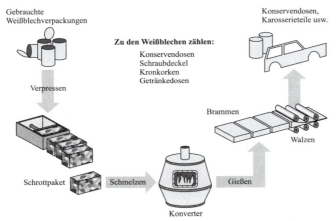

Gebrauchte Weißblechverpackungen

Konservendosen, Karosserieteile usw.

Zu den Weißblechen zählen:
Konservendosen
Schraubdeckel
Kronkorken
Getränkedosen

Verpressen

Brammen

Walzen

Schrottpaket   Schmelzen   Gießen

Konverter

Aluminium
Herstellung:
– Wertvolle Aluminiumerde – Bauxit – wird im Tagebau gewonnen. Dies bringt großflächigen Verbrauch der Landschaft mit sich.
– Für die Gewinnung von einem Kilogramm Aluminium wird die Energie von acht KWh benötigt. Dabei fällt giftiger Rotschlamm an, der als Sondermüll entsorgt werden muss.

Entsorgung:
Recycling
Aluminium lässt sich sehr gut verformen, kommt daher als Verpackungsmaterial für Getränke, Fertigmenüs, kosmetische Artikel, Medikamente etc. in großem Umfang zum Einsatz.
+ Aluminium ist darüber hinaus noch sehr leicht. Dies reduziert Transportkosten und qualifiziert den Werkstoff als Verpackungsmaterial überall dort, wo das Gewicht eine Rolle spielt.
+ Folien und Bleche dieses kostbaren Metalls sind unbedingt in den Kreislauf der Wiederverwertung zurückzuführen.

Verpackungen müssen ökologisch vertretbar sein, d. h. für die Herstellung und die Beseitigung ist
– sparsamer Verbrauch an Rohstoffen, Wasser und Energie,
– geringe Abwasserbelastung und Luftverschmutzung und
– niedriges Abfallaufkommen zu fordern.

Daher gilt grundsätzlich:
Mehrweg vor Einweg! Recyclebare Verpackungen! Müll vermeiden!!

5. Gentechnologie wird häufig in der Lebensmittelproduktion eingesetzt.
Bereiche, in denen transgene Substanzen Verwendung finden:
Im Gegensatz zu den klassischen Züchtungsmethoden wie der Herstellung von Pflanzenhybriden (z. B. Nektarinen), der Klonierung von Organismen (z. B. durch Stecklinge und Ableger), der Embryoteilung und des Embryotransfers bei Nutztieren usw. befasst sich die Gentechnik mit der Neukombination von Nukleinsäuren, d. h., dass in das Erbgut, in den universellen genetischen Code, eingegriffen wird.
Mithilfe der Gentechnik können energieaufwändige klassische Verfahren wirtschaftlich gestaltet werden.

Die Gentechnik hat im Lebensmittelsektor in fünf Hauptbereichen Anwendung gefunden,
– bei transgenen Tieren und
– bei transgenen Pflanzen,
– bei der Gewinnung von Hilfs- und Zusatzstoffen aus gentechnisch veränderten Mikroorganismen (GVO),
– beim direkten Einsatz von GVO Starter-/Schutzkulturen
– und bei der Lebensmittelüberwachung durch Kontrolle der Hygiene und Qualität.

Labferment Chymosin – gentechnisch gewonnen
Chymosin dient zur Dicklegung von Milcheiweiß. Traditionell wird es als Labferment aus dem Kälbermagen gewonnen. Für die weltweite jährliche Käseproduktion müssten Millionen von Kälbermägen verwendet werden.
Um den hohen Bedarf an Chymosin zu decken, wurde das Chymosin-Gen aus den Kälbermagenzellen isoliert und in Mikroorganismen übertragen. Das Enzym aus GVO darf in Deutschland für die Käseherstellung verwendet werden.
Chymosinpräparate aus GVO haben einen sehr hohen Reinheitsgrad. Ein Tropfen des Präparates kann etwa 1 000 Liter Milch von 100 kg Käse dicklegen!

Milchsäurebakterien – gentechnisch verändert
Mithilfe von Milchsäurebakterien wird ein großer Teil unserer Lebensmittel hergestellt: Milchprodukte, Sauergemüse, Rohwürste, Bier, Wein usw. Ihre gentechnische Veränderung dient in erster Linie der
– Erhöhung der Produktqualität und -vielfalt,
– Verbesserung der Prozessführung und -sicherheit,
– Minderung hygienischer Risiken.
Gentechnisch veränderte Milchsäurebakterien werden als Starterkulturen, z. B. zur schnellen Umwandlung von Nitrat in Nitrit bei Rohwurst eingesetzt. Als Schutzkulturen sind diese Bakterien unempfindlich gegen schädliche Viren.

Hefen – gentechnisch verändert
Hefen sind für die Herstellung vieler Brot- und Backwaren unverzichtbar. Bei der Teigführung entwickelt sich das Gas Kohlenstoffdioxid, welches den Teig aufgehen lässt. Für diesen Vorgang ist das Enzym Amylase, das im Getreide und in der Hefe vorkommt, verantwortlich. Durch gentechnische Veränderung der Hefe kann die Bildung dieses Gases gesteigert und beschleunigt werden, wodurch sich die Gehzeit verkürzt. Bei dieser gentechnisch veränderten Hefe wurden keine Fremdgene eingeführt, es wurde nur die Reihenfolge der vorhandenen Gene auf dem DNA-Strang verändert.

Zusatzstoffe – gentechnisch erzeugt

Aminosäuren, organische Säuren (z. B. Zitronensäure), Vitamine, Farbstoffe und Süßstoffe werden gentechnisch gewonnen. Eines der erfolgreichsten Beispiele ist das Vitamin C. Es wird zur Vitaminanreicherung zahlreicher Lebensmittel, aber auch als technischer Hilfsstoff („Ascorbinsäure") in der Back- und Fleischwarenindustrie in großem Maßstab verwendet. Die gentechnische Herstellung ist im Vergleich zur herkömmlichen chemischen Herstellung weitaus weniger zeit- und energieaufwändig, somit kostengünstiger und umweltschonender.
Auch der Süßstoff Aspartam kann mithilfe der Gentechnik gewonnen werden. Aspartam findet in vielen Getränken und „light"-Produkten als nahezu kalorienfreier Zuckerzusatz Anwendung.

Tomaten – gentechnisch verändert

An zahlreichen Nutzpflanzen wurden weltweit gentechnische Veränderungen vorgenommen. Dazu gehören alle wichtigen Kulturen wie Zuckerrüben, Raps, Kartoffeln, Mais, verschiedene Getreidearten, Reis und Baumwolle, aber auch die Tomate.
Das erste gentechnisch veränderte Lebensmittel erhielt die Zulassung 1994 in den USA. Es handelte sich um eine Tomate mit Reifeverzögerung. Tomaten wachsen nicht an jedem beliebigen Fleck der Erde. Zwischen Produzent und Verbraucher liegt ein mehr oder weniger langer Transportweg. Da Tomaten zu den leicht verderblichen Früchten gehören, müssen sie unreif gepflückt und gekühlt transportiert werden. Bei der „Nachreifung" wird eine Anzahl von Enzymen gebildet, die verantwortlich für die Reife sind, die Geschmack und Aroma beeinflussen, aber auch solche, die zum Welken und Weichwerden – zur „Matschigkeit" – der Tomate führen.
Das Reifeenzym wurde durch Gentechnologie ausgeschaltet. Solche gentechnisch veränderten Tomaten können nun vollständig auf dem Feld ausreifen und gelangen frisch und aromatisch zum Verbraucher.

Da die Gentechnik auf dem Lebensmittelsektor schon für Fachleute kaum noch überschaubar ist, muss man sich fragen, wie der verunsicherte Verbraucher künftig die gewünschte Auskunft über gentechnisch veränderte Lebensmitteln bekommt und ob er Wahlfreiheit hat. Mindestvoraussetzung wäre die Kennzeichnung der betroffenen Nahrungsmittel.

I. Eiweiß – ein lebensnotwendiger Baustein unserer Nahrung

Verbindliche Fragen

1. Beschreiben Sie die ernährungsphysiologische Bedeutung von Eiweiß.

2. Definieren Sie den Begriff der „biologischen Wertigkeit" und erläutern Sie in diesem Zusammenhang die Ergänzungswirkung von Eiweiß.

3. Erklären Sie die Bedeutung von Milch für eine gesunde Ernährung.

Wahlfragen: Bearbeiten Sie eine der beiden folgenden Aufgaben.

4. Stellen Sie die wesentlichen Schritte der Eiweißverdauung dar und thematisieren Sie Probleme, die bei zu hoher Eiweißzufuhr für den menschlichen Organismus entstehen können.

5. Nennen Sie drei küchentechnische Eigenschaften von Eiweiß. Zeigen Sie deren Bedeutung auf und geben Sie je zwei Beispiele aus der Nahrungszubereitung.

II. Dauerbrenner „Tiefkühlkost"

Verbindliche Fragen

1. Die Berufstätigkeit führt dazu, dass bei der Nahrungszubereitung möglichst effektiv gearbeitet werden muss. Bewerten Sie den Einsatz von Tiefkühlkost nach wirtschaftlichen Gesichtspunkten.

2. Frisch geerntete Bohnen aus dem eigenen Garten sollen eingefroren werden. Erläutern Sie die wichtigsten Arbeitsschritte beim Einfrieren.

3. Bei unsachgemäßem Umgang mit Tiefkühlgeflügel besteht die Gefahr einer Salmonelleninfektion. Stellen Sie allgemein mögliche Übertragungswege von Salmonellen dar und beschreiben Sie die Symptome einer Infektion.

Wahlfragen: Bearbeiten Sie eine der beiden folgenden Aufgaben.

4. Erstellen Sie eine Liste mit je vier Tipps zum sachgerechten Einkauf und der sorgfältigen Zubereitung von Tiefkühlkost.

5. Es soll ein neues Tiefkühlgerät für den Haushalt angeschafft werden. Formulieren Sie acht technische bzw. ökonomische Kriterien, die Sie beim Kauf des Gerätes berücksichtigen.

Lösungsvorschlag

I. Eiweiß – ein lebensnotwendiger Baustein unserer Nahrung

1. Ernährungsphysiologische Bedeutung von Eiweiß

Eiweiß ist der Baustoff unseres Körpers, denn es ist in allen Körperzellen enthalten. Es ist so empfindlich, dass es ständig erneuert werden muss. Eiweiß besteht aus den chemischen Grundstoffen Wasserstoff, Sauerstoff, Kohlenstoff und Stickstoff. Daraus entstehen die kleinsten Eiweißbausteine, die Aminosäuren, die sich zu Ketten zusammenschließen und so ein Eiweiß bilden. 20 Aminosäuren sind bekannt, acht dieser Aminosäuren sind essenziell (= lebensnotwendig) und müssen deshalb mit der Nahrung aufgenommen werden. Eiweiß kann im Körper nicht gespeichert, sondern muss täglich mit der Nahrung aufgenommen werden. Ein Mangel über einen längeren Zeitraum kann einen körperlichen und geistigen Leistungsabfall nach sich ziehen und die Widerstandkraft gegen Krankheiten senken.

Eiweiß erfüllt in unserem Körper wichtige Aufgaben:
– Es ist das Grundgerüst der Zellen aller Lebewesen und deshalb unser wichtigster Nährstoff.
– Es dient unserem Organismus als Baumaterial für Organe, Muskeln, Haut und Knochen; Blutkörperchen und Hormone bestehen hauptsächlich aus Eiweiß.

Eiweiß liefert unserem Körper Energie, 1g Eiweiß enthält ~ 17 kJ.

Bedarf in den verschiedenen Lebensalterstufen:
Der Tagesbedarf an Eiweiß ist hauptsächlich vom Alter abhängig. Säuglinge haben den höchsten Eiweißbedarf. Sie benötigen ca. 2,5g Eiweiß/kg Körpergewicht für Zellwachstum und -aufbau.
Der Eiweißbedarf von Kindern und Jugendlichen sinkt mit abnehmendem Wachstum und dem damit verbundenen Zellaufbau von 2,2 g Eiweiß/kg Körpergewicht bei 1–3-jährigen Kindern auf 1,2 g Eiweiß/kg Körpergewicht bei 15–18-jährigen Jugendlichen. Erwachsene benötigen ca. 1,0 g Eiweiß/kg Körpergewicht. Das Wachstum ist abgeschlossen und das Eiweiß wird hauptsächlich zur Erhaltung benötigt. Der Eiweißbedarf älterer Menschen (über 65 Jahre) steigt wieder an. Körperzellen werden beim Altern abgebaut, der Bedarf an Eiweiß ist deshalb erhöht und beträgt etwa 1,2 g Eiweiß/kg Körpergewicht.
Eiweißmangel kann zu Wachstumsstörungen, Muskelschwund, Stoffwechselstörungen und Infektionsanfälligkeit führen, eine Überversorgung an tierischem Eiweiß kann die Stoffwechselkrankheit Gicht auslösen.

2. Die „biologische Wertigkeit"

Definition:
Die biologische Wertigkeit (in Prozent angegeben) sagt aus, wie viel Gramm Körpereiweiß aus 100 g Nahrungseiweiß gebildet werden kann; sie ist ein Qualitätsmerkmal. Bei eiweißhaltigen Nahrungsmitteln gibt es erhebliche qualitative Unterschiede, denn nicht jeder Eiweißträger ist für uns gleich wertvoll. Maßgeblich dafür sind die essenziellen Aminosäuren. Je mehr und je ausgewogener essenzielle Aminosäuren enthalten sind, desto wertvoller ist ein Eiweiß für den menschlichen Organismus, denn es kann besser umgewandelt werden. Die biologische Wertigkeit von tierischem Eiweiß ist höher als die von pflanzlichem Eiweiß.

Ergänzungswirkung:

Durch eine geschickte Kombination verschiedener eiweißhaltiger Nahrungsmittel kann die biologische Wertigkeit erhöht werden. Die Nahrungseiweißstoffe verschiedener Lebensmittel ergänzen sich bei der Aufnahme innerhalb einer Mahlzeit.

Beispiele für sich gut ergänzende Lebensmittel:

– Gedünsteter Fisch mit Porreegemüse und Pellkartoffeln:
   Das weniger wertvolle Eiweiß des Lauchgemüses und der Kartoffeln wird durch das hochwertige Eiweiß des Fisches aufgebessert.

– Spinat mit Ei und Pellkartoffeln:
   Das weniger wertvolle Eiweiß des Spinats und der Kartoffeln wird durch das wertvolle Eiweiß des Eis aufgebessert.

– Cornflakes mit Milch:
   Das weniger wertvolle Eiweiß der Cornflakes wird durch das wertvolle Eiweiß der Milch aufgebessert.

3. Die Bedeutung von Milch

Milch ist eine Nährflüssigkeit, die aufgrund ihrer Zusammensetzung weniger zu den Getränken, sondern eher zu den Nahrungsmitteln gezählt wird. Ihr kommt eine besondere Bedeutung für die gesunde Ernährung des Menschen zu.

Milcheiweiß:
Das Eiweiß der Milch ist besonders hochwertig. Es besitzt als tierisches Eiweiß aufgrund seiner essenziellen Aminosäuren eine verhältnismäßig hohe biologische Wertigkeit.

Milchfett:
Es besteht vor allem aus kurzkettigen und mittelkettigen Fettsäuren. Deshalb ist es besonders gut bekömmlich und leicht verdaulich. Es enthält nur geringe Mengen an Cholesterin (abhängig vom Fettgehalt der Milch).

Milchzucker:
Der Milchzucker (Laktose) verhindert schädliche Fäulnisprozesse im Darm und wirkt sich positiv auf die Darmbakterien im Dünndarm aus. Er liefert Energie und fördert die bessere Aufnahme der Mineralstoffe Calcium, Phosphor und Magnesium.

Mineralstoffe:
Milch enthält vor allen Dingen Calcium und Phosphor in einer leicht aufnehmbaren Form und in einem ausgewogenen Mengenverhältnis. Außerdem sind die Mineralstoffe Kalium, Jod und Magnesium enthalten. Die Mineralstoffe der Milch sind somit wichtig für den Aufbau von Knochen und Zähnen, aber auch für deren Erhalt im Alter und zum Schutz vor Osteoporose.

Vitamine:
Die fettlöslichen Vitamine A, D, E und K sind in fettreicher Milch reichhaltiger als in fettarmer vorhanden. Zudem enthält Milch die wasserlöslichen Vitamine der B-Gruppe (B_1, B_2, B_6 und B_{12}), Niacin, Folsäure, Pantothensäure und Biotin, Vitamin C ist nur in geringen Mengen vorhanden.
Milch ist somit ein wichtiger Bestandteil einer ausgewogenen Ernährung, da sie alle notwendigen Nährstoffe enthält, die der Mensch in jeder Phase seines Leben braucht.

4. Die Verdauung von Eiweiß/Problematik einer zu hohen Eiweißzufuhr

Die Verdauung eiweißreicher Nahrung beginnt bereits im Mund durch **Zerkleinerung** und **Speicheldurchmischung.** Dabei wird die Nahrung wird gleitfähig gemacht, aber noch nicht abgebaut. Über Rachen und Speiseröhre gelangt der Nahrungsbrei in den **Magen.** Im Magen, einem sackförmigen Hohlraummuskel, wird der Speisebrei gelagert und mit Magensäften durchmischt. Durch die in den Magensäften enthaltene **Salzsäure** gerinnt das Eiweiß und klumpt zusammen. So kann das eiweißspaltende Enzym **Pepsin,** eine **Endopeptidase,** die Kettenmoleküle des Eiweiß in kleinere Eiweißbruchstücke, die **Polypeptide,** aufbrechen. Mit Hilfe der Enzyme **Trypsin** aus der **Bauchspeicheldrüse** und **Peptidasen** des **Dünndarmsaftes** werden die Eiweißbruchstücke bis in die kleinsten Bauteile, die **Aminosäuren,** aufgespalten.

Resorption:

Die Aminosäuren gelangen durch die Darmwand ins Blut, sie werden in der Leber gefiltert und schädliche Aminosäuren über die Nieren aus dem Körper ausgeschieden.

Zellstoffwechsel und Energiestoffwechsel:

Die Aminosäuren werden in der Leber zu Bluteiweißstoffen umgebaut und wieder an das Blut abgegeben. In den Körperzellen werden aus den Aminosäuren körpereigene Eiweißstoffe gebildet. Außerdem findet in den Zellen ein Abbau von Eiweißstoffen statt, die dabei freigesetzten Aminosäuren werden in der Leber zu Bluteiweißstoffen umgebaut oder zur Energiegewinnung verwendet.

Mögliche Stoffwechselkrankheit bei überhöhter Eiweißzufuhr: Gicht

Durch die Aufnahme von tierischem Eiweiß, besonders von Fleisch, Wurst und Eiern, gelangen auch unerwünschte Begleitstoffe in den Körper, die Gicht auslösen und Gelenksveränderungen verursachen können. Purine sind Zellsubstanzen, bei deren Abbau als Abfallprodukt Harnsäure entsteht. Diese Harnsäure wird normalerweise über die Nieren ausgeschieden. Ist die Harnsäurekonzentration zu hoch, bilden sich scharfe Harnsteine, die sich in Gelenken, Knorpeln oder in der Niere ablagern und zu schmerzhaften Gichtanfällen führen. Diese Krankheit kann durch eine Therapie gelindert werden und bedarf dabei zusätzlich einer Diät, bei der purinhaltige Lebensmittel, also vor allem tierische Eiweiße aus Fleisch, Wurst und Innereien, aber auch Fisch, Krabben und sogar pflanzliches Eiweiß wie z. B. Linsen vermieden werden müssen.

5. Küchentechnische Eigenschaften von Eiweiß und ihre Bedeutung

Der Einsatz von Eiern in der Küche ist sehr häufig, da man ihre vielfältigen küchentechnischen Eigenschaften nutzt.

Eigenschaft	Bedeutung bei der Nahrungszubereitung	Beispiele
Eiweiß bindet beim Gerinnen Flüssigkeit	Das Eiklar der Eier gerinnt durch Erhitzen und kann dabei etwa das Doppelte seines Gewichtes an Flüssigkeit aufnehmen. Diese Eigenschaft der Bindung nutzt man in der Küche auf verschiedene Weise.	– Fleischteige z. B. für Fleischpflanzerl – Pfannkuchenteige – sämige Suppen

Eiweiß schließt bei Schlagen Luft ein	Eiklar bildet beim Schlagen einen festen Schaum, der große Mengen Luft enthält. Auch Eigelb nimmt beim Schlagen Luft auf. Diese Eigenschaften nutzt man bei der Zubereitung von Kuchenteigen, um den Kuchen zu lockern. Geschlagenes Eiklar muss vorsichtig unter den Teig gehoben werden.	– Biskuitteige – Baisermasse
Eiweiß ist wasserlöslich	Eiweißhaltige Lebensmittel können durch zu langes Wässern ausgelaugt werden, da die Eiweißstoffe ausgewaschen werden.	– Fleisch in Stücken nur kurz und unzerkleinert waschen – Kartoffeln nicht wässern
Eiweiß gerinnt durch Säure	Die Festigkeit von Fischfleisch wird beim Säuern mit Zitronensaft verbessert und der Fisch zerfällt weniger.	– Säuern von Fisch
Eiweiß gerinnt durch Hitze	Die Randschichten (z. B. eines Fleischstückes) schließen sich bei Hitze; damit kann kein Nahrungssaft austreten.	– Braten oder Kochen von Fleisch
	Trübe Flüssigkeiten wie z. B. Suppen werden mit Eiklar geklärt. Das Eiklar gerinnt an der Oberfläche und die dort schwimmenden Partikel werden so eingeschlossen und können mit einem Schaumlöffel abgeschöpft werden.	– Klare Suppen und Soßen

II. Dauerbrenner „Tiefkühlkost"

1. Einsatz von Tiefkühlkost nach wirschaftlichen Gesichtspunkten

Tiefkühlkost spielt in modernen Haushalten eine immer größere Rolle. Die Wirtschaftlichkeit dieser Art der Konservierung bzw. Bevorratung kann nach folgenden Gesichtspunkten beurteilt werden:

Vorteile:
– Obst und Gemüse aus dem eigenen Garten lassen sich gut einfrieren und können so über einen längeren Zeitraum gelagert werden.
– Mahlzeiten können im Voraus in größeren Mengen zubereitet und dann portioniert eingefroren werden.
– Anfallende Reste können eingefroren werden.
– Sonderangebote und saisonale Produkte können in größeren Mengen gekauft und eingefroren werden, das spart Zeit und Geld.

- Tiefkühlkost ist das ganze Jahr über erhältlich, sodass jederzeit abwechslungsreiche und vitaminreiche Mahlzeiten schnell zubereitet werden können.
- Vorarbeiten, die bei der Nahrungszubereitung anfallen, wie z. B. das Waschen und Putzen von Gemüse, entfallen bei küchenfertigen Tiefkühlprodukten, das spart viel Vorbereitungszeit.
- Tiefkühlprodukte werden besonders nährstoffschonend hergestellt und gelten oft als vitaminreicher als Obst und Gemüse, das durch Transport und Lagerung oft nicht mehr ganz frisch ist.
- Der Einsatz von vorgefertigten Lebensmitteln verkürzt die Zubereitungszeit; Fertiggerichte müssen in der Regel nur erhitzt werden.
- Tiefkühlkost gibt Sicherheit, genügend Lebensmittel für unvorhergesehene Ereignisse wie z. B. überraschenden Besuch oder Krankheit zu bevorraten.

Nachteile:
- Der Betrieb von Tiefkühlgeräten verbraucht viel Energie.
- Die Anschaffung eines Tiefkühlgerätes oder auch eine anfallende Reparatur kann kostenintensiv sein.
- Ein Stromausfall, der länger andauert, kann zum Verderb der Tiefkühlvorräte führen.
- Der Inhalt des Tiefkühlgerätes muss regelmäßig auf Verderb (z. B. Gefrierbrand = Austrocknen der Randschichten des Lebensmittel) und Haltbarkeit kontrolliert werden.

2. Arbeitsschritte beim Einfrieren von Bohnen

Frisch geerntete Lebensmittel können schnell verderben, deshalb müssen sie sachgerecht konserviert werden. Für eine Konservierung von frischen Bohnen durch Tiefkühlen sind folgende Arbeitsschritte notwendig:

Arbeitsschritt	Begründung
Das Tiefkühlgerät auf „Schockfrosten" einstellen	Beim Schockfrosten wird das Tiefkühlgerät auf – 24°C gekühlt. Die Eiskristalle, die bei dieser Temperatur gebildet werden, sind kleiner und zerstören so nicht die Zellstruktur der Bohnen.
Nur frische Lebensmittel bester Qualität auswählen	Der Verderb der Lebensmittel, die nicht einwandfrei sind, setzt beim Auftauen wieder ein (z. B. Fäulnisprozesse).
Bohnen verlesen und kurz waschen	Schlechte Bohnen werden aussortiert und mögliche bakterielle Verunreinigungen vermieden.
Bohnen zerkleinern	Sie werden für eine weiterfolgende Verarbeitung, z. B. als Bohnengemüse, vorbereitet. Damit ist eine optimale Weiterverarbeitung nach dem Auftauen gewährleistet.
Blanchieren: Bohnen werden kurzzeitig (1–4 Minuten) in kochendem Wasser oder Wasserdampf vorgekocht	Durch das Blanchieren werden Mikroorganismen abgetötet und eventuelle Enzyme deaktiviert. Außerdem bleiben Vitamingehalt, Farbe und Aussehen der Lebensmittel während der Lagerung besser erhalten.
Abschrecken der Bohnen in Eiswasser und anschließendes Abtropfen	Das Abschrecken in Eiswasser bewirkt, dass die Farbe der Bohnen erhalten bleibt. Das Gemüse erscheint auch nach dem Auftauen grün und nicht grau.

Verpacken der Bohnen in gefriergeeigneten Gefäßen	Zum Schutz vor Mikroorganismen und Schmutz werden die Lebensmittel in gefriergeeigneten Gefäßen, wie z. B. Gefrierdosen, Kunststofffolien oder Kunststoffbeutel, portionsweise verpackt. Das Gefriergut kann so weder Geruch abgeben noch aufnehmen und wird vor Gefrierbrand geschützt.
Gefrierpakete beschriften mit Menge/Art des Inhalts und Datum des Gefrierens, evtl. eintragen in einer Lagerliste	Die Gefriergut-Lageriste und die Beschriftung der Gefrierpakete erleichtert den Überblick über den Inhalt des Tiefkühlgerätes. So werden die Tiefkühlprodukte nicht über ihre Haltbarkeit hinaus gelagert.
Gefrierpakete in das Vorgefrierfach im Tiefkühlgerät legen.	Im Vorgefrierfach befindet sich die kälteste Stelle im Gefriergerät. Das Gefriergut kann hier am schnellsten und schonendsten tiefgefroren werden. Im gefrorenen Zustand kann das Gefriergut umgelagert werden.

3. Übertragungswege von Salmonellen und Symptome einer Infektion

Falscher Umgang mit Tiefkühlgeflügel ist besonders häufig Grund für eine Salmonellenvergiftung. Kenntnisse über Übertragungswege mindern das Übertragungsrisiko.

Mögliche Übertragungswege von Salmonellen:

Salmonellen können auf verschiedenen Wegen auf den Menschen übertragen werden. Möglich ist z. B. eine Übertragung vom Tier bei Kontakt mit infizierten Haustieren, Geflügeltieren oder Fliegen. Auch der Kontakt mit infizierten Menschen kann eine Ansteckung zur Folge haben, denn Salmonellen können im menschlichen Darm über längere Zeit leben und der Infizierte wird (oft unbemerkt) zum Dauerausscheider.

Meist jedoch werden Salmonellen durch infizierte Lebensmittel übertragen. Häufig betroffen sind dabei Geflügel, Hackfleisch und Eier, aber auch Wurstwaren und alle Lebensmittel, die rohe Eier enthalten wie z. B. Majonäse, majonäsehaltige Salate, Tiramisu oder Speiseeis. Mangelnde Hygiene im Umgang mit salmonelleninfizierten Lebensmitteln ist dabei die Hauptursache der Übertragung. Daher sollten folgende Punkte bei der Verarbeitung unbedingt beachtet werden:

– Fleisch und Gemüse müssen getrennt am Arbeitsplatz verarbeitet werden. Die Auftauflüssigkeit von Geflügel oder Hackfleisch muss weggegossen werden. Küchenkrepp, das zum Abtupfen von Fleisch oder Fisch verwendet wurde, muss sofort entsorgt werden. Verschmutztes Geschirr und Geräte so schnell wie möglich reinigen und nicht mit anderen Lebensmitteln in Kontakt bringen.
– Längeres Warmhalten von Speisen fördert die Salmonellenvermehrung, ungenügendes Durchgaren von Lebensmitteln bei der Zubereitung tötet Salmonellen nicht ab.
– Schlechte, zu warme Lagerung von Lebensmitteln begünstigen das Wachstum von Salmonellen.

Symptome einer Salmonelleninfektion:

Die ersten Vergiftungserscheinungen treten in der Regel 6–12 Stunden nach der Infizierung mit Salmonellenbakterien auf. Sie äußern sich in Übelkeit, Erbrechen, Durchfall, Fieber und Kopfschmerzen.

Die Krankheitsdauer beträgt im Normalfall 1–8 Tage, danach klingen die Symptome ab. Eine Salmonellose kann in seltenen Fällen bei älteren Menschen, Kleinkindern oder immungeschwächten Menschen tödlich enden.

4. Sachgerechter Einkauf und Zubereitung von Tiefkühlkost

Tiefkühlkost ist eine Möglichkeit, abwechslungs- und vitaminreiche Gerichte schnell zuzubereiten. Dazu sollten die nachfolgenden Tipps beachtet werden:

Sachgerechter Einkauf:

– Die Tiefkühltruhen des Lebensmittelmarktes müssen sauber sein, es dürfen sich keine Eisschichten an der Gerätewand befinden und die Temperatur sollte mindestens −18°C betragen.
– Das Gefriergut sollte in der Tiefkühltruhe nicht zu hoch gestapelt sein.
– Die Verpackung muss einwandfrei und unbeschädigt sein; vereiste oder bereifte Verpackungen weisen darauf hin, dass die Kühlkette unterbrochen und die Ware bereits angetaut war.
– Durch Schütteln von Obst- und Gemüsepackungen lässt sich feststellen, ob die Ware noch locker ist, oder ob durch Unterbrechungen der Kühlkette das Gefriergut zusammengefroren ist.
– Lebensmittel wie Fleisch, Fisch und Geflügel auf Gefrierbrand untersuchen.
– Das Mindesthaltbarkeitsdatum überprüfen.
– Tiefkühlkost erst am Schluss einkaufen und gut für den Transport nach Hause isolieren. Dazu eignen sich z. B. Zeitungspapier, Isoliertaschen oder eine Kühlbox.

Sorgfältige Zubereitung:

– Fleisch, Fisch und Geflügel sollten möglichst im Kühlschrank oder in der Mikrowelle aufgetaut werden.
– Für die Zubereitung von Speisen müssen die Antau- oder Auftauzeiten beachtet werden.
– Beim Auftauen von Fleisch, Fisch und Geflügel entsteht Auftauflüssigkeit. Diese muss besonders bei Geflügel unbedingt weggegossen werden, sonst besteht Salmonellengefahr.
– Angetautes Hackfleisch und Fisch sofort verarbeiten, da sie schnell verderben.
– An- oder aufgetaute Lebensmittel schnell verbrauchen und nicht wieder einfrieren.
– Große Fleischstücke aus der Verpackung nehmen und langsam auftauen. Dabei sollte das Fleisch nicht in der Auftauflüssigkeit liegen, sondern z. B. auf einem Gitter, durch das die Auftauflüssigkeit abfließen kann.
– Kleine und dünne Fleischstücke nur antauen lassen und gleich verarbeiten.
– Tiefgefrieren kann die Garzeit größerer Fleischstücke verkürzen, deshalb unbedingt die Garzeit beachten.
– Das Tiefkühlgut auf Veränderung in Farbe und Geruch überprüfen, Lebensmittel mit Gefrierbrand entsorgen.
– Obst und Gemüse müssen nicht aufgetaut, sondern können meist gefroren verarbeitet werden.

5. Technische und ökonomische Kriterien für die Anschaffung eines Tiefkühlgerätes

Für die Anschaffung eines neuen Tiefkühlgerätes müssen verschiedene Überlegungen angestellt werden. Vor allem technische und ökonomische Kriterien sind entscheidend beim Kauf dieses Haushaltsgerätes.

Technische Kriterien:

– Wo soll das Gerät seinen Platz finden und ist dieser Platz ausreichend?
  Ein Gefriergerät muss nicht zwangsläufig in der Küche untergebracht sein und kann beispielsweise im Keller oder in der Speisekammer stehen.
– Am vorgesehenen Platz muss ein direkter Stromanschluss zur Verfügung stehen.
– Der Raum muss kühl und gut belüftet sein. In einem zu warmen Raum benötigt das Gefriergerät zuviel Energie, um die notwendige Kühlung zu erzeugen.

– Welches Größe bzw. welches Volumen muss das Gefriergerät besitzen, um den Ansprüchen des Käufers (Familie oder Single) gerecht zu werden?
– Entscheidet man sich für einen Gefrierschrank oder für eine Gefriertruhe? Diese Entscheidung hängt vor allem vom Platzangebot, aber auch von persönlichen Vorlieben ab.
– Ist das Gerät ordentlich abgesichert und verfügt es über die notwendigen Sicherheitsprüfungen (z. B. TÜV-Siegel, GS-Zeichen)?
– Entsprechen Leistung und Energieverbrauch, aber auch die Recyclefähigkeit den üblichen Anforderungen?
– Kann das Geräte gut gereinigt werden und verfügt es über eine automatische Abtaufunktion?

Ökonomische Kriterien:

– Wie hoch sind die Anschaffungskosten und die Verbrauchskosten für das Gerät?
– Können Reparaturen durch einen Fachmann vor Ort durchgeführt werden?
– Nimmt man ein Markengerät mit höheren Anschaffungskosten und einer vielleicht längeren Lebensdauer, oder entscheidet man sich für ein günstigeres No-Name-Gerät?
– Stimmt das Preis-Leistungs-Verhältnis? Dazu können Testberichte aus Zeitschriften (Stiftung Warentest oder Ökotest) Aufschluss geben.
– Welche Garantiezeiten werden zu den Geräten angeboten?
– Kann das Gerät kostengünstig geliefert werden und wird eventuell die Entsorgung des Altgerätes übernommen?

I. Gesunde Ernährung – Erhalt der Leistungsfähigkeit contra Kostenexplosion im Gesundheitswesen

Verbindliche Fragen

1. Definieren Sie den Begriff der „Vollwertigen Ernährung" und erläutern Sie kurz die 10 Regeln der Deutschen Gesellschaft für Ernährung.

2. Um leistungsfähig zu sein, benötigen gerade Jugendliche eine gesunde Ernährungsweise. Nennen Sie acht Richtlinien und begründen Sie diese.

3. Viele Jugendliche essen lieber Weißbrot als Vollkornbrot. Überzeugen Sie Jugendliche mit sechs Argumenten, die für den Verzehr von Vollkornprodukten sprechen.

Wahlfragen: Bearbeiten Sie eine der beiden folgenden Aufgaben.

4. Die asiatische Küche findet immer mehr Anhänger. Zeigen Sie die ernährungsphysiologische Bedeutung von Reis auf.

5. „Functional Food" – das Angebot an diesen Nahrungsmitteln wird immer vielfältiger. Definieren Sie den Begriff und bewerten Sie diese Produkte.

II. Wohnraum – Rationelles Arbeiten – Umweltschutz – Kauf von Geräten

Verbindliche Fragen

1. Das Fernsehen hat den Wohnungsmarkt für sich entdeckt. Täglich finden sich Sendungen unter dem Motto „einrichten und renovieren". Doch zuvor muss man auf Wohnungssuche gehen. Formulieren Sie Kriterien, die für den Wohnwert maßgeblich sind.

2. Nennen Sie die Gegebenheiten, die bei der Planung und Einrichtung einer Küche geprüft werden müssen.

3. Beschreiben Sie vier Grundsätze rationellen Arbeitens im Haushalt an praktischen Beispielen.

Wahlfragen: Bearbeiten Sie eine der beiden folgenden Aufgaben.

4. Umweltbewusstes Verhalten ist in den verschiedensten Bereichen des privaten Haushalts möglich. Erläutern Sie diesbezügliche Handlungsweisen in drei Bereichen.

5. Sie planen die Anschaffung einer Geschirrspülmaschine für Ihre Küche. Beschreiben Sie den Weg vom Kaufwunsch bis zum Kaufentscheid.

Lösungsvorschlag

I. Gesunde Ernährung – Erhalt der Leistungsfähigkeit contra Kostenexplosion im Gesundheitswesen

1. Definition des Begriffs „Vollwertige Ernährung" – 10 Regeln der Deutschen Gesellschaft für Ernährung mit kurzer Erläuterung

Die Deutsche Gesellschaft für Ernährung (DGE) bezeichnet die vollwertige Ernährung als die Kostform, die der Erhaltung der Gesundheit und Leistungsfähigkeit dient und somit zur Steigerung des Wohlbefindens beiträgt. Eine vollwertige Kost enthält in richtiger Menge und in ausgewogener Zusammenstellung alle essenziellen Nährstoffe. Sie deckt den Bedarf.

Die Empfehlungen zur vollwertigen Ernährung orientieren sich am Ernährungskreis und gelten als Maßstab für andere Kostformen.

1.1 Vielseitig essen

Unser Körper verlangt jeden Tag eine Vielzahl von Nährstoffen, Vitaminen, Mineralstoffen und sekundären Pflanzenstoffen. Ein einzelnes Lebensmittel kann diese Bedingung kaum erfüllen, denn es enthält immer nur einen Teil der benötigten Nährstoffe. Eine **Mischkost** aus pflanzlichen und tierischen Produkten kann den Bedarf decken. Es ist daher wichtig, den täglichen Speiseplan und die Mahlzeiten abwechslungsreich zu gestalten.

1.2 Getreideprodukte mehrmals am Tag und reichlich Kartoffeln

Reis, Brot, Nudeln, Haferflocken und Kartoffeln enthalten **reichlich Stärke**. Weil sie langsam abgebaut wird, ist sie die **ideale Energiequelle** für Gehirn-, Nerven- und Muskelzellen. Neben Vitaminen, Mineralstoffen, wertvollem Eiweiß, Keimölen und sekundären Pflanzenstoffen liefern Getreideprodukte – ganz besonders die Vollkornerzeugnisse – ausreichend **Ballaststoffe**, die für eine gut funktionierende Verdauung äußerst wichtig sind.

Kartoffeln eignen sich hervorragend als leicht verdauliche, energiearme Beilage zu verschiedenen Gerichten, aber auch als Hauptgericht.

1.3 Gemüse und Obst – nimm „5" am Tag

Diese Lebensmittel sollen im Mittelpunkt unserer Ernährung stehen. Da sie vorwiegend aus Wasser und **unverdaulichen Ballaststoffen**, d. h. aus **Zellulose** bestehen, füllen sie den Magen und sättigen angenehm. Sie quellen im Dickdarm, bilden eine gute Grundlage für das Wachstum wichtiger Darmbakterien und beschleunigen die Darmpassage. Obst und Gemüse können mit ihrem Reichtum an Vitaminen, Mineralstoffen und sekundären Pflanzenstoffen Nährstofflücken schließen. Nicht nur Rohkost – auch Gegartes ist wertvoll!

1.4 Täglich Milch und Milchprodukte, 1x in der Woche Fisch; Fleisch, Wurst und Eier in Maßen

Sie versorgen unseren Körper mit **hochwertigem tierischen Eiweiß**. Milch und Milchprodukte liefern zusätzlich Calcium, den Baustoff der Knochen. Seefische enthalten Jod, Selen und Omega 3-Fettsäuren. In Fleisch und Wurstwaren kommen die Vitamine der B-Gruppe und Eisen vor. Es empfiehlt sich aber, Fleisch, Wurst und auch Eier auf ein bis zwei Mahlzeiten in der Woche zu reduzieren, da sie relativ viel Fett, Cholesterin und Purine enthalten. Das sind Stoffe, welche die Gesundheit sehr belasten können.

1.5 Wenig Fett und fettreiche Lebensmittel

Fett ist **geballte Energie**. Der Nährstoff liefert doppelt so viele Joule oder Kalorien wie die gleiche Menge Kohlenhydrate oder Eiweiß. Fettarme Ernährung kann dazu beitragen, Übergewicht abzubauen und erhöhte Blutfettwerte – Ursache verschiedener Krankheiten – zu normalisieren. Auch auf „versteckte" Fette ist zu achten, der Verzehr von Streichfetten ist zu reduzieren und fettarme Zubereitungsarten sind zu bevorzugen. Wenn Fett benötigt wird, empfiehlt es sich, **hochwertige Pflanzenöle** zu verwenden. Sie sind reich an essenziellen Fettsäuren, z. B. Linolsäure, außerdem Träger der fettlöslichen Vitamine A, D, E, K und Bausubstanz für Körperzellen. Ganz ohne Fett kann der Körper nicht auskommen.

1.6 Zucker und Salz maßvoll

Es gilt: Genieße Süßigkeiten und Lebensmittel bzw. Getränke, die mit verschiedenen Zuckerarten hergestellt wurden, nicht zu häufig. Zucker ist ein leeres Kohlenhydrat, **aber sehr energiereich**, und kann dadurch Gewichtsprobleme schaffen.

Es gilt auch: **Würzen, aber nicht salzen!** Gewürze und frische Kräuter unterstreichen den Eigengeschmack vieler Gerichte und leisten einen kleinen Beitrag zur Vitamin- und Mineralstoffversorgung. Üppiges Salzen übertönt viele Geschmackseindrücke und kann Bluthochdruck begünstigen.

1.7 Reichlich Flüssigkeit

Wasser ist **lebensnotwendig**. Rund 1,5–2 l Flüssigkeit täglich sind sinnvoll. Energiearme, alkoholfreie Getränke sind ideal. Mit Wasser bzw. Mineralwasser, Fruchtschorlen, Gemüsesäften und ungesüßten Früchtetees kann Durst hervorragend gelöscht werden. Alkohol ist nur ein Genussmittel!

1.8 Schmackhaft und schonend zubereiten

Durch kurzes Garen mit wenig Wasser und/oder Fett und möglichst niedrigen Temperaturen bleiben empfindliche **wertvolle Inhaltsstoffe** und der **Eigengeschmack** der Lebensmittel zum großen Teil erhalten. Ebenso wird die Bildung schädlicher Stoffe verhindert. Speisen sollte man niemals lange warmhalten, sondern bei Bedarf kurz aufwärmen und vor Licht und Sauerstoff schützen, damit die natürliche Beschaffenheit, die Farbe und das Aussehen nicht verlorengehen.

1.9 Zeit nehmen, das Essen genießen

Bewusstes Essen entspannt! Wenigstens einmal am Tag soll **eine Mahlzeit in Ruhe** eingenommen werden, ohne Zeitungslektüre nebenbei und ohne Fernseher im Hintergrund. Die Augen, die Nase, die Zunge – alle Sinne sollen genießen!

1.10 Auf das Gewicht achten und in Bewegung bleiben

Über- und Untergewicht sind ungesund. Bei richtigem Körpergewicht, das sich über den Body-Mass-Index (BMI) kontrollieren lässt, fühlt man sich wohl. Durch eine **ausgewogene Ernährung**, mit viel körperlicher **Bewegung und Sport** sinnvoll kombiniert, kann ein gesundes Gewicht erreicht und gehalten werden.

2. Richtlinien für eine gesunde Ernährungsweise bei Jugendlichen

Jugendliche, d. h. Schüler, Studenten, Azubis oder Berufstätige, wollen gesund und fit sein. Voraussetzung dafür ist eine überlegte, der Altersgruppe angepasste Ernährungsweise. Generell gelten die Regeln der vollwertigen Ernährung.

– **Um leistungsfähig zu sein, muss das Körpergewicht stimmen!**
Heranwachsende sollten sich nicht ausschließlich an Vorbildern aus den Medien orientieren (magersüchtige Models, Bodybuilder etc.), sondern sich nach bewährten Durchschnittswerten richten, die Alter, Tätigkeit und Geschlecht berücksichtigen.

– **Die Energiezufuhr muss individuell zugeschnitten sein!**
Bis zum 18. Lebensjahr wird verhältnismäßig viel Energie benötigt. Wer sich viel bewegt – im Beruf oder in der Freizeit –, braucht mehr Energie als derjenige, der viel sitzt, sich wenig bewegt und kaum Sport treibt.

– **Tagesleistungskurve beachten!**
Mehrere kleine, abwechslungsreiche Mahlzeiten, sinnvoll über den Tag verteilt, unterstützen das Leistungsvermögen besser als wenige üppige.

– **Die Kost grundsätzlich vollwertig gestalten!**
Durch kluge Auswahl der Lebensmittel und abwechslungsreiche Zubereitung der Gerichte stehen dem Jugendlichen ständig alle essenziellen Inhaltsstoffe zur Verfügung.

– **Eiweiß – Baustoff für den Körper – einplanen!**
Hochwertiges Eiweiß ist für Jugendliche unverzichtbar. Sie benötigen es zum Wachstum und für den Aufbau von Muskeln, Hormonen und Enzymen. Beides, tierisches und pflanzliches Eiweiß, ist wertvoll. Milch und Milchprodukte sind nicht nur hervorragende Eiweißlieferanten, sondern enthalten gleichzeitig Calcium, das für den Aufbau von Knochen und Zähnen unentbehrlich ist. Fleisch liefert nebenbei die Vitamine der B-Gruppe. Auch die pflanzlichen eiweißreichen Lebensmittel, wie Hülsenfrüchte oder Getreideprodukte, sind zusätzlich reich an Vitaminen, Mineralstoffen und Ballaststoffen.

– **Obst, Gemüse, Kartoffeln und Vollkornprodukte reichlich genießen!**
Durch ihren hohen Ballaststoffanteil haben diese Lebensmittel den Vorteil, zu sättigen und kaum Energie zu liefern. Geregelte Verdauung und eine gute Figur sichern das Wohlbefinden. Pflanzliche Kost trägt wegen des hohen Gehalts an Vitaminen, Mineralstoffen und sekundären Pflanzenstoffen dazu bei, die Abwehrkräfte zu stärken und für ein intaktes Immunsystem zu sorgen. Gesundheit und Leistungsfähigkeit hängen davon ab.

– **Der Flüssigkeitsbedarf Jugendlicher ist hoch!**
Mineralwasser, ungesüßte Tees und verdünnte Fruchtsäfte sind ideale Durstlöscher. Vorsicht, Alkohol ist tabu!

– **Sparsam mit Zucker umgehen!**
Süßigkeiten, Kuchen, Torten und Eis sind wesentliche Dickmacher. Auch süße Getränke wie Cola, Limonade, Fruchtsaftgetränke und modische Drinks (z. B. Fitness- oder Wellness-Drinks) sind nur in kleinen Mengen zu tolerieren.

– **Zuviel Fett meiden, auch an das versteckte Fett denken!**
Dieser Nährstoff ist der Energielieferant Nr. 1. Wenn Fett benötigt wird, sollte aus der Vielfalt wertvoller pflanzlicher Öle ausgewählt werden. Sie enthalten essenzielle Fettsäuren, die für den Fettstoffwechsel und die Gesundheit der Blutgefäße nötig sind.

3. Argumente für den Verzehr von Vollkornprodukten

Ob Vollkornbrot oder Weißbrot hängt vom Ausmahlungsgrad des Getreides ab. Weißmehl wird vor allem aus dem Mehlkörper des Getreidekorns hergestellt. Für Vollkornmehl dagegen wird das Getreide mit Keimling, Samenschalen und der Aleuronschicht zu nahezu 100% vermahlen. Lediglich die Fruchtschale wird entfernt.

– Vollkornbrot enthält **alle wertvollen Bestandteile** des naturbelassenen und gering verarbeiteten Getreides. Es ist Bestandteil einer vollwertigen abwechslungsreichen Ernährungsweise.

– Roggen, Weizen, aber auch Gerste und Hafer werden zu Vollkornmehlen vermahlen. Brote daraus sind meist dunkler, **schmecken kerniger und herzhafter** als Weißbrot. Das Angebot an Vollkornbroten ist vielfältig, z. B. Knäckebrot, Grahambrot, Pumpernickel. Vollkornbrote haben den Vorteil, **lange frisch zu bleiben** und nicht so schnell weich zu werden wie Weißbrot, wenn sie süß oder pikant belegt werden.

– Vollkornbrote sind im Vergleich zu Weißbroten besonders **ballaststoffreich**. Durch den Zellulosegehalt **sättigen** sie, sind aber **energiearm**. Damit hat Übergewicht keine Chance!

– Die unverdaulichen Ballaststoffe von Vollkornbroten sorgen für eine **normale Darmfunktion**. Sie **regulieren die Verdauung** auf natürliche Weise, können Darmträgheit vermeiden und so vor Divertikulose und Darmkrebs schützen. Außerdem können Ballaststoffe zum Teil **gefährliche Schadstoffe binden** und **senkend auf den Blutcholesterinspiegel** wirken.
Täglich sollen – laut Empfehlungen der DGE – mit der Nahrung 30 Gramm Gesamtballaststoffe aufgenommen werden. Vollkornprodukte sind hervorragende Lieferanten dafür.

– Stärke wird im Verdauungstrakt langsam aufgespalten. Diese verdauliche Form der Kohlenhydrate sorgt für eine **gleichmäßige Energiezufuhr** und damit für **ausgewogene Leistungsfähigkeit**. Sportler schätzen dies!
Der **Blutzuckerspiegel** bleibt ebenfalls im **Gleichgewicht**. Diabetiker können getrost zugreifen!

– Vollkornmehl besitzt im Vergleich zu Weißmehl etwas Fett. Dieses pflanzliche Fett ist **frei von Cholesterin**, aber reich an essenziellen, mehrfach ungesättigten Fettsäuren. Das **hochwertige Keimöl** bietet einen ganz besonderen Schutz gegen Herz- und Kreislauferkrankungen.

– Im Gegensatz zu Weißbroten steht im Vollkornbrot **biologisch hochwertiges Eiweiß** zur Verfügung. Die Eiweißstoffe des Keimlings und der Aleuronschicht – Albumin und Globulin – sind durch den Gehalt an **essenziellen Aminosäuren** besonders hochwertig. Im Weißbrot dagegen kommt nur das ernährungsphysiologisch weniger wertvolle Klebereiweiß vor. Ein weiterer Pluspunkt: Getreideeiweiß enthält im Vergleich zu Eiweißstoffen tierischer Lebensmittel nur sehr geringe Mengen an Purin.

– Vollkornprodukte enthalten die **Vitamine der B-Gruppe** (Thiamin, Niacin, Riboflavin). Für Jugendliche, die sich vor allem **vegetarisch** ernähren, ist dies von Bedeutung. Sie können ihren Bedarf an Vitamin B durch Vollkornprodukte ausgleichen. Ebenso ist das **Vitamin E** des Keimlings vorhanden, das eine Fülle von Funktionen im Körper übernimmt. Auch die **lebensnotwendigen Mineralstoffe** Eisen, Magnesium, Kupfer, Mangan und Selen kommen im Vollkornbrot vor.

4. Ernährungsphysiologische Bedeutung von Reis

Reis ist in asiatischen Ländern ein Grundnahrungsmittel. Durch die zunehmende Vorliebe für die exotische Küche gewinnt dieses Getreide bei uns immer mehr Liebhaber. Es sind viele Sorten im Handel, die sich je nach Kocheigenschaft, Farbe, Größe oder Aroma des Korns für die Zubereitung pikanter Hauptgerichte, für Süßspeisen oder als Beilage eignen.

Ernährungsphysiologische Bedeutung:

– Reis hat einen **höheren Stärkeanteil** (Reisstärke) als andere Getreidearten. Dieses komplexe Kohlenhydrat wird vom Körper langsam verwertet und stellt gleichmäßig Energie zur Verfügung.

– Reis **sättigt** sehr gut und ist **leicht verdaulich**.

– Reis ist im Vergleich zu anderen Getreidearten arm an Kleber und daher allen Menschen zu empfehlen, die gegen dieses Eiweiß allergisch reagieren.

– Reis ist **fettarm** und hat deshalb einen niedrigen Energiewert.

– Der **Ballaststoffgehalt** kann je nach Verarbeitungsgrad **unterschiedlich** sein. So enthält ungeschälter Reis mehr Ballaststoffe als polierter Reis. Vollkornreis sättigt, aktiviert den Darm und sorgt für gute Verdauung.

– Vollkornreis enthält die **Mineralstoffe Eisen, Calcium, Kalium und Phosphor**. Eisen bildet den roten Blutfarbstoff; Calcium und Phosphor sorgen für den Aufbau von Knochen und Zähnen; Kalium hält die Konzentration der Flüssigkeit in den Zellen aufrecht und reguliert die Gewebespannung. Weil Kalium entwässernd wirkt, kann Reis gut in die Diät- und Krankenkost eingeplant werden.

– Vollkornreis enthält reichlich **Vitamin E und Thiamin** (Vitamin B1). Thiamin wird für den Kohlenhydratabbau in den Zellen benötigt. Bei einem Mangel können Gehirn und Nerven nicht ausreichend mit Energie versorgt werden. Müdigkeit und Konzentrationsschwäche sind Folgen dieses Thiaminmangels.

– Reiserzeugnisse wie Reisstärke, Reisflocken, Reispapier oder -nudeln sind für **Babykost und Diät** geeignet.

5. „Functional Food"

Definition:

„Functional Food" heißt übersetzt: „funktionelle Lebensmittel". Die Ernährungsindustrie bietet immer mehr Lebensmittel und Getränke an, die mit Vitaminen, Mineralstoffen, sekundären Pflanzenstoffen, Ballaststoffen, lebenden Keimen und Bakterien, Jodsalz, Enzymen und/oder Omega-3-Fettsäuren angereichert und aufgewertet werden. Diese aufgepeppten Nahrungsmittel sollen nicht nur sättigen und alle Nährstoffe enthalten, sondern einen zusätzlichen gesundheitlichen Nutzen bringen. Sie sollen Körperfunktionen gezielt beeinflussen, fit und leistungsfähig machen.
Gestresste Manager, überlastete Berufstätige, Jugendliche, die „trendy" sein wollen, und ältere Menschen greifen häufig zu Energy-Drinks, ACE-Säften, probiotischen Joghurts oder zum Fitness-Brot.

Bewertung:

– Die Werbung unterstützt kräftig und aggressiv den Wunsch nach Gesundheit.

– „Gesunde Ernährung" ist ein gutes Verkaufsargument. Lebensmittelhersteller und Pharmakonzerne haben den lukrativen Markt für diese funktionellen Lebensmittel entdeckt und werden zunehmend erfinderisch. Der Markt explodiert.

- Functional Food aber kann eine ausgewogene Ernährung nicht ersetzen, nur ergänzen. Es ist allerdings eine gute Alternative für jene, die sich von Fast Food ernähren oder sehr unregelmäßig essen.
- Grundlage einer gesunden Ernährung ist eine vollwertige Kost. Mit einem ausgewogenen Speiseplan nehmen wir in der Regel alle wichtigen Nährstoffe in ausreichendem Maß und im richtigen Verhältnis zu uns. Funktionelle Lebensmittel liefern immer nur einen Bruchteil aller lebensnotwendigen Nähr- und Wirkstoffe. Um gesund zu bleiben, braucht der Körper aber Tausende von Substanzen, auch jene, die bis jetzt noch gar nicht entschlüsselt sind und so im Functional Food nicht enthalten sein können.
- Wenn man bewusst einkauft, kann man sicher sein, Lebensmittel zu finden, die von Natur aus alle Bio- und „Powerstoffe" enthalten, die in der Werbung angepriesen werden. Schon einen Apfel könnte man als funktionelles Lebensmittel bezeichnen, denn er enthält Vitamine, Mineralstoffe, sekundäre Pflanzenstoffe und Ballaststoffe, die sich vorteilhaft auf die Gesundheit auswirken und nicht künstlich zugesetzt worden sind.
- Es bestehen noch erhebliche Zweifel, ob die hinzugefügten Biostoffe in isolierter Form genauso vom Körper aufgenommen und verwertet werden wie in ihrer ursprünglichen Form.
- Zur Zeit sagt die DGE klar aus, dass durch den Verzehr von Functional Food keine Nebenwirkungen zu befürchten seien. Dafür sorgt das in Deutschland sehr strenge Lebensmittelrecht.
- Food-Designer erstellen Produkte so, dass beim Verbraucher neue optische und sensorische Esserlebnisse hervorgerufen werden.
- Functional Food kommt dem Bedürfnis der Verbraucher sehr entgegen, weil es schnell und bequem ist, gut schmeckt und Gesundheit verspricht.

II. Wohnraum – Rationelles Arbeiten – Umweltschutz – Kauf von Geräten

1. Kriterien, die für den Wohnwert maßgeblich sind

Die Wohnung dient dem Menschen zum Ausruhen und Schlafen, zur Körperpflege, zum Essen, zum Genießen und zur Begegnung, zum Arbeiten und Tätigsein. Sie ist der Raum zum Leben und muss den Lebensbedürfnissen der Bewohner angepasst sein.

Größe der Wohnung	**Die Familiensituation gibt den Ausschlag:** – die Anzahl der Personen, – das Alter der Familienmitglieder (Kleinkind, Schulkind, jugendlicher Berufstätiger, Rentner), – evtl. eine zu betreuende oder eine pflegebedürftige Person, – Hobbies und Lebensweise, – Haltung eines Haustieres.
Kosten der Wohnung	**Entscheidung der Frage: Mietwohnung, Eigentumswohnung oder Eigenheim?** – Klärung der finanziellen Möglichkeiten mit der Bank, – Kosten sollen im Verhältnis zum Einkommen stehen, – Ausgaben für Miete und Nebenkosten sollen überschaubar sein – reicht das Haushaltseinkommen nicht, kann evtl. Mietzuschuss beantragt werden.

Lage der Wohnung/ Infrastruktur	**Optimale Voraussetzungen für den Wohnwert sind z. B.** – eine zentrale Lage, Fußgängerzone, – verkehrsberuhigte Randlage, aber mit guter Verkehrsanbindung zu Schule und/oder Arbeitsplatz, ebenso zu öffentlichen Ämtern, – Nähe zu Kindergarten, Spielplatz, Freizeitgelände, – geeignete Einkaufsmöglichkeiten, die zu Fuß oder mit öffentlichen Verkehrsmitteln zu erreichen sind , – Angebot kultureller, religiöser sowie – sozialer und medizinischer Einrichtungen am Ort, – die Möglichkeit, Terrasse oder Garten zu nutzen.
Lage der Räume zueinander	**Grundriss:** – Gliederung der Wohnung in den Schlafteil (Schlafzimmer, Bad, WC) und in den Wohnteil (Wohnen, Essen, Küche), – in Sonnen- und Schattenseite (Süden, Westen – Norden, Osten). Die Lage beeinflusst die Helligkeit der Räume. – Möglichkeit eines Abstellraums oder einer Stellfläche.
Ausstattung, Einrichtung der Wohnung	**Auf solide Ausstattung ist zu achten:** – Aussage des Energiepasses (Wärmedämmung), – Hellhörigkeit, – Art der Heizung, – pflegeleichte, strapazierbare Böden, – ausreichend technische Einrichtungen und Anschlüsse, – Kindersicherungen an Fenstern, Türen und Steckdosen, – Sprechanlage, – Markisen, Rolläden als Sicht- und Wetterschutz. **Erst durch die Einrichtung werden Räume bewohnbar:** – Für alle Einrichtungsgegenstände sind gute Form, Schönheit, zeitloser Stil und Gebrauchstüchtigkeit gefordert. – Die Farben der Tapeten, Wände, Vorhänge, Teppiche, Polster und Möbel sind aufeinander abzustimmen. – Der Luxus einer Wohnung ist der freie Raum – ein mit Möbeln überladener Raum wirkt eng und unbehaglich. Für kleine Räume helle Möbel in ruhiger Maserung, verglaste Schranktüren und offene Regale wählen. – Pflegeleichte, schadstofffreie Naturmaterialien (z. B. Holz, Kork, Keramik, Wolle) tragen zum Wohlbefinden bei.

2. Gegebenheiten, die bei Planung / Einrichtung einer Küche geprüft werden müssen

Wer am Arbeitsplatz Küche rationell arbeiten will, sollte bei der Planung und Einrichtung Folgendes prüfen:

Bei der Planung:

Es ist zu klären, welche Möglichkeiten der Raum/die Ausstattung des Raumes bietet:

– Wie groß ist der zur Verfügung stehende Raum, welchen Grundriss hat er?
– Anzahl und Anordnung der elektrischen Anschlüsse?
– Ist ein Anschluss für Starkstrom vorgesehen?
– Wo sind Wasser- und Abwasseranschlüsse?
– Besteht eine zentrale Warmwasserversorgung?
– Kann eine Lüftung bzw. ein Dunstabzug sinnvoll angebracht werden?
– Wie viele Fenster sind im Raum vorhanden, in welcher Höhe liegt das Fensterbrett?
– In welche Richtung öffnet sich die Türe?

Bei der Einrichtung:

Eine Küche soll funktionsgerecht sein, um ein Höchstmaß an Arbeitserleichterung und Arbeitsersparnis zu bieten:
- Können Herd, Arbeitsflächen, Kühlschrank und Spüle einander sinnvoll zugeordnet werden, um für reibungslose Arbeitsabläufe zu sorgen?
- Sind die Arbeitsflächen zum Vor- und Zubereiten ausreichend?
- Besteht die Möglichkeit für die Gestaltung einer Sitz- und Essecke?
- Ist der Arbeitsplatz zusätzlich gut ausgeleuchtet?
- Kann genügend Stauraum zum Aufbewahren von Geschirr, Arbeitsgerät und Nahrungsmitteln eingebaut werden?

3. Grundsätze rationellen Arbeitens im Haushalt mit praktischen Beispielen

Rationelles Arbeiten bedeutet, überlegt und durchdacht zu arbeiten und zu handeln, denn durch vernünftige Arbeitsweise werden bei geringstem Aufwand beste Arbeitserfolge erzielt. Wer unnötigen Aufwand bei der Arbeit im Haushalt vermeiden will, muss vier wichtige Grundsätze beachten:

Wege sparen!

Das ist der wichtigste Grundsatz, denn die größten Leistungsverluste entstehen durch unnötige und zu lange Wege.
- Bei der **Wohnungsplanung** ist deshalb auf kurze Wege von der Küche zum Essplatz, zum Eingang, zum Telefon und zum Aufenthaltsplatz der Kinder zu achten.
- Bei der **Arbeitsraumgestaltung** müssen Herd, Arbeitsfläche und Spüle so angeordnet werden, dass die Hausarbeit reibungslos verrichtet werden kann. Der Arbeitsgang verläuft für Rechtshänder z. B. von rechts nach links.
- Bei der **Arbeitsplatzgestaltung** muss die sinnvolle Anordnung der Arbeitsmittel bedacht werden. Alle häufig genutzten Arbeitsmittel sollen leicht zu erreichen sein. Arbeitswege sind nicht nur die Fußwege, sondern auch die Bewegungen der Arme und Hände.

Zeit sparen!

- Es lohnt sich, Arbeitspläne für einen Arbeitsgang, für einen Tag oder für eine Woche zu erstellen. Planen und Vorausdenken verkürzt die Arbeitszeit. Wer planlos arbeitet, verzettelt sich, d. h., er vertut seine Zeit nutzlos.
- Maschinen und Geräte arbeiten weitgehend vollautomatisch. Die Wartezeiten sollten sinnvoll genutzt werden. Während die Kaffeemaschine in Betrieb ist, kann der Tisch gedeckt werden.
- Gute Organisation bringt Ordnung in die Zeiteinteilung und verhilft zu erholsamen Pausen.

Kraft sparen!

- Ein ergonomisch gestalteter Arbeitsplatz schützt vor rascher Ermüdung.
- Sinnvoller Einsatz gut funktionierender technischer Geräte und Maschinen, z. B. von Waschmaschine, Staubsauger, Küchenmaschinen und Gartengeräten, ersparen unnötigen Kraftaufwand.
- Wechsel zwischen sitzender und stehender Tätigkeit verhindert Leistungsabfall.
- Körperschonendes Bücken, Heben und Tragen von Lasten entlastet die Gelenke.

Energie und Geld sparen!

- Der Einsatz des Dampfdrucktopfs, das Nützen von Nachwärme, die sachgerechte Wartung der Kühl- und Gefriergeräte sparen Strom.
- Stand-by-Schaltung verbraucht rund um die Uhr teure Energie.
- Beleuchtete und nicht benutzte, ebenso überhitzte Räume verursachen hohe Strom-, Gas- oder Heizölrechnungen.

4. Umweltbewusstes Verhalten im privaten Haushalt

Die privaten Haushalte können eine gefährliche Belastung für die Umwelt werden. Betroffen sind der Boden, die Luft und das Wasser. Ursachen dafür sind z. B. gleichgültiges Verhalten, Unwissenheit, falsch verstandene Sauberkeit, schlecht organisierter Einkauf.

Einkauf	**Müll vermeiden und Rohstoffe sparen – deshalb** – Lebensmittel in Mehrwegverpackungen wählen, – recyclebares Verpackungsmaterial bevorzugen, – zum Einkauf Stofftaschen oder Korb benutzen, – Obst, Gemüse, Kartoffeln lose kaufen. **Benzinverbrauch reduzieren – deshalb** – nahegelegene Einkaufsmöglichkeiten wahrnehmen, – gelegentlich Großeinkauf einplanen, – bei kurzen Entfernungen kleine Einkäufe zu Fuß oder mit dem Rad erledigen.
Nahrungs-zubereitung	**Die Energiearten (Strom und Gas) sinnvoll nutzen – folglich** – kurze Garmethoden wählen, – Garzeiten beachten und einhalten, – Temperatur der Kochstelle rechtzeitig regeln, – Nachwärme nutzen (bei Strom). – Beim Backen mit Heißluft kann das Vorheizen entfallen und die Backtemperatur um 20-30°C reduziert werden.
Vorrats-haltung	**Strom sparen – deshalb** – Kühlschrank- und Gefrierschrankgröße nach Bedarf planen, – Energiespargeräte kaufen, – Einbaugeräte gut isolieren, Einzelgeräte in kühlen Räumen aufstellen, – häufiges und langes Öffnen der Kühl- und Gefriergeräte vermeiden, – die Geräte rechtzeitig abtauen.
Reinigung	**Trinkwasser nicht belasten – deswegen** – konzentrierte Lösungsmittel sparsam anwenden, – umweltfreundliche Lösungsmittel kaufen, – beim Dosieren von Wasch- und Geschirrspülmitteln die Wasserhärte berücksichtigen, – statt Chemie Schmierseife, Scheuerpulver und Bürste verwenden, – auf Weichspüler verzichten. **Trinkwasser nicht verschwenden – deshalb** – Spül- und Waschmaschine nur voll beladen in Betrieb nehmen, – Wasserhähne stets gut zudrehen.
Renovierung und Planung des Wohnraums	**Luft, Wasser und Boden schützen – daher** – auf eine ausreichende Wärmedämmung achten, – Solarenergie oder Bodenwärme nutzen, – Energiesparlampen und Wasserspartasten einbauen, – biologisch abbaubare Farben und Anstriche für Böden, Wände und Möbel wählen, – bei der Einrichtung auf natürliche Materialien achten, – tropfende Wasserhähne rechtzeitig reparieren oder ersetzen, – überschüssiges Wasser zum Gießen verwenden, – Abfälle getrennt entsorgen.

5. Die Anschaffung einer Geschirrspülmaschine – der Weg vom Kaufwunsch bis zum Kaufentscheid

Der Kauf einer kostspieligen Geschirrspülmaschine ist gut zu überlegen. Sie wird sehr beansprucht, soll aber Jahre lang ihren Dienst tun. Der Weg vom Kaufwunsch bis zur Entscheidung läuft in folgenden Schritten ab:

Kaufwunsch

Notwendige Überlegungen:
- Besteht Bedarf für dieses Gerät, kann es häufig eingesetzt werden?
- Bringt es Arbeitserleichterung und Zeitersparnis?
- Kann es sinnvoll in die Küchenzeile integriert werden?
- Ist die Installation möglich?

Information

Daten sammeln:
- Informationen im Fachhandel, bei der Verbraucherberatung und bei der Stiftung Warentest erfragen und nachlesen!
- Gespräche mit Bekannten führen, z. B. über Bedienkomfort und Lebensdauer!
- Angebote aus Prospekten und Katalogen vergleichen und auswerten!
- Im Internet suchen!
- Sich nach technischen Daten erkundigen, vor allem nach Leistung und Verbrauchswerten von Wasser, Strom und Reinigungsmitteln!
- Bezüglich Garantie, Gewährleistung und Hersteller nachfragen!

Kalkulation

Berechnung aufstellen:
- Wie viel kostet die Geschirrspülmaschine – wie viel Geld steht zur Verfügung?
- Wie hoch sind die Folgekosten (Wartung, Reparatur)?
- Welche Anschlusskosten werden verrechnet?
- Muss das Gerät bar bezahlt oder kann Raten- oder Kreditkauf in Anspruch genommen werden?

Entscheidung

Ergebnisse zwischen Angebot und Kaufwunsch auswerten und gegenüberstellen:
- Kosten-/Nutzen-Analyse aufstellen,
- Lieferbedingungen und Garantieleistungen festlegen,
- Entscheiden und Kaufvertrag abschließen!

I. Genussmittel und Essstörungen – genießen ohne Reue

Verbindliche Fragen

1. Der Alkoholgenuss Jugendlicher steigt in erschreckendem Maße an. Zeigen Sie je fünf körperliche und soziale Folgeschäden von Alkoholmissbrauch auf.

2. Erwachsen werden bedeutet Verantwortung übernehmen. Geben Sie sechs Tipps zum verantwortungsvollen Umgang mit Alkohol.

3. Kaffee erfreut sich auch bei Jugendlichen großer Beliebtheit. Beschreiben Sie die Wirkungsweise von Kaffee und mögliche Folgen, die sich aus dem übermäßigen Konsum ergeben.

Wahlfragen: Bearbeiten Sie eine der folgenden Aufgaben.

4. Ernährungsbedingte Krankheiten strapazieren unser Gesundheitssystem. Nennen Sie acht Gründe für Ernährungsfehler bei Jugendlichen und erläutern Sie diese.

5. In Deutschland leiden ca. 30 Prozent der Mädchen und 15 Prozent der Jungen unter einer Essstörung. Stellen Sie die Essstörungen Magersucht und Ess-Brechsucht mit jeweils vier wesentlichen Merkmalen vor.

II. Stilvoll getafelt und glanzvoll gedeckt

Verbindliche Fragen

1. Gepflegte Tischkultur trägt zum Gelingen eines Festes bei. Zeigen Sie auf, welche Regeln beim Gestalten eines festlichen Tisches zu beachten sind.

2. Gläser verschönern den Tisch. Vergleichen Sie zwei unterschiedliche Glasarten hinsichtlich ihrer Eigenschaften.

3. Formulieren Sie sechs Regeln zur Reinigung und Pflege der verschiedenen Glasarten.

Wahlfragen: Bearbeiten Sie eine der folgenden Aufgaben.

4. Es soll ein neues Kaffeegeschirr gekauft werden. Stellen Sie die Kaufkriterien auf.

5. Gäste kochen selbst, so lautet die moderne Devise bei Einladungen. Beschreiben Sie ein Raclette- und Fondue-Tischgerät und stellen Sie die Vorteile dieser Bewirtungsform dar.

Lösungsvorschlag

I. Genussmittel und Essstörungen – genießen ohne Reue

1. Folgen übermäßigen Alkoholgenusses bei Jugendlichen

„Generation Suff" so lautet die Anschuldigung an die heutige Jugend. Viele Jugendliche sehen Trinkfestigkeit als Stärke an. Ihrer Meinung nach gehört der exzessive Verzehr von Alkoholika zum richtigen Feiern dazu. Diese Einstellung zum Alkohol hat aber extreme Folgen für die jungen Heranwachsenden. Zunächst wird die körperliche und geistige Entwicklung schleichend gestört. Ein permanenter Alkoholmissbrauch bleibt aber auch nicht ohne soziale Folgen.

Körperliche Folgeschäden, z. B.:

– Alkohol wird über den Blutkreislauf zur Leber transportiert. Bei enormem Alkoholkonsum über Jahre wird Alkohol, der in der Leber zu Fett umgebaut wird, eingelagert. Eine Leberverfettung oder sogar eine Leberzersetzung können die Folge sein.
– Bei regelmäßigem Alkoholkonsum wird die Herztätigkeit geschwächt. Es kann zu einem Herzmuskelversagen kommen.
– Alkohol im Übermaß schädigt die Nerven. Zittern der Hände und Entzündungen aller Art sind Alkoholentzugserscheinungen.
– Durch harte Alkoholika wird die Magenschleimhaut gereizt. Sind diese Reizungen anhaltend, so können sie Sodbrennen hervorrufen oder Magengeschwüre entwickeln.
– Bei Alkoholikern wurde festgestellt, dass sie weniger Gehirnmasse besitzen. Grund dafür ist die Zerstörung von Gehirnzellen bei jedem Vollrausch.

Soziale Folgeschäden, z. B.:

– Durch Unregelmäßigkeiten (Unpünktlichkeit, unentschuldigtes Fehlen am Ausbildungsplatz) verlieren manche Jugendliche ihre Arbeitsstelle.
– Alkohol ist nicht billig. Bei übermäßigem Konsum wird sehr viel Geld für alkoholische Getränke ausgegeben. Dies kann zu finanziellen Problemen führen.
– Alkoholkranke Jugendliche neigen leichter zu Streitereien und sind im „Suff" anfälliger für Aggressionen. Das Ansehen in der Gesellschaft sinkt dadurch.
– Beim Abstieg in den Alkoholmissbrauch lösen sich Freundschaften auf; Gleichaltrige distanzieren sich und soziale Kontakte werden immer weniger.
– Polizeiliche Anzeigen wegen Trunkenheit am Steuer (Mofa, Roller) und Straftaten sind gerade bei übermäßigem Alkoholmissbrauch nicht selten.

2. Verantwortungsvoller Umgang mit Alkohol

Das Angebot an alkoholischen Getränken ist sehr vielfältig und verlockend. In Diskotheken sind alkoholfreie Getränke teurer als alkoholische. Gerade Mischgetränke wie z. B. Alkopops sind relativ milde im Geschmack, aber mit hochprozentigem Alkohol angereichert. Wer nicht ganz auf Alkohol verzichten, jedoch verantwortungsvoll damit umgehen will, sollte folgende Tipps beachten:

– Nach starkem Schwitzen, z. B. nach dem Sport oder im Hochsommer, ist es sinnvoll, zuerst ein alkoholfreies Getränk (z. B. Apfelschorle) zu wählen.
– Bei einem festlichen Essen mit deftigem Rotwein wird empfohlen, zwischendurch Wasser oder andere alkoholfreie Getränke zu trinken.
– Alkopops oder Mischgetränke (Cocktails) mit einem hohen Alkoholgehalt am besten meiden oder stark einschränken.
– Speisen ohne Alkohol zubereiten. Gerade wenn Kinder mitessen, auf das Abschmecken mit Wein in der Pastasoße oder Likör in der Schokocreme verzichten.

- Nicht aus Langeweile, Frust oder Einsamkeit ein Glas Wein oder ein Bier trinken. Dies führt zur Gewöhnung und eventuell in die Abhängigkeit.
- Als Verkehrsteilnehmer sollte man auf Alkohol ganz verzichten. Vorsicht, Alkohol wirkt bei Medikamenteneinnahme oft schon nach geringer Menge!

3. Kaffeegenuss – Wirkung und Folgen

Die vielen Zubereitungsvariationen von Kaffee machen das Getränk immer beliebter. Doch ein übermäßiger Genuss kann ungünstige Auswirkungen auf den Körper haben.

Wirkung von Kaffeegetränken:
- Kaffee wirkt zunächst auf das zentrale Nervensystem anregend. Die positive Nebenwirkung davon ist, dass man weniger Müdigkeit verspürt.
- Die Leistungsbereitschaft ist gesteigert und man fühlt sich fit.
- Die Herztätigkeit nimmt zu, damit erhöht sich der Blutdruck. Es kann zu kurzfristigen Leistungssteigerungen kommen.
- Kaffee regt die Verdauungstätigkeit an.

Mögliche Folgen eines übermäßigen Konsums:
- Durch zu hohen Kaffeekonsum wird die Schweißproduktion bei manchen Menschen erheblich gesteigert.
- Zu viel Kaffee löst Zittern und innere Unruhe aus. Viele Menschen sind nach hohem Kaffeeverzehr leichter erregbar.
- Durch das Koffein könnten bei extremem Kaffeekonsum Schlafstörungen auftreten.
- Zuviel Kaffee kann im Körper abführend wirken.

4. Mögliche Ursachen für Ernährungsfehler bei Jugendlichen

Die jährlichen Ausgaben der Krankenkassen sind enorm. Immer mehr jüngere Menschen, Kinder und Jugendliche leiden an Erkrankungen, die früher eher die ältere Bevölkerung kannte, z. B. Diabetes Typ II. Ursache dafür ist häufig eine falsche Ernährungsweise. Dies kann folgende Gründe haben:

- **Falsche Schönheitsideale**
  In den Medien findet man fast nur schöne und schlanke Menschen. Diese wirken glücklich und erfolgreich. Junge Menschen orientieren sich an solchen Idealen und fasten, um ebenso zu sein wie ihre Vorbilder im Fernsehen.
- **Eltern als falsche Vorbilder**
  Untersuchungen haben gezeigt, dass Kinder und Jugendliche das Essverhalten von ihren Eltern annehmen. Essen die Eltern sehr ungesund, so tun dies die Kinder später auch.
- **Esszwang**
  Von Geburt an hat der Mensch Abneigungen und Vorlieben. Muss ein Kind immer den Teller leer essen, so wird das natürliche Hunger-/Sättigungsgefühl gestört.
- **Selbstversorger**
  Jugendliche werden immer mehr zu Selbstversorgern. Sie erhalten Geld von ihren oft berufstätigen Eltern, um sich selbst zu verpflegen. Meist fällt die Wahl auf das Lieblingsessen, z. B. aus einem Fast-Food-Restaurant.
- **Falsche Lebensmittelauswahl**
  Zuckerhaltige Speisen und Getränke finden aufgrund ihres süßen Geschmackes viele Abnehmer. Auch sehr fettige Speisen zählen oft zu den Leibspeisen von Jugendlichen, wie z. B. Burger, Pommes, Cola und Milchshakes.

- **Vereinsamung**
  Ein Mangel an Zuwendung und Freunden kann zu einem „Frustessen" führen. Meist entwickelt sich daraus ein gestörtes Essverhalten.
- **Manipulation durch die Werbung**
  Richtiges Essverhalten durch die Werbung zu lernen ist nicht möglich, auch wenn vielfach etwas anderes versprochen wird. Hier werden eigentliche Süßigkeiten als „vitaminreich" oder „mit hohem Milchanteil" angepriesen.
- **Stress**
  Druck und Stressbelastung kennen viele Menschen schon in jungen Jahren. Leistungsdruck in der Schule, in der Familie, aber auch sozialer Druck in der Clique können falsche Essgewohnheiten begünstigen.

5. **Essstörungen bei Jugendlichen**

Seit Ausbruch des Wohlstandes in den 50er-Jahren gilt es als schick, schlank und sportlich zu sein. Dieses Schönheitsideal verspricht automatisch Selbstsicherheit, Erfolg und Lebensfreude. Dass dem nicht so ist, müssen viele Jugendliche in einer oft langwierigen Krankheitsgeschichte selbst erfahren.

Merkmale der Magersucht	Merkmale der Ess-Brechsucht
Figur: Die Personen nehmen sich nicht mehr realistisch wahr. Sehr untergewichtige Mädchen empfinden sich oft als dick und hässlich (Körperschemastörung).	**Figur:** Bulimiker haben meist eine sportliche, gute Figur. Es kann allerdings zu Gewichtsschwankungen innerhalb einiger Wochen von bis zu 5 kg kommen.
Einstellung zur Perfektion: Magersüchtige sind häufig Perfektionisten. Ehrgeiz und Fleiß sind oft extrem hoch. Meist gehören sie zu den Klassenbesten.	**Essverhalten:** Bulimische Jugendliche fasten und erzeugen Heißhungerattacken. Bei anschließenden Fressorgien wird dann oft soviel gegessen, wie man regulär in vier bis fünf Tagen essen sollte.
Isolation: Da Magersüchtige nicht viel essen wollen, meiden sie soziale Kontakte, die mit Essen verbunden sind. Viele fallen in Depressionen und vereinsamen immer mehr.	**Erbrechen:** Bulimie bedeutet, dass auf die Heißhungerattacke eine kompensatorische Maßnahme erfolgt. Das kann das herbeigeführte Erbrechen oder auch die Einnahme von Abführmittel sein.
Lebensgefahr: Viele Magersüchte finden das Ende ihrer Krankheit erst im Tod.	**Finanzielle Probleme:** Die Lebensmittelflut, die oft täglich verzehrt wird, ist nicht billig. Manche Bulimiker haben stets Geldnöte.

II. Stilvoll getafelt und glanzvoll gedeckt

1. Regeln für die Gestaltung eines festlichen Tisches

An eine Festgestaltung werden hohe Anforderungen gestellt. Die festliche Tafel ist ein wichtiger Bestandteil davon. Eigentlich konservative Regeln zählen auch heute noch zu den Grundlagen eines modernen festlichen Tisches.

Vorüberlegungen:
– Den Anlass berücksichtigen (z. B. Taufe, Hochzeit).
– Die Farben von Tischtuch und Servietten, Kerzen und Dekoration sollten aufeinander abgestimmt sein.
– Tischstellung beachten (L-Form, U-Form, etc.).

Eindecken des Tisches:
– Zuerst die Tischdecke auflegen, dabei die Bügelfalten berücksichtigen (Bug in der Mitte und die Wölbung nach oben). Darauf achten, dass die Tischdecke sauber und gebügelt ist.
– Die Platzteller so einstellen, dass sie eine Fingerbreite von der Tischkante entfernt sind.
– Messer rechts mit der Schneide nach innen und die Gabel links vom Teller auflegen.
– Über dem Messer steht das Trinkglas.
– Die Gläser, das Essbesteck und das Essgeschirr evtl. vorher noch aufpolieren.

Wichtig ist beim Aufdecken:
– Alle Gedecke müssen exakt gegenüber liegen.
– Die Stühle müssen ordentlich gegenüber platziert sein.
– Die Personen sollten genügend Platz zum Essen haben.

Tischschmuck und Tischdekoration:
– Die Blumen sollten nicht zu hoch hinausragen, damit sich die gegenüber sitzenden Personen noch sehen. Sie dürfen nicht zu stark riechen.
– Die Tische nicht mit Dekoration überschütten. Oft ist weniger mehr.
– Überlegungen bei Platzkarten für die Sitzordnung treffen. Die Menü- und Platzkarten auf die Farbgestaltung abstimmen.

2. Unterschiedliche Glasarten im Vergleich

Vor allem im Bayerischen Wald kann man die Handwerkskunst der Glasbläserei bewundern. Die verschiedenen Glasarten unterscheiden sich nicht nur im Preis und ihrer Herstellung, sondern auch in ihren spezifischen Eigenschaften.

Eigenschaften von Bleikristallglas (Kalibleiglas):	Eigenschaften von einfachem Gebrauchsglas (Natronkalkglas):
– Hier handelt es sich um die hochwertigste Glasart. – Dieses Glas ist sehr teuer, weil es von Hand geschliffen oder mundgeblasen wurde. – Sein Glanz ist außergewöhnlich und das Glas hat ein hohes Lichtbrechungsvermögen. – Bleikristallglas ist schwer und hat einen schönen Klang.	– Es wird durch Pressung hergestellt und ist dickwandig und somit stabil. – Einfache Glasware gibt es viele. Bei Weingläsern spürt man die Pressrille der Länge nach am Weinglas. – Es ist oft etwas stumpf und klingt kaum. – Da manche Glaswaren Blasen oder Streifen haben, ist diese Glasart nicht zu teuer.

Weitere Lösungsmöglichkeit: z. B. Kalikalkglas (Kristallglas).

3. Regeln zur Reinigung und Pflege von Glas

Auch wenn es auf den ersten Blick sehr zerbrechlich erscheint: Glas ist widerstandsfähiger als man glaubt. Designertische, viele Wohngegenstände und Geschirrteile werden aus Glas hergestellt. Aber nur bei der sachgemäßen Reinigung und Pflege kommt die Schönheit und der Glanz von Glaswaren auch zur Geltung. Diese Regeln sollten dabei beachtet werden:

- Glaswaren immer mit Spülmittel und Schwamm reinigen. Raue Schwämme und Stahlwolle meiden. Die Reinigung möglichst reizarm gestalten.
- Gläser immer heiß reinigen und mit warmen Wasser nachspülen (Spülmittelreste entfernen).
- Stark Angebranntes oder Angesetztes mit Spülmittelwasser einweichen und einige Zeit stehen lassen.
- Auf Glas nicht kratzen. Nicht zu fest schaben. Bei starken Verschmutzungen ein Spezialpfegemittel für Gläser verwenden.
- Gläser mit fusselfreiem Tuch nachpolieren (Leinen).
- Glaswaren immer einzeln spülen, um Bruch zu vermeiden. Werden Gläser in der Spülmaschine gespült, so einstellen, dass sie fest stehen und nicht aneinander fallen können.

4. Kaufkriterien für ein neues Kaffeegeschirr

Der Kauf eines neues Geschirrs ist gut zu überdenken, denn ein hochwertiges Geschirr ist teuer. Man möchte es lange Zeit verwenden und Freude daran haben. Mögliche Kriterien bei einem Kauf könnten sein:

Technische Kriterien:
- Das Geschirr sollte möglichst spülmaschinenfest sein.
- Das Geschirr sollte stapelbar sein.

Ökonomische Kriterien:
- Hat das Geschirr eine Nachkaufgarantie und wie lange gilt diese?
- Gibt es Möglichkeiten, das Geschirr zu erweitern (Dekor und Unifarben)?
- Welche Qualität hat das Geschirr (Porzellan, Steinzeug, ...)?
- Wie viel kostet das komplette Geschirr?
- Welche Liefervoraussetzungen liegen vor?

Ökologische Kriterien:
- Kann das Geschirr recycelt werden?
- Wurden beim Herstellungsprozess giftige Stoffe (Glasuren) verarbeitet?

Soziale /Ästhetische Kriterien:
- Ist das Dekor zeitlos oder eine Modeerscheinung?
- Wie ist die Form des Geschirrs, liegen die Tassen gut in der Hand?
- Sind die Kaffeetassen zu klein/zu groß?

5. Formen der Bewirtung: Raclette- und Fondue-Tischgeräte

Raclette, Fondue und der heiße Stein sind moderne Bewirtungsformen. Aber warum ist diese Art der Gästebewirtung so beliebt?

Bewirtungsformen:

Raclette-Tischgerät	Fondue-Tischgerät
Beschreibung:	Beschreibung:
– Elektrisches Tischgerät mit mehreren beschichteten Pfannen. – Die Pfännchen können befüllt und überbacken werden. Auf der Racletteplatte können kleine Fleischstücke zubereitet/gegrillt werden. – Es kann ganz ohne Fett gegart werden.	– Topf, der mit Brennpaste oder mit einer elektrischen Heizquelle betrieben wird. – Fondue kann süß oder pikant gereicht werden. – Es kann auch ohne Fett, z. B. Brühefondue, zubereitet werden. – Die Fleischstücke werden aufgespießt und für wenige Minuten in das heiße Fett bzw. in die heiße Brühe gelegt. – Geschmolzener Käse oder Schokolade wird mit Brot oder Früchten aufgetunkt.

Vorteile:

– Bei der Auswahl der Speisenkomponenten sind keine Grenzen gesetzt.
– Das Festessen kann von jedem Gast selbst gestaltet werden.
– Allergien und Abneigungen können berücksichtigt werden.
– Der Gastgeber hat zwar die Vorbereitungsarbeiten, dann aber viel Zeit für seine Gäste.
– Das Kennenlernen wird gefördert, z. B. durch das Reichen von Soßen.
– Das gemeinsame Kochen macht Spaß und fördert das Zusammengehörigkeitsgefühl. Freunde und Familie haben viel Zeit miteinander, um zu essen und zu feiern.

I. Fett – energiereich, aber trotzdem umstritten!

Verbindliche Fragen

1. Fett erfüllt wichtige Funktionen in unserem Körper. Erklären Sie die Aufgaben von Nahrungsfett und Körperfett.

2. Das Angebot an Fetten und fettreichen Lebensmitteln ist groß. Nehmen Sie eine Einteilung der Fette nach Herkunft und Wassergehalt vor und bewerten Sie diese.

3. Zu hoher Fettkonsum kann zu Erkrankungen führen. Definieren Sie den Begriff „erhöhter Cholesterinspiegel" und stellen Sie sechs Maßnahmen dar, die dieser Erkrankung entgegenwirken können.

Wahlfragen: Bearbeiten Sie nachfolgend Aufgabe 4 oder 5.

4. Pommes frites, Chips und andere frittierte Gerichte mit hohem Energiewert erfreuen sich nach wie vor großer Beliebtheit. Beschreiben und bewerten Sie zwei alternative Gararten im Hinblick auf eine vollwertige Ernährung.

5. Überhitzte Fette können Schadstoffe enthalten. Nennen Sie drei Beispiele für solche Schadstoffe und erläutern Sie diese.

II. Materialien für das Schülercafé – funktionell und sicher

Verbindliche Fragen

1. Vollholz, Kunststoff oder Granit stehen für Arbeitsflächen im Schülercafé zur Diskussion. Bewerten Sie diese Materialien hinsichtlich ihrer Funktionalität.

2. Für das Schülercafé wurden kunststoffbeschichtete Alupfannen angeschafft. Zeigen Sie auf, welche Informationen die Schülerinnen und Schüler über Eigenschaften und Verwendung erhalten sollen.

3. In deutschen Privathaushalten ereignen sich pro Jahr 1 Million Unfälle, von denen 5000 tödlich enden. Erstellen Sie ein Plakat für das Café mit acht allgemein gültigen Regeln für die unfallsichere Bedienung von Elektrogeräten.

Wahlfragen: Bearbeiten Sie nachfolgend Aufgabe 4 oder 5.

4. Geschirr aus Glas liegt voll im Trend. Nennen Sie je vier Vor- und Nachteile dieses Materials.

5. Die Entscheidung bei der Geschirrauswahl fällt auf Porzellan. Beschreiben Sie den Herstellungsprozess von Porzellan.

I. Fett – energiereich, aber trotzdem umstritten!

1. Aufgaben von Nahrungsfett und Körperfett

Fette sind neben Kohlenhydraten und Eiweiß Hauptbausteine in unserer Nahrung. Sie enthalten viele lebensnotwendige Bestandteile. Trotz ihres schlechten Rufes wäre eine komplett fettfreie Ernährung schädlich für den Organismus.

Das Nahrungsfett erfüllt folgende wichtige Aufgaben:

- Fett liefert Energie, und davon eine ganze Menge – 1 g Fett enthält 38,9 KJ (oder 9,3 kcal).
- Durch die Energiequelle Fett wird Körperwärme produziert. Außerdem verbraucht der Körper viel Energie für Muskelkraft (z. B. Sport).
- Die Sättigung mit fettreichen Speisen hält intensiver an. Fettes verweilt länger im Magen.
- Fett ist Träger von essenziellen d. h. lebenswichtigen Fettsäuren, z. B. der Ölsäure. Diese Säuren binden freie Radikale. Sie schützen somit vor Krebs.
- Fettlösliche Vitamine E, D, A und K können nur mit Hilfe von Nahrungsfett vom Körper verwertet werden.
- Fett ist ein Geschmacksträger. Fettreiche Soßen schmecken meist vollmundiger und cremiger.

Ein ausgewogener Körperfettanteil ist gesund und sorgt für folgende Funktionen:

- Organe wie Augen und Nieren sind in einem Fettpolster eingebettet. So werden diese empfindlichen Organe vor **Druck und Stoß geschützt**.
- Körperfett ist **Träger von wichtigen Begleitstoffen**, wie z. B. Cholesterin. Es wird vom Körper gebraucht, um Hormone und Gallsäuren abzubauen.
- Fett ist jedoch auch ein sehr guter **Vorratsstoff**. Für „Notzeiten" wird überschüssiges Fett einfach umgewandelt (Depotfett) und gespeichert. Wird der ausgeglichene Körperfettanteil überlastet, bilden sich lästige Fettröllchen und Übergewicht.

2. Einteilung der Fette nach Herkunft und Wassergehalt – Bewertung

Die Auswahl an Streich-, Koch- und Bratfetten ist verlockend und verwirrend zugleich. Fett ist nicht gleich Fett. Um einen besseren Überblick zu bekommen, müssen wir die Fette einteilen.

Herkunft	Tierische Fette z. B. **Butter** oder **Speck**	Pflanzliche Fette z. B. **Margarine** oder **Olivenöl**
Bewertung	– Sie haben einen hohen Anteil an **gesättigten Fettsäuren**. – Tierische Fette enthalten oft viel **Cholesterin**. Dies kann zu erhöhten Blutfettwerten führen. – Eine einseitige Ernährung mit gesättigten Fetten führt oft zu weiteren **Risiken, z. B. Herzinfarkt**.	– Pflanzliche Fette enthalten viele **ungesättigte Fettsäuren** (außer Kokosfett). – Aus essenziellen Fettsäuren werden **Hormone gebildet**, die sich z. B. auf die Durchblutung des Herzens auswirken. – Diese hochwertigen Fettsäuren **senken** den gefährlichen LDL-**Cholesterinwert**.

Wassergehalt	Wasserhaltige Fette z. B. **Butter** oder **Margarine**	Wasserfreie Fette z. B. **Öle** oder **Schmalz**
Bewertung	– Diese Fette sind **nicht zum Bra-ten** bei höheren Temperaturen geeignet, da sie spritzen. – Wasserhaltige Fette eignen sich hervorragend als **Brotaufstrich**.	– **Raffinierte Pflanzenöle** eignen sich am besten zum **Braten und Frittieren** (bis 200 °C). Sie spritzen nicht. – **Native Öle** sollten nicht hoch erhitzt werden, da sich **krebs-erregende Stoffe** bilden können.

3. **Definition des Begriffs „erhöhter Cholesterinspiegel" und Maßnahmen, die dieser Erkrankung entgegen wirken können**

Die Fettstoffwechselstörung „erhöhter Cholesterinspiegel" ist leider zur Wohlstands-krankheit der Industrieländer geworden. Eine solche Diagnose steht auf der Tagesord-nung der deutschen Arztpraxen.
Generell ist Cholesterin für den Körper **lebensnotwendig**. Es ist **fettähnlich** und im **menschlichen Blut** und **jeder Körperzelle** vorhanden, der Mensch kann es selber produzieren. Cholesterin kann aber auch durch die Nahrung (tierische Lebensmittel) aufgenommen werden.
Es gibt zwei Arten von Cholesterin:
– das HDL-Cholesterin (High Density Lipoprotein → „gutes Cholesterin") und
– das **LDL-Cholesterin** (Low Density Lipoprotein).
Sind die LDL-Cholesterinwerte im Blut ständig erhöht, so kommt es zu einer **Stoff-wechselstörung**.
LDL-Cholesterin wird auch als **„schlechtes Cholesterin"** bezeichnet, denn es kann in die **Gefäß- und Zellwände** eindringen. Dort **lagert es sich ab** und erhöht dadurch das Risiko, an Arteriosklerose (eine Arterienverengung) zu erkranken.

Maßnahmen zur Senkung eines erhöhten Cholesterinspiegels:
– Um den Cholesterinspiegel zu senken, müssen sich Betroffene **cholesterinbewusster ernähren**. „Cholesterinbomben" wie Innereien, fettes Fleisch, fettreiche Wurstpro-dukte, Schalentiere und vor allem Eigelb sollten **stark eingeschränkt** werden.
– **Fettarme Garmethoden** reduzieren den Fett- und Cholesteringehalt oft schon bei der Zubereitung, z. B. Grillen oder Dünsten.
– **Hochwertige, ungesättigte Öle** sollten bevorzugt werden. Zuviel tierisches Milch-fett in Sahne, Käse und Milchprodukten hebt den Cholesterinspiegel an.
– Möglicherweise muss man mehrere Maßnahmen kombinieren. Bei einer erblichen Vorbelastung helfen meist auch **cholesterinsenkende Medikamente**.
– Auch auf die richtige Lebensweise kommt es an. Bei Stress und Bewegungsmangel wird ein erhöhter Cholesterinspiegel begünstigt. Deshalb **Stress abbauen** und sich **regelmäßig bewegen und entspannen,** z. B. mit Yoga.
– **Alkohol und Nikotin** fördern ebenfalls die Stoffwechselerkrankung. Deshalb sollte man auf diese Genussmittel **weitgehend verzichten**.

4. **Beschreibung und Bewertung alternativer Gararten im Hinblick auf eine voll-wertige Ernährung**

Fast Food ist beliebter den je. Das Zubereiten von „Schnellgerichten" muss oft so rasch gehen wie das Essen selbst. Frittieren oder Braten in der Pfanne mit reichlich Fett sind flotte Garmethoden. Vollwertig, d. h. „bedarfsdeckend" sind diese Varianten jedoch nicht.

Zwei alternative Garverfahren:

Garart	Beschreibung	Bewertung in Hinblick auf die Vollwertigkeit
Dünsten	– Garen in **wenig Flüssigkeit** und **wenig Fett** – **Gemüse oder Fleisch** wird bei **geringer Temperatur** (100 °C bis 120 °C) **schonend gegart**.	– Beim Dünsten entsteht **wenig Nährstoffverlust**. Vitamine, Mineralstoffe und der **Eigengeschmack** bleiben erhalten. – Durch die geringe Fettzugabe sind die Speisen **energiearm** und **leicht verdaulich**.
Dämpfen im Dampfdrucktopf (DDT)	– Garen im **Wasserdampf** unter **Druck (1,3 bar)**. – **Kartoffeln, Gemüse und Fleisch** (z. B. Rindsrouladen) werden unter Einsatz von **wenig Wasser** (1/4 Liter) und **kaum Fett rasch gegart** (bei ca. 120 °C).	– **Vitamine und Mineralstoffe, Farbe und Konsistenz** der Speisen bleiben aufgrund der verkürzten Garzeit gut erhalten. – Die Speisen haben **kaum Röststoffe**, sind **fettarm und gut bekömmlich**.

Weitere Möglichkeiten:

Eine weitere gesunde Alternative ist das **Kochen** (allerdings muss hier das Kochwasser mitverwendet werden, sonst ist der Nährstoffverlust zu groß). Außerdem eignet sich auch das **Garen im Wok**, um sich abwechslungsreich und vollwertig zu ernähren.

5. **Beispiele für Schadstoffe in überhitzten Fetten**

Bei der unsachgemäßen Zubereitung von Speisen können gefährliche Schadstoffe entstehen. Gerade in Fast Food Restaurants und an Imbissständen werden immer wieder zu hohe Werte folgender Schadstoffe gemessen, die durch das Überhitzen von Lebensmitteln und Frittierfett gebildet werden.

Schadstoff	Erläuterung
Benz(a)pyren	– Beim **Grillen von Fleisch und Fisch** über offenem Feuer verbrennt in die Glut tropfendes Fett. – Aus diesem Fett bildet sich eine **stark krebserregende** Substanz, die **polyzyklischen aromatischen Kohlenwasserstoffe** (PAK).
Acrolein	– Acrolein ist eine **gelbliche, brennbare Flüssigkeit von stechendem Geruch**. – Das **krebserregende** Toxin (Gift) entsteht durch das Überhitzen von Fetten wie Butter oder Öl bei mehr als 150 °C. – Acrolein ist sehr **giftig und reizt die Augen und Schleimhäute**.
Acrylamid	– Beim Überhitzen von stärkereichen Lebensmitteln wie Pommes oder Chips entsteht der **krebserregende Giftstoff**. – Je **heißer und trockener** das Lebensmittel beim Garen ist, desto höher ist auch sein Acrylamid-Gehalt (z. B. durch überhitztes Fett an der „Frittenbude"). – Acrylamid ist **stark wirksam und erbgutschädigend**. Es geht auf den Fötus und die Muttermilch über.

II. Materialien für das Schülercafé – funktionell und sicher

1. **Bewertung der Materialien Vollholz, Kunststoff und Granit hinsichtlich ihrer Funktionalität für die Arbeitsflächen im Schülercafé**

   Da immer mehr Schulen zur Ganztagsbetreuung übergehen, wird die Einrichtung eines Schülercafés als Projektarbeit von Lehrern und Schülern gerne genutzt. Die Ausstattung eines Schülercafés muss gut durchdacht werden. Der Preis, aber auch die Materialeigenschaften bestimmen die Kaufentscheidung.

Material	Funktionalität als Arbeitsfläche
Vollholz	– Eine Holzoberfläche muss **regelmäßig behandelt werden** (geölt, lackiert). Nur eine gut versiegelte Oberfläche bietet Schutz vor Bakterieneinlagerungen. – Holz ist **nicht hitzebeständig**. Brandflecken sind kaum zu vermeiden. – Je nach Holzhärte kommt es zu **Beschädigungen wie Dellen und Kratzer**. – Holz nimmt gerne die **Farbe von Lebensmitteln** auf, z. B. von Erdbeeren oder Karotten. Außerdem sind **Wasserflecken schnell sichtbar**.
Kunststoff	– Kunststoffe haben mittlerweile sehr gute Materialeigenschaften. Viele Oberflächen sind **temperaturwechselbeständig** und **schlagfest**. – Trotzdem können auch Kunststoffoberflächen **Kratzern und Messerschnitten nicht trotzen**. – Helle Kunststoffoberflächen **verfärben** sich gerne bei Lebensmittelkontakt (z. B. Karottensaft). – Kunststoffe brauchen **keine spezielle Oberflächenbehandlung**. Sie sind schnell und **hygienisch** zu reinigen. – Kunststoffoberflächen sind **lebensmittelecht**.
Granit	– Das Gestein ist **sehr hart**. Daher ist es absolut **kratzfest**. – Granit ist **unempfindlich gegen Feuchtigkeit** und daher gut zu reinigen. – Seine Beständigkeit garantiert für lange Zeit für eine glatte und somit **hygienische Oberfläche**. – Heiße Töpfe können Granit nichts anhaben. Es ist **hitze- und temperaturwechselbeständig**. – **Säuren und Laugen** schädigen die Arbeitsfläche nicht. – Bei einem Granitstein handelt es sich um eine „**echte**" Arbeitsfläche, auf der sogar ohne Unterlage geschnitten werden kann. – Diese hervorragenden Funktionalitätseigenschaften haben allerdings einen hohen Preis.

2. **Eigenschaften und Verwendungsmöglichkeiten kunststoffbeschichteter Alupfannen**

   Zur Beschaffung von Pfannen und Töpfen für ein Schülercafé ist wichtig zu wissen, welche Herde zur Verfügung stehen. Beschichtete Pfannen eignen sich nicht für gasbeheizte Herde (die Beschichtung geht durch die hohe Temperatur ab). Für Induktionsherde eignen sich nur magnetische Metalle (Aluminiumpfannen sind ungeeignet).

Eigenschaften von kunststoffbeschichtetem Aluminium	Verwendung der Pfannen
– Die Kunststoffbeschichtung ist **kratzempfindlich**. – Die Pfannen sind recht **leicht (Alu)** und widerstandsfähig. – Die **Wärmeleitfähigkeit** von Aluminium ist sehr hoch. – Ein Anbraten wird durch die **antihaft-Kunststoffbeschichtung (z. B. Teflon)** verhindert.	– **Fettarmes oder fettfreies Kochen** ist durch die Beschichtung möglich. – Es dürfen nur Pfannenwender und Kochlöffel aus **Holz oder Kunststoff** verwendet werden. Messer, Gabel und Metallwender zerstören die Beschichtung. – Nie mit **scharfen Gegenständen** reinigen (z. B. Metallschwamm, Scheuermilch)! – Die Beschichtung wird zerstört, wenn die Pfanne **über 260 °C** erhitzt wird. Die leere Pfanne darf nicht lange erhitzt werden. – Die verbrannte Beschichtung ist **krebserregend**.

3. **Plakat mit allgemein gültigen Regeln für die unfallsichere Bedienung von Elektrogeräten**

Strombetriebene Geräte erleichtern die Hausarbeit ungemein. Beim Umgang mit Elektrogeräten sollten jedoch ein paar Dinge beachtet werden, damit das Gerät mehr Nutzen als Schaden bringt.

Beachte beim Umgang mit Elektrogeräten folgende Tipps ...

1. Achte auf **defekte Kabel**! Melde sie sofort dem Lehrer.
   → Defekte Kabel müssen beim Fachmann repariert werden.

2. Vorsicht vor **herunterhängenden Kabeln**!
   → Sie sind meist Stoperfallen.

3. Bei der Verwendung von Geräten musst du darauf achten, dass die Geräte ein **Prüfzeichen** haben (GS, TÜV, VDE).
   Melde Auffälligkeiten dem Lehrer.

4. Vor der Erstbedienung musst du die **Gebrauchsanweisung** lesen.
   Du kannst dir auch die Gerätebedienung von deinem Lehrer erklären lassen.

5. Den Motorblock darfst du nie ins Wasser tauchen. Das Gerät wird nur mit **trockenen Händen** bedient.

---

6. Beim Arbeiten mit den Geräten (Küchenmaschine, Schneidemaschine, Handrührgerät) musst du unbedingt **lange Haare zusammenbinden**.

7. Das Gerät darf **nicht zweckentfremdet** werden. Achte darauf, dass die **Nutzungsdauer nicht überschritten** wird.

8. Achte **vor dem Einstecken** des Gerätes darauf, dass es ausgeschaltet ist. Reinige das Gerät nur, wenn **es ausgesteckt ist**.
→ Vorsicht vor einem Stromschlag.

... und das Arbeiten im Schülercafé macht Spaß und bleibt unfallfrei!

4. Vor- und Nachteile von Glasgeschirr

Glasgeschirr überzeugt durch seine zeitlose Eleganz. Es ist gut kombinierbar und in vielen abwechslungsreichen Farben erhältlich. Beim Kauf müssen dennoch Vor- und Nachteile abgewogen werden.

Materialvorteile	Materialnachteile
– Glasgeschirr ist **sehr leicht** zu reinigen. Es ist **spülmaschinenfest** und sehr **hygienisch**. – Das Geschirr kann ohne Bedenken in die **Mikrowelle** gestellt werden. – Suppen und andere Speisen **verfärben** das Material nicht, da es säuren- und laugenbeständig ist. – Glas nimmt keine **fremden Gerüche** an.	– Glasgeschirr kann in der Spülmaschine **verkratzen**. – **Staubspuren** sind schneller sichtbar. Es muss öfter gereinigt werden. – Das Geschirr **bricht leicht**. An Scherben kann man sich **verletzen**. – Glas sollte **poliert** werden. In der Spülmaschine kommt es leicht zur **Glaskorrosion. Spülmittelreste** und **kalkhaltiges Wasser** benetzen möglicherweise die Glasoberfläche.

5. Herstellungsprozess von Porzellan

In Meißen wurde 1710 die erste Porzellanmanufaktur eröffnet. Damals wie heute begeistern die vielfältigen Geschirrserien, die im Handel oftmals für teures Geld angeboten werden.

Die Herstellungsprozess von Porzellangeschirr verläuft in folgenden Schritten:

1. Entwurfsidee/Entwurfsmodell
Zuerst wird ein Entwurf für das neue Porzellangeschirr angefertigt.

2. Gussform/Gießform
Um Gebrauchs- und Funktionsfähigkeit zu testen, müssen Probemodelle aus Gips angefertigt werden. Die Gießform wird daraus entwickelt.

3. Herstellung der Porzellangießmasse
In einigen Manufakturen wird die Gießmasse aus den Rohstoffen Quarz, Feldspat, Kaolin, Aluminiumoxid und pulverisierten Scherben selbst hergestellt.

4. Reifen
Bis zu 10 Monate muss nun die Rohmasse in kühlen, feuchten Räumen reifen.

5. Verflüssigen der Rohmasse/Gießen
Die fertige Masse wird mit Verflüssiger, z. B. Soda, und Wasser versetzt und somit gießfähig gemacht. Dann kann der Ton in den zweiteiligen Gussformen verteilt werden.

6. Trocknen/Erster Brand
Die Gussform wird nach vollständigem Trocknen entfernt. Bei ca. 980 °C bis 1 050 °C wird der Porzellanteller gebrannt (Schrühbrand), wobei er das Restwasser verliert.

7. Glasieren/Zweiter Brand
Die Geschirrteile können mit der Glasur übergossen, getaucht oder auch gespritzt werden. Bei ca. 1 220 °C bis 1 450 °C schmilzt die Glasur. Der Glasurbrand verschließt somit die Poren, der Teller ist wasserdicht.

8. Dekor
Vor dem Glasurauftrag (Unterglasdekor) oder auch jetzt nach dem Glasurbrand kann das Dekor mit Handmalerei, Schablonendruck oder mit Dekorbildern aufgebracht werden.

I. Gesundheit, die man essen kann!

Verbindliche Fragen

1. Mahlzeiten zu unterschiedlichen Tageszeiten sollen unsere Leistungsfähigkeit unterstützen. Gehen Sie auf die Bedeutung der unterschiedlichen Tagesmahlzeiten ein.

2. Zeigen Sie die ernährungsphysiologische Bedeutung von Fisch anhand seiner Inhaltsstoffe auf.

3. Beschreiben Sie die Verdauung und die Resorption von Fetten im Stoffwechselgeschehen.

Wahlfragen: Bearbeiten Sie nachfolgend Aufgabe 4 oder 5.

4. Das Nahrungsmittel Fisch erlaubt vielfältige Verwendungsmöglichkeiten. Geben Sie Tipps, wie durch Einkauf, Lagerung und Zubereitung der Verzehr von Frischfisch zum Genuss wird.

5. Planen Sie ein festliches 3-Gänge-Menü unter Verwendung von Fisch und bewerten Sie die Vollwertigkeit.

II. Schadstoffe – Verbraucherschutz – Zusatzstoffe

Verbindliche Fragen

1. Das Lebens- und Bedarfsmittelgesetz (LMBG) dient der Sicherheit des Verbrauchers. Erklären Sie anhand von Beispielen drei wesentliche Ziele des Gesetzes.

2. Schadstoffe können auf verschiedenen Wegen in unsere Nahrung gelangen. Nennen Sie hierfür drei Möglichkeiten.

3. Erstellen Sie einen Katalog von sechs vorbeugenden Maßnahmen zur Reduzierung von Schadstoffen in Nahrungsmitteln.

Wahlfragen: Bearbeiten Sie nachfolgend Aufgabe 4 oder 5.

4. Futtermittelzusätze (Tierarznei- und Masthilfsmittel) sind sehr stark in die Diskussion geraten, weil ihre Rückstände in Fleisch und Fleischprodukten für uns Menschen ein hohes Gesundheitsrisiko darstellen. Zeigen Sie an zwei Beispielen auf, welche Wirkung diese Zusätze beim Tier haben und worin die Gesundheitsgefahr für den Menschen besteht.

5. Formulieren Sie vier Gründe, warum Lebensmitteln Zusatzstoffe beigemischt werden. Nennen Sie vier Zusatzstoffe und beschreiben Sie deren Wirkung auf die Lebensmittel.

Lösungsvorschlag

I. Gesundheit, die man essen kann!

1. Bedeutung der unterschiedlichen Tagesmahlzeiten

Unser Leistungsvermögen ändert sich während des Tages; die Leistungskurve zeigt Hoch- und Tiefpunkte. Durch Nahrungs- bzw. Energieaufnahme lässt sich ein starkes Absinken der Leistungsbereitschaft auffangen.

Fünf kleine vollwertige Mahlzeiten, gleichmäßig über den Tag verteilt, erhalten und steigern die Leistungsfähigkeit, die Gesundheit und das Wohlbefinden.

Frühstück

Es ist die wichtigste Mahlzeit des Tages, das „Sprungbrett" in den Tag. Nach einer langen Schlafpause bringt es die Energie für den neuen Arbeitstag.

Eine Auswahl an Milchprodukten, Brotsorten, Müsli, Obst, Tee und Säften sichert die Vollwertigkeit. Ein abwechslungsreiches, ausgewogenes Frühstück sättigt nicht nur – es enthält auch alle essenziellen Nährstoffe: vor allem lebenswichtiges Eiweiß, viele Vitamine und wertvolle Mineralstoffe. Es muss die Denkfähigkeit, die Konzentration und Ausdauer für Schule und Beruf ermöglichen.

Kinder, die morgens nur wenig Appetit haben, sollten wenigstens Milch, Kakao oder Säfte trinken. Meist wirken schon ein einladend gedeckter Tisch und genügend Zeit und Ruhe der Appetitlosigkeit entgegen.

Zwischenmahlzeit – Pausenbrot

Da vormittags das Leistungsvermögen allmählich nachlässt, sollte ein „Zweites Frühstück" Nährstoffe und Energie zuführen, um die Leistungsbereitschaft zu erhalten.

Deshalb ist das Pausenbrot für Kinder unerlässlich. In sinnvoller Menge und Zusammensetzung macht es für den restlichen Vormittag fit. Es hält den Blutzuckerspiegel konstant und beugt Ermüdungserscheinungen vor. Fehlte morgens der Appetit, kann das Pausenbrot üppiger ausfallen.

Mittagessen

Es ist die Hauptmahlzeit, die dem nächsten Leistungstief entgegenwirkt. Vollwertige, leichte Gerichte helfen über den Tiefpunkt schnell hinweg. Zu große Portionen würden allerdings viel Verdauungsarbeit benötigen, wodurch das Gehirn weniger versorgt und die geistige Leistungsfähigkeit nachlassen würde. Ein bekanntes Sprichwort sagt: „Ein voller Bauch studiert nicht gern"!

Zwischenmahlzeit am Nachmittag, Snacks

Sie überbrücken die Zeit bis zum Abendessen und fangen das Absinken der Leistung auf. Leicht bekömmliche, eiweiß-, vitamin- und mineralstoffreiche Erfrischungen belasten nicht.

Abendessen

Gut verdauliche Speisen ergänzen und schließen die Nährstofflücken des Tages.

Schwer bekömmliche Kost, spät abends eingenommen, belastet vor allem die Verdauungsorgane und beeinträchtigt den erholsamen Schlaf. Ein warmes Abendessen kann besonders in kalten Jahreszeiten zum Wohlbefinden beitragen.

Ausreichende Flüssigkeitszufuhr bei allen Mahlzeiten erhält die Wasserbilanz im Körper. Sind vollwertige und abwechslungsreiche Mahlzeiten gleichmäßig über den Tag verteilt und berücksichtigen sie Alter, Geschlecht, besondere Leistungsanforderungen und Lebenssituationen, wird die Leistungsfähigkeit gefördert und die Gesundheit erhalten.

2. Die ernährungsphysiologische Bedeutung von Fisch anhand seiner Inhaltsstoffe

Je nach Art des Lebensraumes unterscheidet man zwischen See- und Süßwasserfischen. Einige Arten, z. B. Forellen, Karpfen und auch Lachse zieht man in speziellen Zucht-anlagen.

Das macht Fisch so wertvoll:
– Fischfleisch besitzt nur wenig Bindegewebe und ist daher **sehr leicht verdaulich.**
– Fische sind hauptsächlich wichtige **Eiweißträger.** Zudem hat das Fischeiweiß eine hohe biologische Wertigkeit, kann also vom Körper besonders gut verwertet werden.
– Der **Fettgehalt** ist bei Fischen unterschiedlich:
  Fette Fische wie Makrele, Aal, Hering oder Lachs enthalten ca. 15–20 % Fett, Magerfische, z. B. Forelle, Schellfisch, Kabeljau oder Seelachs haben dagegen nur einen Fettgehalt von ca. 1–3 %.
  Magere Fische sind eine gute Therapie gegen Übergewicht, dem größten Ernäh-rungsproblem. Fette Fische liefern nicht nur Kilojoule, sondern auch reichlich die äußerst wertvollen **Omega-3-Fettsäuren,** die einem hohen Cholesteringehalt im Blut entgegenwirken. Diese essenziellen Fettsäuren beeinflussen den Blutdruck, die Durchblutung des Herzmuskels, den Herzrhythmus und andere lebenswichtige Funk-tionen günstig und schützen vor Infarkten, Schlaganfall und Arteriosklerose.
– Generell sind die Fischöle reich an fettlöslichen **Vitaminen A und D.** Aber auch wasserlösliche Vitamine der **B-Gruppe** sind im Fischfleisch enthalten.
– Fisch aus dem Meer ist der beste **Jodlieferant.** Dieses lebensnotwendige Spurenele-ment ist zur Bildung des Schilddrüsenhormons nötig. Jodmangel führt bei vielen Menschen zu Erkrankungen der Schilddrüse. Jod kommt nur in sehr geringen Men-gen im Erdboden vor, reichlich dagegen im Meerwasser.
– Erwähnenswert sind auch die **Mineralstoffe Kalium, Magnesium, Phosphor und Eisen,** die im Fischfleisch vorkommen.
– **Kohlenhydrate** sind nur in Spuren enthalten. Fischmahlzeiten lassen sich aber gut mit entsprechenden Beilagen vollwertig ergänzen.

3. Verdauung des Nährstoffs Fett

Verdauungs-organe	Verdauungssäfte *Enzyme*	Fettabbau
Mund	Mundspeichel	Hier befindet sich kein Fett spaltendes Enzym. Fette werden nur auf Körper-temperatur erwärmt und verflüssigt, aber noch nicht abgebaut.
Magen	Magensaft *Lipasen*	Durch die im Magensaft enthaltenen Enzyme wird ein geringer Teil der emulgierten Fette (aus Milch oder Eigelb) in Glyzerin und Fettsäuren gespalten.
Gallenblase	Gallensaft	Der Verdauungssaft wirkt emulgierend auf Fette und Öle.
Bauchspeicheldrüse	Bauchspeichel *Lipasen*	Fette werden weiter gespalten in Glyzerin und Fettsäuren.
Dünndarm	Dünndarmsaft	Hier wird kein Fett spaltendes Enzym produziert. Lipasen des Bauchspeichels wirken hier allerdings noch weiter.

Resorption des Nährstoffs Fett

Langkettige Fettsäuren wie Öl- oder Linolsäure sind wasserunlöslich. In der Darmwand werden aus diesen Fettsäuren und Glyzerin wieder Fette aufgebaut, die dann mit Eiweiß umhüllt zu wasserlöslichen Fetttröpfchen umgebaut werden. Über Lymphe und Blut gelangen sie zum Fettgewebe. Hier werden die Fettsäuren gespalten und zum Aufbau von Depotfett benutzt.

4. **Tipps zum Einkauf, zur Lagerung und zur Zubereitung von Frischfisch**

Frischer Fisch ist nicht jederzeit und überall zu bekommen. Im Binnenland werden Süßwasserfische, z. B. Forellen, Renken oder Karpfen auf Wochenmärkten fangfrisch, meist sogar lebend angeboten. Frische Seefische sind in Läden oder Kaufmärkten mit speziellen Theken in reicher Auswahl im Ganzen und als Filet erhältlich.

Einkauf

– Ganzen Fisch stets fangfrisch am Tag der Zubereitung besorgen!
– Die Frische erkennt man an glänzenden, klaren Augen, an roten, gut durchbluteten Kiemen, an feuchter unbeschädigter Haut und glatt anliegenden Schuppen, an elastischem Fleisch und am angenehmen, nicht moorigen Geruch.
– Frisches Fischfilet hat weiße (der Lachs hellrote), saftige und feste Schnittflächen.
– Auch Seefisch darf nicht „fischeln". Er muss angenehm nach Meer, Algen und Tang riechen.
– Fisch muss gut eingepackt werden, damit er während des Transports frisch bleibt; im Sommer sollte unbedingt eine Isoliertasche verwendet werden.
– Wenn möglich, Fisch aus unbelasteten Fanggebieten kaufen!

Lagerung

Durch den hohen Wassergehalt und die lockere Muskulatur verdirbt Frischfisch sehr leicht.

– Ein guter Fischhändler präsentiert seine sensible Ware auf kleinen Eisstückchen, die die Temperatur so nahe am Gefrierpunkt halten, dass sich Bakterien kaum vermehren können.
– Im Haushalt kann Fisch im Kühlschrank bei Temperaturen von $+2\,°C$ bis $+6\,°C$ gelagert werden. Frisch gefangener Fisch kann unbedenklich über Nacht im Kühlschrank aufbewahrt werden, Fischfilet dagegen nur wenige Stunden.
– Es ist günstig, Fisch auf einen Porzellanteller zu legen und ihn gut abzudecken, um Geruchsübertragung zu verhindern. Fisch wird leicht schmierig, wenn er vollständig und dicht in Folie verpackt wird.
– Nur fangfrischer Fisch eignet sich zum Einfrieren. Er muss dazu gut vorbereitet, d. h. ausgenommen, geschuppt und vorsichtig gewaschen werden. Als Packmaterial kann sehr gut Aluminiumfolie verwendet werden.

Zubereitung

– Für die Vorbereitung gilt die klassische 3-S-Regel:
<u>Säubern</u>: Fisch küchenfertig kaufen oder, falls erforderlich, ausnehmen, schuppen, Flossen und Kopf entfernen. Fisch, der „blau" zubereitet wird, darf nicht geschuppt werden. Nur unter fließendem Wasser waschen, nie im Wasser liegen lassen. Mit Küchenpapier trocken tupfen.
<u>Säuern</u>: Fisch mit Zitrone oder Essig beträufeln und kurz durchziehen lassen. Durch die Säure wird das Fleisch fester, der Geschmack besser und der Geruch gebunden.

<u>Salzen:</u> Erst unmittelbar vor dem Garen den Fisch salzen, denn Salz entzieht dem Bindegewebe Wasser sowie wertvolle Nährstoffe und macht das Fleisch trocken und fade. Nur die Oberfläche würde nass bleiben, der Fisch beim Braten spritzen und nicht gut bräunen.

– Als Zubereitungsarten für Fisch sind Dünsten, Braten, Grillen oder Garziehen lassen zu empfehlen. Durch Kochen zerfällt Fisch sehr leicht.
– Da Fisch wenig Eigengeschmack hat, kann er gut gewürzt oder mit kräftiger Beilage serviert werden.
– Ein im Ganzen zubereiteter Fisch ist gar, wenn sich die Rückenflosse leicht herausziehen lässt.
– Garflüssigkeiten eignen sich hervorragend als Fischfond.

5. Festliches 3-Gänge-Menü unter Verwendung von Fisch

Vorspeise
Klare Suppe mit Fischklößchen

Hauptgericht
Scholle gegrillt mit
Petersilienkartoffeln
Gedünsteten Zucchinischeiben
und Paprikastreifen

Dessert
Joghurteis auf heißer Waldbeerensoße
Garniert mit Walnüssen

Getränke
Mineralwasser, Schorle
Leichter Weißwein

Inhaltsstoffe:

Suppe:	Wasser, Mineralstoffe, sekundäre Pflanzenstoffe
Fischklößchen:	
Margarine	pflanzliches Fett (einfach ungesättigte Fettsäuren)
Ei	tierisches Eiweiß, Vitamin A
Dinkelmehl	Kohlenhydrate (Stärke, Zellulose), pflanzliches Eiweiß, Mineralstoffe
Forelle	hochwertiges tierisches Eiweiß, wenig Fett
Scholle:	hochwertiges tierisches Eiweiß, Fett mit mehrfach ungesättigten Fettsäuren (Omega-3-Fettsäure), Jod
Petersilienkartoffeln:	Kohlenhydrate (Stärke, Zellulose), pflanzliches Eiweiß, sekundäre Pflanzenstoffe, Mineralstoffe, Vitamine
Petersilie	Vitamine, sekundäre Pflanzenstoffe
Butter	tierisches Fett
Gemüse:	Zellulose, Mineralstoffe, sekundäre Pflanzenstoffe, pflanzliches Öl, Vitamine
Joghurteis:	tierisches Eiweiß, wenig Milchfett, Kohlenhydrate (Rohr- oder Rübenzucker)

| Beeren | Kohlenhydrate (Fruchtzucker, Zellulose), Vitamine, Mineralstoffe, sekundäre Pflanzenstoffe, Wasser |
| Walnüsse | hochwertiges Pflanzenöl (Omega-3- und Omega-6-Fettsäuren) pflanzliches Eiweiß, Mineralstoffe, Vitamine (u. a. Vitamin E) |

Bewertung des Menüs hinsichtlich der Vollwertigkeit:

- Das Menü enthält alle essenziellen Stoffe. Sie stehen in ausreichender Menge und in ausgewogener Form zur Verfügung.
- Tierisches und pflanzliches **Eiweiß** können sich ergänzen.
- Der **Fett**gehalt ist insgesamt niedrig und setzt sich vor allem aus Fetten mit ungesättigten und **mehrfach ungesättigten Fettsäuren** zusammen.
- Der Anteil an **Vitaminen, Mineralstoffen** und **sekundären Pflanzenstoffen** ist hoch. Das Spurenelement **Jod** ist besonders zu erwähnen.
- **Kohlenhydrate** kommen in Kartoffeln, Gemüse und Beeren als Zucker, Stärke oder Zellulose vor.
- Suppe und Getränke decken einen Teil des täglichen **Flüssigkeits**bedarfs.
- Die Garmachungsarten sind so gewählt, dass ein leicht verdauliches Menü angeboten wird.

Das Menü ist somit vollwertig.

II. Schadstoffe – Verbraucherschutz – Zusatzstoffe

1. Wesentliche Ziele des Lebens- und Bedarfsmittelgesetzes (LMBG)

Das Lebensmittel- und Bedarfsgegenständegesetz ist das Kernstück des Lebensmittelrechts, in dem allgemeine Ver- und Gebote enthalten sind.

Das LMBG schützt den Verbraucher vor Gesundheitsgefährdung:

Der Verbraucher hat ein Recht auf Gesundheit und Lebensqualität. Es ist daher verboten, Lebensmittel für andere so herzustellen oder zu behandeln, dass ihr Verzehr die Gesundheit schädigt. Ebenso ist es nicht erlaubt, verdorbene, ekelerregende Stoffe als Lebensmittel in den Handel zu bringen (z. B. zu lange oder zu warm gelagertes Fleisch).

Das Lebensmittelgesetz schützt vor Täuschung und Irreführung / vor wirtschaftlicher Übervorteilung:

Täuschend nachgemachte Lebensmittel, z. B. Marzipan aus Pfirsichkernen, in den Verkehr zu bringen, ist verboten. Ebenso dürfen Lebensmittel, die den Anschein einer besseren Qualität erwecken, wie z. B. gefärbte Kirschen, nicht ohne ausreichende Kenntlichmachung in den Handel kommen.

Um den Verbraucher vor wirtschaftlichem Schaden zu bewahren, schreibt das Gesetz vor, den Inhalt auf Verpackungen genau zu deklarieren. Mogelpackungen sind nicht erlaubt. Das Verhältnis von Leistung und Preis muss stimmen.

Das LMBG sorgt für eine sachgerechte Information durch die Verpackungsordnung:

Alle Lebensmittel, die in Fertigverpackungen verkauft werden, unterliegen der Lebensmittelkennzeichnungsverordnung. Sie regelt alle nötigen Angaben, wie Mindesthaltbarkeitsdatum, Verkehrsbezeichnung, Mengenangabe, Name des Herstellers oder Verpackers und die Zutatenliste.

2. Schadstoffe können auf verschiedenen Wegen in unsere Nahrung gelangen

Als Schadstoffe werden in der Umwelt vorkommende Stoffe bezeichnet, die den Menschen, andere Lebewesen oder die Umwelt schädigen. Auf dem Weg vom Erzeuger zum Verbraucher können sie in unsere Lebensmittel gelangen.

Durch Industrie und Verkehr:

Boden, Wasser und Luft sind durch zunehmende Industrialisierung und durch die ständig wachsende Zahl von Transportfahrzeugen mit Abwasser, Müll und Abgasen belastet. Toxische Schwermetalle, z. B. Blei, Cadmium und Quecksilber, schwer abbaubares Dioxin und radioaktive Substanzen, gelangen aus der Umwelt in unsere Nahrungskette. Niederschläge und Staub lagern sich an Obst und Gemüse ab und finden über Futtermittel auch einen Weg in tierische Nahrungsmittel.

Durch die Lebensmittelindustrie:

Konservierungsmittel werden auf langen Transportwegen oder in Lagerhäusern eingesetzt, um Lebensmittelverluste zu verhindern. Verpackungsmaterialien, wie Kunststoffe, Metalle oder Keramik, kommen bei der Verarbeitung, beim Transport und bei der Lagerung mit Lebensmitteln in Berührung und können mögliche Ursache für eine Schadstoffbelastung sein.

Durch die Lebensmittelverarbeitung:

Sowohl im Haushalt als auch in der Lebensmittelindustrie können sich bei der Verarbeitung von Nahrungsmitteln unerwünschte Stoffe bilden:
Acrolein entsteht beim Überhitzen von Fett, Acrylamid beim Frittieren oder Backen stärkereicher Lebensmittel, Benzpyren, wenn über offenem Feuer Fett in die Glut tropft und verbrennt. Gepökelte Fleischwaren enthalten Nitrit, das beim Grillen oder Braten zusammen mit Eiweißbausteinen krebserregende Nitrosamine bilden kann.

3. Vorbeugende Maßnahmen zur Reduzierung von Schadstoffen in Nahrungsmitteln

- Ökologischer Landbau trägt zur Schadstoffreduzierung bei durch
  - organischen Dünger,
  - Rückführung der Nährstoffe,
  - Beschränkung der Bodenbearbeitung auf ein Mindestmaß und
  - Einsatz pflanzenstärkender Mittel zur Bekämpfung von Schädlingen und Krankheiten.
- Im eigenen Garten sollte man auf Kunstdünger und Pflanzenschutzmittel verzichten.
- Freilandgemüse und Früchte aus heimischem Anbau, voll ausgereift und nachmittags geerntet, weisen einen niedrigen Nitratgehalt auf. Bei Pflanzen, die viel Nitrat speichern (z. B. Blattsalate, Spinat, Radieschen, Kohlrabi) kann man durch das Herausschneiden der Stängel und kräftigen Blattrippen einen beträchtlichen Teil des Nitrats entfernen.
- Beim Grillen verhindern Aluschalen oder Grillgeräte mit seitlicher Glut, dass Fett in die heiße, glühende Kohle tropft und krebserregende Stoffe bildet.
- Gepökeltes Fleisch darf nicht scharf gebraten oder gegrillt werden, auf keinen Fall mit Käse; es könnten Nitrosamine entstehen.
- Der Inhalt von Konservendosen muss nach dem Öffnen umgefüllt werden. Keramikgefäße dürfen nur dann benutzt werden, wenn sie für Lebensmittel geeignet sind.

4. Futtermittelzusätze (Tierarznei- und Masthilfsmittel) wirken sich auf das Tier aus und bedeuten eine gesundheitliche Gefahr für den Menschen

Futtermittel-zusätze	Wirkung beim Tier	Gesundheitsgefahr für den Menschen
Tierarzneimittel		
Antibiotika, z. B. Penicillin	– Diese Medikamente schützen vor Infektionskrankheiten und heilen sie. – Sie bewirken ein schnelleres Wachstum – und eine größere Gewichtszunahme.	– Es besteht erhöhtes Allergierisiko. – Im Körper bilden sich resistente Mikrobenstämme. – Bei Krankheiten lässt die Wirkung der Antibiotika nach.
Masthilfsmittel		
Schilddrüsen-hemmer = Thyreostatika	– Die Funktion der Schilddrüse wird künstlich gehemmt. – Durch die Senkung des Grundumsatzes wird eine Gewichtszunahme erreicht. – Die Gewichtszunahme beruht vor allem auf einer verstärkten Wassereinlagerung im Gewebe.	– Sie können Allergien auslösen und – die Schilddrüsenfunktion stören (erhöhte Neigung zur Kropfbildung).

5. Lebensmitteln werden aus verschiedenen Gründen Zusatzstoffe beigemischt
   – um Aussehen, Farbe und Geruch zu verbessern und das Aroma zu verstärken,
   – um Bakterien abzutöten und Lebensmittel dadurch länger haltbar zu machen,
   – um eine bestimmte Beschaffenheit und Konsistenz zu erreichen und zu erhalten,
   – um sie gut verarbeiten zu können,
   – um den Nährwert zu ergänzen.

Zusatzstoffe und ihre Wirkung auf die Lebensmittel

Zusatzstoffe	Wirkung auf die Lebensmittel
Farbstoffe, z. B. E122, Aromastoffe	Lebensmitteln, die farblos sind oder die bei der Verarbeitung Farbe verloren haben, werden häufig natürliche oder synthetische Farbstoffe zugesetzt. Ansprechende frische Farbe und intensives Aroma sind wichtige Faktoren bei der unbewussten Beurteilung von Lebensmitteln.
Geschmacks-verstärker, z. B. Glutamat	Diese chemischen Stoffe verstärken einen vorhandenen Geschmack. Selbst jedoch besitzen sie keinen oder nur wenig Eigengeschmack.
Konservierungs-mittel, z. B. Sorbinsäure	Es sind Stoffe, die das Wachstum von Mikroorganismen hemmen. Sie werden eingesetzt, um den Lebensmittelverderb und evtl. dadurch ausgelöste Lebensmittelvergiftungen zu verhindern. Sie verlängern die Haltbarkeit der Lebensmittel.
Emulgatoren, z. B: Lezithin	Sie verbinden Fett und Wasser und ermöglichen die Herstellung einer einheitlichen, stabilen Masse, wie es beispielsweise bei Salatsoße, Majonäse oder Margarine der Fall ist.

I. **Verschiedene Kostformen: Vollwertkost – leichte Vollkost – Vollwertige Ernährung**

Verbindliche Fragen

1. Zeigen Sie die Grundsätze bzw. Ziele der „Vollwertkost" nach Kollath/Leitzmann auf.

2. Erklären Sie anhand der Wertstufen, welche Empfehlungen bezüglich der Lebensmittelauswahl für Vollwertkost gelten und nennen Sie dazu je drei Beispiele.

3. Leichte Vollkost soll einzelne Organe und den gesamten Stoffwechsel entlasten. Geben Sie hierfür sechs Empfehlungen für die Auswahl und Zubereitung von Lebensmitteln.

Wahlfragen: Bearbeiten Sie nachfolgend Aufgabe 4 oder 5.

4. Erstellen Sie einen Tageskostplan mit fünf Mahlzeiten für ein Schulkind und belegen Sie die Vollwertigkeit und Ausgewogenheit Ihres Kostplanes anhand der Nährstoffe.

5. Stellen Sie je zwei geeignete und zwei weniger empfehlenswerte Getränke zur Pausenverpflegung vor und beschreiben Sie die Bedeutung der Flüssigkeitsaufnahme für den menschlichen Körper.

II. **Zeitgemäße Vorratshaltung im privaten Haushalt**

Verbindliche Fragen

1. Vorratshaltung bringt für unsere Haushalte viele Vorteile. Begründen Sie diese Aussage.

2. Auch ein moderner Haushalt sollte Lagermöglichkeiten bieten. Informieren Sie über vier Möglichkeiten, in privaten Haushalten zu lagern.

3. Eine sorgfältige Lagerhaltung verhindert Nahrungsverderb und Nährstoffverluste. Geben Sie acht Tipps für die Praxis.

Wahlfragen: Bearbeiten Sie nachfolgend Aufgabe 4 oder 5.

4. Beschreiben Sie drei geeignete Konservierungsarten für die längerfristige Vorratshaltung von Kräutern.

5. Sie nutzen ein saisonales Angebot und kaufen eine größere Menge Johannisbeeren günstig ein. Erläutern Sie hierfür drei geeignete Konservierungsverfahren.

Lösungsvorschlag

I. Verschiedene Kostformen: Vollwertkost – leichte Vollkost – Vollwertige Ernährung

1. Grundsätze bzw. Ziele der „Vollwertkost" nach Kollath/Leitzmann

Die „Vollwertkost" basiert u. a. auf den Erkenntnissen des Arztes und Ernährungs-wissenschaftlers Werner Kollath, der den Begriff 1942 als erster einführte. Er ordnete die Nahrung in verschiedene **Wertstufen**, ganz nach seinem Leitsatz „Lasst unsere Nahrung so natürlich wie möglich". Ende der 70er Jahre erarbeiteten verschiedene Ernährungswissenschaftler an der Universität Gießen unter maßgeblicher Beteiligung von Claus Leitzmann die Vollwerternährung, die sich von der Vollwertkost ableiten lässt. Während sich Kollath bei der Vollwertkost „nur" mit der Auswahl der Lebens-mittel und deren Einteilung in verschiedene Wertstufen beschäftigt, wurden nun bei der Vollwerternährung auch **soziale, ökonomische und sozioökonomische Grund-sätze** berücksichtigt.

Bei der Vollwerternährung werden pflanzliche Lebensmittel bevorzugt, die **möglichst wenig bearbeitet** sein dürfen. Dazu gehören vor allem frisches Obst und Gemüse, aber auch alle Vollkornprodukte. Bei dieser **umweltbewussten** Ernährungsweise wird auf eine möglichst **regionale** und **saisonale** Lebensmittelauswahl geachtet. Es werden Le-bensmittel aus **ökologischer Erzeugung** bevorzugt, bei der Tiere artgerecht gehalten werden und bei der beim Anbau von Obst und Gemüse auf chemische Dünge- und Pflanzenschutzmittel verzichtet wird (sogenannte „BIO-Produkte"). Durch den Ver-zicht auf teure und umweltschädigende Verpackungen sowie auf lange Transportwege wird unnötiger Energie- und Rohstoffverbrauch verhindert und die Lärm- und Schad-stoffbelastung so gering wie möglich gehalten.

Beim Kauf von landwirtschaftlichen Erzeugnissen aus entfernteren Regionen, z. B. Kaffee oder Bananen, sollten Produkte aus sogenanntem „fairem Handel" bevorzugt werden. Dieser ermöglicht den Arbeitskräften in den Anbaugebieten (meist sind diese in Entwicklungsländern) eine Produktion unter sozial akzeptablen Bedingungen und eine angemessene Bezahlung.

Die Nahrung sollte etwa zu 50 % aus **frischen, unerhitzten Lebensmitteln** bestehen. Lebensmittel, die zubereitet werden (müssen), sollen möglichst schonend in wenig Wasser oder Fett gegart werden, um die wertvollen Inhaltsstoffe zu erhalten.

Die Nahrungsmittel der Vollwerternährung sind **überwiegend lakto-vegetabil** und entsprechen einer vollwertigen Ernährungsweise. Tierische Lebensmittel gehören nur zu einem geringen Teil zur Vollwert-Ernährung, dadurch werden Veredelungsverluste vermindert. Zusatzstoffe in den Nahrungsmitteln, Genmanipulationen, Food-Design und Bestrahlungstechniken zur Haltbarmachung werden grundsätzlich abgelehnt.

2. Empfehlungen bei der Lebensmittelwahl für Vollwertkost anhand der Wertstufen

In seinem Buch „Die Ordnung unserer Nahrung" beschrieb Werner Kollath 1942 sein Konzept zur Vollwertkost. Er teilte dabei Lebensmittel nach ihrem Verarbeitungsgrad in verschiedene Wertstufen ein. Lebensmittel seien seiner Ansicht nach umso wert-voller und gesünder, je weniger sie bearbeitet wären.

Wertstufen	Lebensmittel	Lebensmittelbeispiel
sehr empfehlenswert	unveränderte, frische Lebensmittel, die nicht erhitzt wurden oder nur gering verarbeitet sind; ca. 50 % des Gesamttagesbedarfs	Frischkornmüsli, rohes Obst und Gemüse, Salate, Vorzugsmilch, Nüsse, Kerne, kaltgepresste und unraffinierte Öle und Kräuter
empfehlenswert	enzymatisch veränderte, mechanisch veränderte oder hitzebehandelte Lebensmittel; ca. 50 % des Gesamttagesbedarfs	Kartoffeln, Hülsenfrüchte, getrocknete Kräuter, Kräuter- und Früchtetees, Fisch, Fleisch, Eier, Frischmilch und Milchprodukte
weniger empfehlenswert	konservierte und stark behandelte Lebensmittel; nur selten verzehren	Weißbrot und Produkte aus Auszugsmehlen, Weißreis, Gemüse- und Obstkonserven, Fertigprodukte, H-Milch, raffinierte Öle, Fruchtsäfte und Fruchtnektar aus Konzentraten
nicht empfehlenswert	übertrieben verarbeitete Lebensmittel, isolierte Lebensmittelsubstanzen oder ihre Kombination; gar nicht verzehren	Nahrungsergänzungsmittel wie z. B. Vitamin- und Mineralstoffpräparate, Zusatzstoffe wie Süßstoff, Aromastoffe und Farbstoffe, Limonaden- und Colagetränke, Süßigkeiten und gehärtete Fette

3. Empfehlungen für die Auswahl und Zubereitung von leichter Vollkost

Leichte Vollkost ist eine vollwertige und ausgewogene Ernährungsform, die den Bedarf lebensnotwendiger Nährstoffe deckt, an den jeweiligen Energiebedarf angepasst und dabei leicht verdaulich ist. Der Begriff „Leichte Vollkost" wird auch mit dem Begriff „Schonkost" gleichgesetzt, eine Kostform, die vor allem bei der Versorgung von Kranken eingesetzt wird. Sie dient dazu, unspezifische Intoleranzerscheinungen des Verdauungstraktes so weit wie möglich zu vermeiden und somit einzelne Verdauungsorgane oder auch den gesamten Stoffwechsel zu entlasten. Speisen und Getränke, die für Menschen mit Magen-Darm-Erkrankungen als unverträglich oder schwer verdaulich gelten, werden weggelassen.

Die leichte Vollkost sollte nach folgenden Richtlinien zubereitet sein:

– Die Speisen sollten grundsätzlich wenig gewürzt sein, vor allem mit Salz und Pfeffer muss sparsam umgegangen werden. Auf andere scharfe Gewürze und Kräuter wie Paprika, Chili, Meerrettich oder Senf sollte man gänzlich verzichten. Stattdessen die Speisen mit frischen, milden Kräutern würzen.

– Fett- und zuckerreiche Lebensmittel, kohlensäurereiche und koffeinhaltige Getränke und Alkohol sind ungeeignet.

– Geeignete Garmethoden sind Dämpfen, Dünsten oder Pochieren. Braten, Backen oder Rösten sind dagegen nicht empfehlenswert.

– Stark blähende Lebensmittel wie Rettich, Hülsenfrüchte, Zwiebeln, Paprika, Gurken, Kohlarten, Pflaumen usw. werden häufig schlecht vertragen.

Außerdem sollten noch folgende Regeln beachtet werden:
- Speisen zu heiß oder zu kalt zu verzehren reizt den Magen und sollte deshalb vermieden werden.
- Die Anzahl der Mahlzeiten sollte auf fünf bis sechs kleine Mahlzeiten am Tag verteilt werden. Kleine Mengen sind für den Magen-Darmtrakt leichter zu bewältigen.
- „Gut gekaut ist halb verdaut!" – beim Essen sollte man sich Zeit lassen, das gründliche Kauen der Speisen erleichtert die Verdauung.

4. **Tageskostplan für ein Schulkind – Vollwertigkeit und Ausgewogenheit anhand der Nährstoffe**

Beispiel für einen vollwertigen und ausgewogenen Tageskostplan für ein Schulkind:

Frühstück	Vollkornmüsli mit naturbelassenem Joghurt, Nüssen und frischen Früchten, Früchtetee
Pausenbrot	Vollkornbrötchen belegt mit Salatblatt, Putenbrust, Tomaten und Gurkenscheibe, dazu kohlensäurearmes Mineralwasser oder Fruchtsaftschorle
Mittagessen	Putengeschnetzeltes mit Naturreis und Gurken-Tomatengemüse, Blattsalatvariation mit Joghurtdressing, Obstsalat, Mineralwasser oder Fruchtsaftschorle
Zwischen-mahlzeit	Milchshake mit frischen Früchten (z. B. Himbeeren oder Erdbeeren), einer Scheibe Vollkornbrot mit Käse, eventuell dazu Mineralwasser
Abendessen	Vollkornnudelsalat mit Gemüsebratlingen, dazu Fruchtsaftschorle oder Mineralwasser

Bewertung des Tageskostplans:

- **Fette:** Durch die Auswahl fettarmer Fleischprodukte enthält der Tageskostplan nur wenig tierische Fette. Nüsse und Salatmarinade enthalten hochwertige pflanzliche Fette. Sie wirken sättigend und liefern essenzielle Fettsäuren.

- **Kohlenhydrate:** Sie sind vor allem in Form von Einfachzuckern, Vielfachzuckern und Ballaststoffen in Vollkornprodukten, Reis, Gemüse und auch im Obst zu finden. Kohlenhydrate wirken sättigend, Ballaststoffe fördern die Kautätigkeit und regen die Darmtätigkeit an.

- **Eiweiß:** Biologisch wertvolles Eiweiß liefert wichtige Baustoffe für Kinder und Jugendliche, die sich im Wachstum befinden. Es ist enthalten in Milchprodukten wie Joghurt, Milch und Käse, aber auch in Putenschinken und magerem Putenfleisch.

- **Vitamine und Mineralstoffe:** Diese erhält der Körper durch Obst, Gemüse und Vollkornprodukte. Sie dienen dem Körper als Schutz- und Reglerstoffe. Obst und Gemüse sind in jeder Mahlzeit des Tageskostplans enthalten, wie es der Grundsatz „5 am Tag – Gemüse und Obst" vorsieht.

- Mineralwasser, Fruchtsaftschorlen und Früchtetees sind in jeder Mahlzeit vorhanden, wodurch der **Flüssigkeitsbedarf** des Körpers ausreichend gedeckt ist.

Ergebnis: Ein Schulkind erhält bei diesem Tageskostplan ein ausgewogenes, vollwertiges und schmackhaftes Tagesmenü, das seinen Bedarf an Nährstoffen komplett abdeckt.

5. Geeignete und weniger empfehlenswerte Getränke zur Pausenverpflegung – Bedeutung der Flüssigkeitsaufnahme für den menschlichen Körper

geeignete Getränke	ungeeignete Getränke
Mineralwasser – deckt einen Teil des Bedarfs an Flüssigkeit und enthält zusätzlich wichtige Mineralstoffe – liefert keine zusätzliche Energie in Form von Zucker	koffeinhaltige Limonaden (Cola-Getränke) – enthalten viel unerwünschte Energie in Form von Doppelzucker – enthalten Koffein – enthalten Farb- und Aromastoffe – enthalten Süßstoffe, die allergieauslösend sein können
Fruchtsaftschorlen – decken einen Teil des Bedarfs an Flüssigkeit – liefern Energie in Form von Einfachzucker – liefern wertvolle Vitamine und Mineralstoffe	Energy-Drinks – enthalten viel unerwünschte Energie in Form von Doppelzucker – enthalten Koffein, Taurin und Inosit – enthalten Farb- Aromastoffe – enthalten Süßstoffe, die allergieauslösend sein können

Bedeutung der Flüssigkeitsaufnahme für den menschlichen Körper:

– Der menschliche Organismus, also die Zellen, besteht zu zwei Dritteln aus Wasser. Der Wasserhaushalt nimmt bei zunehmenden Alter ab. So bestehen Babys zu ca. 75 %, Erwachsene zu ca. 60 % aus Wasser. Wasser ist somit ein wichtiger Baustoff der Zellen.

– Wasser ist das Lösungsmittel für den menschlichen Körper. Alle wichtigen Substanzen werden in Wasser gelöst durch den Körper transportiert. Dazu gehören Nährstoffe, aber auch Stoffwechselsubstanzen, die durch das Blut oder die Lymphe zu den Orten im Körper transportiert werden, wo sie benötigt werden.

– Unser Körper sollte daher täglich eine ausreichende Menge an Flüssigkeit aufnehmen können. Im Durchschnitt geht man dabei von ca. 3 Litern Flüssigkeit aus, die sich aus ca. 2 Litern Getränken und ca. 1 Liter aus Nahrungsmitteln und Speisen, die Flüssigkeit enthalten, zusammengesetzen.

– Bei hohen Temperaturen oder körperlicher Anstrengung wie z. B. Sport verliert der Körper über die Haut Schweiß zur Abkühlung. Diese zum Teil sehr hohen Wasserverluste des Körpers müssen ausgeglichen werden und erhöhen den durchschnittlichen Flüssigkeitsbedarf.

– Der Körper verliert auch Wasser durch Stoffwechselfunktionen wie Urin und Stuhlgang; diese Mengen müssen ersetzt werden.

– Das Durstgefühl ist bereits ein Notsignal des Körpers für einen akuten Flüssigkeitsbedarf, d. h., dass bereits ein Mangel besteht, der ausgeglichen werden muss.

– Ältere Menschen verlieren ihr Gefühl zum Durstempfinden und müssen zum Trinken angehalten werden.

– Wassermangel kann zu Konzentrationsverlust, Kopfschmerzen, Leistungsschwäche und Müdigkeit führen.

II. Zeitgemäße Vorratshaltung im privaten Haushalt

1. Vorteile der Vorratshaltung

Betritt man heutzutage einen Supermarkt, fragt man sich, ob Vorratshaltung eigentlich noch notwendig ist, da man jederzeit alle wichtigen Lebensmittel wie Obst, Gemüse, Fleisch, Kartoffeln und Teigwaren kaufen kann. Trotzdem kommt der Vorratshaltung auch heute eine wichtige Bedeutung zu, da sie viele Vorteile bietet.

Vorratshaltung spart Zeit, Arbeitskraft und Energie:
- wenn man seinen Einkauf nur einmal wöchentlich durch einen Großeinkauf erledigt,
- wenn bei der Nahrungszubereitung größere Mengen gekocht und portioniert eingefroren werden, um mehrmals davon essen zu können.

Vorratshaltung spart Geld:
- wenn man Nahrungsmittel bei Sonderangeboten in größeren Mengen kauft,
- wenn Produkte aus dem eigenen Garten durch verschiedene Konservierungsmöglichkeiten (z. B. Marmeladen, Tiefkühlkost) haltbar gemacht und bevorratet werden können.

Vorratshaltung gibt Sicherheit:
- wenn unerwartet Gäste eintreffen,
- bei überraschender Krankheit, Streiks und Katastrophenfällen
- und macht unabhängig von Ladenschlusszeiten.

Vorratshaltung von selbsterzeugten Lebensmitteln:
- Selbermachen macht Spaß und fördert die eigene Kreativität.
- Selbsterzeugte Vorräte geben Sicherheit über die Herkunft und Zubereitung der Lebensmittel.

2. Lagermöglichkeiten im privaten Haushalt

Vorräte werden grundsätzlich in Trockenvorräte wie z. B. Nudeln, Reis, Mehl oder Haferflocken, oder in Vorräte von Frischwaren wie z. B. Obst, Gemüse, Fleisch- und Wurstwaren unterschieden. Ihre Lagerung erfordern unterschiedliche Bedingungen, die durch folgende Lagermöglichkeiten gewährleistet werden:

Vorratsschrank und Speisekammer:
Sie eignen sich zur Lagerung von Brot, Trockenprodukten und Konserven. Die Luftfeuchtigkeit darf nicht zu hoch sein. Speisekammern sollten kühl sein, gut belüftet werden können und sich direkt in Küchennähe befinden. Sie sind mit Schränken und Regalen zur Aufbewahrung der Lebensmittel ausgestattet. Als Vorratsschrank in der Küche eignen sich besonders Apothekerschränke oder andere ausziehbare Schränke, die übersichtlich eingeräumt werden können.

Lagerung im Kühlschrank:
Der Kühlschrank dient zur kurzfristigen Lagerung von leicht verderblichen Lebensmitteln wie z. B. Milch und Milchprodukten, Fleisch- und Wurstwaren, Eier und Käse. Die Kühltemperatur liegt dabei zwischen 0 °C und 8 °C, je nach Lagerplatz im Kühlschrank. Stoffwechselvorgänge von Mikroorganismen werden bei dieser Temperatur verlangsamt, aber nicht verhindert. Die „wärmeren" Türfächer eignen sich daher zur Aufbewahrung von Getränken, Eiern und Butter, während die kühleren Bereiche z. B. zur Lagerung von Fleisch oder Aufschnitt verwendet werden. Salat und Gemüse lagert man am besten in einem speziellen Fach am Boden des Kühlschranks. Viele Kühlschränke besitzen ein Sterne-Kühlfach zur kurzfristigen Lagerung von Tiefkühlprodukten.

Lagerung im Mehrzonenkühlschrank:
Ein Mehrzonenkühlschrank bietet verschiedene Lagerzonen zur Kühlung wie Gefrierzone, Kühlzone, Frischhaltezone und Kellerzone. Er ersetzt in einer Etagenwohnung z. B. Speisekammer oder Keller.

Lagerung in Gefrierschrank oder Gefriertruhe:
Gefriergeräte dienen der mittel- und langfristigen Haltbarmachung und Lagerung von Lebensmitteln. Man erreicht in ihnen eine Lagertemperatur von −18 °C und niedriger, bei der Mikroorganismen nicht überleben können. Tiefkühlkost aus dem Handel kann im Gefriergerät noch längere Zeit eingelagert werden, wenn die Kühlkette nicht unterbrochen wurde. Lebensmittel sind tiefgefroren über einen lange Zeit haltbar, Fleisch je nach Sorte zwischen 4–12 Monate, Obst und Gemüse zwischen 4–10 Monate und Brot zwischen 1–4 Monate. Im Gegensatz zum Sternefach im Kühlschrank können im Gefriergerät frische selbst zubereitete Speisen portionsgerecht tiefgekühlt und gelagert werden.

Lagerung im Vorratskeller:
Der Vorratskeller war früher der wichtigste Aufbewahrungsort für Lebensmittel, heute fehlt vielen Menschen die Möglichkeit, ihre Lebensmittel an diesem Ort zu bevorraten. Kühle Temperaturen, die auch im Sommer 12 °C nicht übersteigen, gute Belüftung, Dunkelheit und eine hohe Luftfeuchtigkeit von ca. 80 % bieten ideale Möglichkeiten zur langen Lagerung von Äpfel, Birnen, Wurzelgemüse oder Kartoffeln. Der Reifeprozess von Obst und Gemüse wird verzögert, trotzdem ist eine ständige Kontrolle der Lebensmittel notwendig, um Verderb zu verhindern.

Lagerung auf Balkon, Terrasse oder Garten:
Bei niedrigen Temperaturen kann man in Ausnahmefällen kurzzeitig auf eine Lagerung im Freien ausweichen. Dazu müssen die Lebensmittel gut geschützt z. B. in Erdmieten oder Isolationsboxen verpackt werden.

3. Tipps für eine sorgfältige Lagerhaltung

Zur Lagerhaltung gehört auch eine sorgfältige Pflege des Vorrats, durch die Nahrungsmittelverderb und Nährstoffverlust vermieden werden kann. Dazu gehören neben der richtigen Lagerung auch Sauberkeit und Kontrolle der eingelagerten Lebensmittel.

Weitere Tipps, die bei der Lagerhaltung beachtet werden sollten sind:
– Lebensmittelvorräte planen, d. h. die Mengen festlegen, die für den jeweiligen Haushalt anmessen sind, und mit dem tatsächlichen Bestand abgleichen.
– Lagerfähige Vorräte wie z. B. Nudeln, Reis, Mehl oder andere Trockenprodukte so einräumen, dass ältere Produkte zuerst verbraucht werden.
– Nahrungsmittel abdecken oder gut verpackt lagern.
– Regelmäßige Kontrolle der Lebensmittel auf das Mindesthaltbarkeitsdatum. Das MHD ist kein Verfallsdatum, sondern gibt den Zeitpunkt an, bis zu dem der Hersteller bei sachgerechter Lagerung eine Garantie für das Produkt übernimmt.
– Selbsterzeugte Lebensmittel oder Tiefkühlkost mit Inhalt und Datum beschriften.
– Obst und Gemüse müssen voneinander getrennt gelagert werden, da Reifegase von Obst (Ethylen) die Reifung von Gemüse beschleunigen.
– Vorräte regelmäßig auf Schädlingsbefall, Fäulnis und Schimmel überprüfen. Betroffene Lebensmittel müssen sofort aussortiert und vernichtet werden.
– Auf eine regelmäßige Belüftung der Lagerräume achten, verschmutzte Regale oder Aufbewahrungsstätten gründlich reinigen.
– Regelmäßige Kontrolle von Konserven und selbst eingemachten Vorräten. Bei gewölbten Konserven oder Einmachgläsern, deren Deckel sich lösen, unbedingt den Inhalt entsorgen. Vergiftungsgefahr!

4. Konservierungsarten für die längerfristige Vorratshaltung von Kräutern

Kräuter sind nicht nur Würzmittel, mit denen wir Speisen den typischen Geschmack geben und das Aroma abrunden. Sie enthalten außerdem wertvolle Vitamine und Mineralstoffe und wirken sogar heilend bei einer Vielzahl von Krankheiten.

Sie stehen uns nur in den Sommermonaten frisch zur Verfügung, aber mit den richtigen Methoden können sie für einen längeren Zeitraum konserviert werden.

Konservierung durch Tiefgefrieren:

Nicht alle Kräuter eignen sich zum Tiefgefrieren. Besonders geeignet ist dieses Konservierungsverfahren für Gartenkräuter wie z. B. Bärlauch, Basilikum, Borretsch, Dill, Kerbel, Melisse, Petersilie, Pimpinelle, Rucola, Sauerampfer und Schnittlauch. Die Kräuter werden möglichst jung geerntet oder möglichst frisch gekauft. Man entfernt die welken Blätter, wenn notwendig werden die Kräuter dann unter fließendem kaltem Wasser gewaschen und danach sorgfältig trockengetupft. Auf Portionen aufgeteilt und zerkleinert kann man die Kräuter im Eiswürfelbehälter mit etwas Wasser einfrieren. Die gefrorenem Kräuterwürfel werden dann entnommen und in einem größeren Behälter im Tiefkühler aufwahrt. Bei dieser Konservierungsart bleiben Vitamine und Mineralstoffe weitgehend erhalten.

Konservierung durch Trocknen:

Das Trocknen von Kräutern ist die bekannteste und wichtigste Konservierungsart. Sie eignet sich besonders für Kräuter, die eine feste Zellstruktur und ein kräftiges Aroma aufweisen, wie z. B. Bohnenkraut, Estragon, Liebstöckel, Majoran, Oregano, Rosmarin, Salbei und Thymian. Die sauberen und einwandfreien Kräuter müssen trocken geerntet werden und dürfen nicht gewaschen werden. Man kann sie entweder auf Pergament locker ausbreiten oder zu kleinen Sträußen zusammenbinden, diese kopfüber an einem trockenen, warmen, luftigen und dunklen Ort aufhängen und ca. 7–14 Tage trocknen lassen. Danach werden die Stängel entfernt und die Blätter oder Blüten in luftdichte, dunkle Gläser zur Aufbewahrung abgefüllt. Bei dieser Konservierungsmethode entstehen erhebliche Vitamin- und Aromaverluste.

Konservierung durch Einlegen in Öl oder Essig:

Für die Herstellung von Kräuterölen sollten die verwendeten Öle möglichst geschmacksneutral sein. Empfehlenswert sind Sonnenblumen-, Mais- oder Weizenkeimöl. Die frischen Kräuter werden gewaschen und sorgfältig trocken getupft, da Feuchtigkeit die Haltbarkeit des Öls vermindert. Die so vorbereiteten Kräuter füllt man in eine dunkle Flasche, begießt sie mit dem Öl und lässt die Mischung ca. 3–4 Wochen im Dunkeln reifen. Ein so bereitetes Kräuteröl ist etwa ein Jahr haltbar.

Für die Herstellung von Kräuteressig verwendet man gern Apfelessig, da er ein mildes Aroma hat. Ansonsten gilt dieselbe Verfahrensweise wie bei der Kräuterölherstellung, nur das Trocknen der Kräuter entfällt.

Die ätherischen Öle der Kräuter und ihre Geschmacksstoffe gehen bei der Reifung auf den Essig bzw. auf das Öl über.

5. Konservierungsarten für Johannisbeeren

Für die Konservierung von frischen Johannisbeeren bieten sich folgende Verfahren an:

Konservierungs-art	Verfahren/Haltbarkeit	Ablauf
Tiefgefrieren	Das Wachstum von Mikroorganismen wird bei einer Kälteeinwirkung von bis zu -24 °C gehemmt, jegliche Enzymtätigkeit wird dabei verhindert. Haltbarkeit: 9–12 Monate	Johannisbeeren putzen, waschen und in geeignete Gefrierbehälter füllen. Bei -24 °C tiefgefrieren. Aufgetaute Johannisbeeren können sofort verarbeitet werden.
Dampfentsaften	Mikroorganismen werden durch die Hitze abgetötet. Haltbarkeit: gezuckert bis zu 6 Monate, ungezuckert über ein Jahr	Gewaschene Johannisbeeren in Dampfentsafter füllen. Durch die Hitzeeinwirkung platzen die Beeren auf und der Saft tritt aus. Der so entstandene heiße Saft wird evtl. mit Zucker versetzt oder pur in Flaschen abgefüllt und kann so gelagert werden.
Marmelade oder Gelee bereiten	Wasserentzug durch den Zusatz von Zucker und Hitze wirkt keimtötend. Haltbarkeit: über ein Jahr	Geputzte und gewaschene Johannisbeeren in Kombination mit anderen Früchten unter Zusatz von Zucker und Geliermitteln aufkochen und zu Marmelade verarbeiten, oder Johannisbeersaft unter Zusatz von Zucker und Gelierzucker zu Gelee verarbeiten.
Einlegen in Alkohol	Alkohol tötet Mikroorganismen ab. Haltbarkeit: 5–6 Monate	Die Johannisbeeren werden geputzt, gewaschen und in Kombination mit anderen Beeren in einem Tontopf mit Alkohol (z. B. Rum) eingelegt.
Roh gerührte Konfitüre	Zucker entzieht den Mikroorganismen Wasser und tötet sie so ab. Haltbarkeit: 3–4 Wochen	Die geputzten und gewaschenen Johannisbeeren werden zerkleinert und mit einem Teil Zucker (Anteil gesamt 1:1) vermischt und ziehen so Saft. Die Masse wird dann mit dem restlichen Zucker und etwas Zitronensaft 10–15 Minuten fertig gerührt und im Kühlschrank gelagert.

I. XXL Generation!?

1.1 Betrachten Sie das nachfolgende Diagramm und formulieren Sie die Kernaussage mit Blick auf die deutsche Bevölkerung.

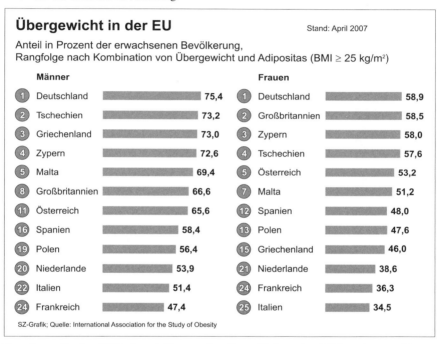

Übergewicht in der EU Stand: April 2007

Anteil in Prozent der erwachsenen Bevölkerung,
Rangfolge nach Kombination von Übergewicht und Adipositas (BMI ≥ 25 kg/m²)

	Männer				Frauen	
①	Deutschland	75,4		①	Deutschland	58,9
②	Tschechien	73,2		②	Großbritannien	58,5
③	Griechenland	73,0		③	Zypern	58,0
④	Zypern	72,6		④	Tschechien	57,6
⑤	Malta	69,4		⑤	Österreich	53,2
⑧	Großbritannien	66,6		⑦	Malta	51,2
⑪	Österreich	65,6		⑫	Spanien	48,0
⑯	Spanien	58,4		⑬	Polen	47,6
⑲	Polen	56,4		⑮	Griechenland	46,0
⑳	Niederlande	53,9		㉑	Niederlande	38,6
㉒	Italien	51,4		㉔	Frankreich	36,3
㉔	Frankreich	47,4		㉕	Italien	34,5

SZ-Grafik; Quelle: International Association for the Study of Obesity

1.2. Berechnen Sie den BMI eines 1,80 m großen Jugendlichen, der 120 kg wiegt, und beurteilen Sie sein Gewicht.

2. Erstellen Sie einen Maßnahmenkatalog mit zehn Regeln, der Jugendlichen helfen soll, eine dauerhafte Gewichtsreduzierung zu erreichen.

3. Stellen Sie anhand einer Tabelle dar, zu welchen körperlichen und seelischen Folgen Übergewicht führen kann. Geben Sie je vier Beispiele.

4. Diabetes tritt häufig als Folge von Übergewicht auf. Definieren Sie den Begriff „Diabetes mellitus" und zeigen Sie die verschiedenen Diabetes-Typen mit ihren wesentlichen Merkmalen auf.

5. Fastfood liegt bei Jugendlichen voll im Trend, wird jedoch von Ernährungsexperten kritisch gesehen! Stellen Sie anhand von fünf Argumenten die Nachteile von Fastfood dar und formulieren Sie fünf Regeln zur Aufwertung des Tageskostplans.

II. Ergonomie – Kunstoffe

1. Definieren Sie den Begriff „Ergonomie" und zeigen Sie auf, wie Sie die Grundsätze der Ergonomie bei der Planung einer Küche realisieren können.

2. In der Küche sind unterschiedliche Kunststoffe im Einsatz. Beschreiben Sie die vier verschiedenen Kunststoffarten und ordnen Sie diesen je zwei Haushaltsgegenstände zu.

3. Ungefähr 1,5 Millionen Tonnen Verpackungsmüll aus Kunststoff fallen in Deutschland pro Jahr an. Bewerten Sie Kunststoffverpackungen hinsichtlich Verwendbarkeit, Haltbarkeit und Umweltverträglichkeit.

I. XXL Generation!?

1.1 *Bei dieser Aufgabe werden von Ihnen sogenannte Schlüsselqualifikationen abgefragt, das Auswerten und Interpretieren von Schaubildern und -diagrammen zählt dazu. Hier wird verlangt, dass Sie das Diagramm „übersetzen" können, d. h. dass Sie die grafisch dargestellte Aussage erfassen und in eine sprachliche Aussage umformen können.*

75,4 % der deutschen Männer und 58,9 % der deutschen Frauen haben Übergewicht und/ oder Adipositas und stehen damit im EU-Gesamtvergleich an erster Stelle.
Diese Zahlen sind alarmierend, denn starkes Übergewicht ist vielfach verbunden mit Folgeerkrankungen, die das Gesundheitswesen und die Wirtschaft mit hohen Kosten belasten.

1.2 *Diese Aufgabe besteht aus zwei Einzelaufgaben. Zunächst müssen Sie den sogenannten Body Mass Index (BMI) errechnen. Für eine Bewertung („beurteilen Sie") des Ergebnisses muss man wissen, was der BMI überhaupt aussagt, daher sollten Sie diesen kurz erklären.*

Formel für die Berechnung des Body Mass Index

$$BMI = \frac{\text{Körpergewicht in Kilogramm}}{(\text{Körpergröße in Metern})^2} \qquad \text{BMI Jugendlicher} = \frac{120 \text{ kg}}{(1,80 \text{ m})^2} = 37,03$$

Beurteilung des Ergebnisses

Die Körpergröße von 1,80 m im Verhältnis zum Gewicht von 120 kg ergibt einen BMI-Wert von 37,03. Dieser Wert kann in eine vorgegebene Tabelle der WHO (Weltgesundheitsorganisation) eingeordnet werden. Nach deren Klassifizierung ist ein BMI-Wert von 35–39,9 für einen männlichen Jugendlichen dieser Größe sehr bedenklich. Die WHO spricht von Fettsucht bzw. Adipositas Grad II. Eine dauerhafte Gewichtsreduktion ist unbedingt erforderlich, um gesundheitsgefährdende Folgeerscheinungen zu verhindern.

2. *Hier sollen zehn Regeln aufgelistet („Maßnahmenkatalog") werden, die Jugendlichen helfen können, <u>langfristig</u> ihr Gewicht zu reduzieren. Achten Sie darauf, dass die Regeln aussagekräftig sind (also mit kurzer Erklärung), und vermeiden Sie Überschneidungen.*

1. Maßnahme:
Die tägliche Energiezufuhr unter den tatsächlichen Bedarf senken. Hierbei sollten Jugendliche, die sich noch im Wachstum befinden, individuell betreut werden, am besten durch einen Arzt oder einen Diabetologen.

2. Maßnahme:
Regelmäßig Sport treiben, denn Bewegung ist das A und O bei der Gewichtsreduktion. Ohne eine körperliche Betätigung und den Aufbau von Muskeln, die wiederum mehr Energie verbrauchen, ist keine dauerhafte Gewichtsreduktion möglich.

3. Maßnahme:
Komplexe Kohlenhydrate (wie z. B. Vollkornprodukte) auswählen. Sie sättigen lange, da der Blutzuckerspiegel nicht so schnell abfällt; das Hungergefühl bleibt also länger aus.

4. Maßnahme:
Vorsicht vor versteckten Fetten! Fette sind hoch kalorische Energieträger. In vielen Lebensmitteln sind Fette zudem stark verarbeitet; die sogenannten Transfette, z. B. pflanzliches Fett, sind teilweise gehärtet. Transfette sind für den Körper sehr schwer abbaubar.

5. Maßnahme:
Eiweißreiche Lebensmittel einplanen, z. B. fettarmes Geflügel und Fisch. Dabei auf eine gute biologische Wertigkeit achten. Gerade für den Muskelaufbau durch Sport benötigt der Körper hochwertiges Eiweiß.

6. Maßnahme:
Viel Obst und noch mehr Gemüse auf den Speiseplan setzen – „Five a Day", sollte das Motto lauten. Zu jeder Mahlzeit eine frische Variante einplanen. Obst und Gemüse enthalten viele Ballaststoffe, die lange satt machen.

7. Maßnahme:
Mehr als ausreichend trinken. Die Flüssigkeit füllt den Magen und entschlackt den Körper. Allerdings sind nur Getränke ohne Zucker und Alkohol oder stark verdünnte Schorlen zu empfehlen.

8. Maßnahme:
Die richtigen Garverfahren wählen. Kartoffeln können fettarm (Dampfkartoffeln) oder fettreich (Bratkartoffeln) zubereitet werden. Auch Pommes Frites könnten statt in der Fritteuse im Backofen aufbereitet werden; das spart Fett und schmeckt trotzdem gut.

9. Maßnahme:
Feste Essenszeiten einhalten. Fünf kleine, geplante Mahlzeiten über den Tag essen. Die kann der Körper leichter verdauen. Darauf achten, dass man nicht den ganzen Tag dahin isst, z. B. neben dem Fernsehschauen.

10. Maßnahme:
Nicht hungrig einkaufen gehen. Eine Gewichtsreduktion fängt meist schon beim Einkauf an. Studien haben gezeigt, dass ständig mehr gekauft als gebraucht wird. Außerdem keine verlockenden Dickmacher in großen Mengen kaufen; sind sie erst zuhause, dann werden sie meist auch vollständig gegessen.

3. *Die Aufgabenstellung verlangt, dass die Lösungspunkte in Tabellenform angeordnet werden. Diese Darstellung dient in der Regel der größeren Übersichtlichkeit, vor allem, wenn unterschiedliche Aspekte einander zugeordnet werden sollen. Hier wäre eine einfache Auflistung untereinander ebenso möglich; da jedoch ausdrücklich eine Tabelle gefordert ist, werden die unterschiedlichen Folgen in Spalten nebeneinander notiert.*

Körperliche Folgen	Seelische Folgen
– Durch Übergewicht werden die Gelenke stark bis sehr stark beansprucht. Es können sich massive Gelenkschäden entwickeln.	– Der eigene Körper wird oft abgelehnt. Das Selbstwertgefühl und Selbstbewusstsein leiden oft sehr stark.
– Die Überbelastung der Wirbelsäule durch das Mehrgewicht und durch eine mögliche Fehlhaltung kann zu Bandscheibenschäden führen.	– Ein Schamgefühl kann entstehen. Manche Jugendliche trauen sich nicht mehr, in die Disco oder in das Freibad zu gehen. Sie ziehen sich immer mehr vom normalen Leben zurück.
– Das Herz-Kreislauf-System wird durch die Mehrarbeit erheblich belastet. Es könnte zu Herz-Kreislauf-Schäden kommen, im schlimmsten Fall zu einem Herzinfarkt.	– Einschränkungen im Alltag sind vorprogrammiert: Normmöbel (Sitze) können zu eng sein, der Kleidungskauf ist erschwert.
– Ein Übergewichtiger belastet seinen Stoffwechsel. Stoffwechselstörungen mit Gicht und/oder Diabetes als Folge sind nicht auszuschließen.	– Möglicherweise erfolgt eine Ausgrenzung oder Verspottung durch die Peer Group (Gleichaltrigengruppe). Aggressionen oder Depressionen sind die Folgen.

4. *Zunächst ist hier eine allgemeine Erklärung des Begriffs „Diabetes mellitus" verlangt (Herkunft und Bedeutung der Wörter). Beim zweiten Teil der Aufgabe müssen Sie wissen, dass es zwei Diabetes-Typen gibt, deren Merkmale Sie anschließend beschreiben sollen. Sie können diese untereinander auflisten, allerdings hier ist eine Darstellung in Tabellenform günstiger, da die Merkmale nach verschiedenen Gesichtspunkten gruppiert werden können (Alter, Ursache, Behandlung etc.).*

Definition

„Diabetes mellitus" wird aus dem Griechischen abgeleitet und bedeutet soviel wie **honigsüßer Durchfluss**. Der Begriff benennt eine Stoffwechselkrankheit, bei der die Betroffenen unter einem erhöhten Blutzuckerspiegel leiden. Schuld daran ist fehlendes oder unzureichend vorhandenes Insulin.

Diabetes Typ I	Diabetes Typ II
Merkmale	
Diese Art von Diabetes kann bereits im Kindesalter auftreten.	Typ II entwickelt sich oft schleichend und tritt daher meist bei älteren Menschen auf (daher der Begriff „Altersdiabetes").
Der Grund dafür ist ein vollkommener Insulinmangel, d. h. der Körper stellt kein eigenes Insulin her. Der Insulinmangel wurde wahrscheinlich durch einen Infekt, Vererbung (Gendefekt) oder durch einen Autoimmunprozess verursacht.	Auch hier wird wenig oder kein Insulin mehr produziert. Es kann auch sein, dass das Insulin in seiner Wirkung nicht mehr ausreichend ist.
Die Betroffenen haben meist ein Normalgewicht.	Personen mit Diabetes II sind oft übergewichtig (80 %).
Das Insulin muss künstlich hinzugeführt (gespritzt) werden.	Bei Altersdiabetes hilft oft schon eine Bewegungsverordnung, eine Umstellung der Kost (wenig/kaum Kohlenhydrate wie Einfach- oder Doppelzucker). Vollkornprodukte sind in vertretbaren Mengen erlaubt (hängt vom Gesamtgewicht ab).

5. *Auch diese Aufgabenstellung beinhaltet eine Zweiteilung: Zunächst sollen Sie negative Auswirkungen des Fastfood-Konsums aufzeigen, wobei ein Argument mehr ist als eine bloße Aufzählung; hier sollen Sie auch begründen, z. B. warum eine hohe Kohlenhydrat-Aufnahme ungünstig ist. Im zweiten Schritt sollen Sie Möglichkeiten aufzeigen, wie man den Tageskostplan gestalten kann, um trotz gelegentlichen Fast-Food-Konsums eine ausgewogene Nährstoffaufnahme zu gewährleisten.*

Fünf Argumente gegen die Ernährungsform „Fastfood"

– Viele Fastfood-Produkte, z. B. Burger, Pommes oder Milchmixgetränke, enthalten sehr viele Kohlenhydrate, deren Sättigung nicht lange anhält. Es wird oft nach kurzer Zeit wieder gegessen. Die Gefahr, dass der Körper zu viel Energie aufnimmt, ist groß.

– Die Herkunft und Qualität von Fastfood-Zutaten ist oft zweifelhaft. Hochwertige Lebensmittel, z. B. aus biologischem Anbau, werden in der Fastfood-Branche kaum verarbeitet, da sie in der Regel zu teuer sind.

- Fastfood enthält allgemein zu viele gesättigte Fettsäuren (Mayonnaise in Salatsoßen, gehärtete Fette in Backmischungen und viele weitere Extra-Fettportionen). Die darin enthaltene Energie wird in Fettdepots gelagert, die schnell zu Übergewicht führen.
- Fast alle Produkte, Salatsoßen oder Dipps enthalten Glutamat (Geschmacksverstärker). Die Folgen einer permanenten Aufnahme dieser Stoffe sind zwar noch nicht genau geklärt (z. B. stehen sie in Verdacht, Allergien auszulösen); es kommt auf jeden Fall aber zu einer Gewöhnung an die Geschmacksverstärker, sodass normal gewürzte Speisen oft nicht mehr schmecken.
- Die Lebensmittel sind meist stark verarbeitet oder verändert. In Fastfood-Ketten wird das günstigere sogenannte „Formfleisch" z. B. für Chicken Nuggets verwendet. Außerdem wird für einige Produkte Analogkäse verwendet (künstlich hergestellter Formkäse).

Fünf Möglichkeiten, den Tageskostplan aufzuwerten

- Zu einem Fastfood-Gericht auch frische Zutaten essen. Ein Stück Obst als Nachspeise enthält viele Vitamine und Mineralstoffe.
- Die Getränkeauswahl zu einem Fastfood-Menü überdenken. Kalorienfreie Getränke wie Mineralwasser oder eine kalorienarme Saftschorle ergänzen das Menü nicht durch weitere Zucker- und somit Kalorienbomben.
- Ballaststoffe einbauen. Diese sättigen länger und das Hungergefühl kommt so schnell nicht wieder. Ein Beilagensalat zur Ergänzung des Menüs ist sehr gut geeignet.
- Einen Ausgleich der zu viel aufgenommenen Energie auf den gesamten Tag und die Woche verteilen. Nach einem kalorienreichen Mittagsmenü in einem Fastfood-Restaurant wäre es sinnvoll, am Abend einen Salatteller oder eine frische Gemüsesuppe zu essen. Auch der tägliche Gang zur Fastfood-Kette sollte vermieden werden.
- Fette und Kohlenhydrate durch Sport verbrauchen. Ausdauersportarten wie z. B. Joggen oder Schwimmen können die aufgenommene überschüssige Energie abbauen.

II. Ergonomie – Kunststoffe

1. *Bei dieser Aufgabe erklären Sie zunächst Herkunft und Bedeutung des Begriffs Ergonomie. Anschließend überlegen Sie, welche Faktoren grundsätzlich zur ergonomischen Gestaltung eines Arbeitsplatzes gehören (Möblierung, Lichtverhältnisse, Geräuschaufkommen, Farbgestaltung etc.) und zeigen dann anhand verschiedener Beispiele, wie man dies konkret bei der Planung des Arbeitsplatzes Küche umsetzen kann.*

Definition Ergonomie

„Ergon" ist im Griechischen die Arbeit, „nomos" das Gesetz. Davon wird der Begriff Ergonomie abgeleitet. Gemeint sind dabei „Arbeitsgesetze" oder anders ausgedrückt Arbeitsgrundsätze. Man versteht darunter die Wissenschaft von den Arbeitsbedingungen und deren optimale Anpassung an die Leistungsfähigkeit des Menschen. Damit sollen körperliche und psychische Schäden vermieden werden, z. B. Rückenschmerzen oder Burnout. Die Gesunderhaltung des Menschen steht bei der Ergonomie im Vordergrund.

Ergonomische Grundsätze bei der Küchenplanung

- Die Arbeitshöhe sollte an die Größe der betreffenden Benutzer angepasst sein. Wichtig dabei ist, dass alle Familienmitglieder, die öfter in der Küche tätig sind, berücksichtigt werden, z. B. durch höhenverstellbare Arbeitsbereiche oder durch Berücksichtigung von Durchschnittswerten, wenn die Größenverhältnisse der Familienmitglieder nicht zu unterschiedlich sind.

- Ein Teil des Arbeitsbereiches soll unbedingt auch zum Arbeiten im Sitzen geeignet sein. Das schützt bei längeren Schäl- und Schneidearbeiten vor Ermüdung.
- Die Planung der Beleuchtung sollte sehr gut durchdacht werden. Direkte und indirekte Beleuchtung sollte möglich sein, das Licht darf den Benutzer nicht blenden und sollte nicht zu grell sein. Neonlicht hebt die Ermüdungsschwelle. Außerdem sollten die Lichtquellen so angebracht werden, dass man sich nicht selbst einen Schatten wirft (bei Rechtshändern z. B. auf der linken Seite).
- Die Küchenzeile sollte auf Rechts- oder Linkshänder ausgelegt sein. Die Aufbaurichtung des Spülbereiches, der Zubereitungszone usw. ist so am rationellsten nutzbar.
- Durch eine geschickte Küchenplanung können alle Arbeitsgeräte und Lebensmittel so angeordnet werden, dass man beim Arbeiten die Arme nicht überkreuzen muss und innerer und äußerer Greifraum ausgenutzt werden können.
- Lange Wege können vermieden werden durch ein durchdachtes Ordnungssystem, gut genutzte Stauräume und eine Anordnung der Geräte entsprechend ihrer Verwendungshäufigkeit.
- Eine gute Belüftung sollte unbedingt eingeplant werden. Sie beugt Ermüdungserscheinungen durch Sauerstoffmangel vor.
- Der hochgesetzte Einbau von Backofen oder/und Spülmaschine erleichtert das rückenschonende Arbeiten.

2. *Hier ist bei der Darstellung der Lösung die Verwendung einer Tabelle empfehlenswert, da den verschiedenen Kunststoffarten zwei unterschiedliche Elemente (Beschreibung der Eigenschaften, je zwei Haushaltgeräte als Beispiele) zugeordnet werden sollen. In Spalten nebeneinander (= Tabelle) wirkt das am übersichtlichsten.*

Kunststoffart	Beschreibung	Beispiele
Thermoplaste	- fadenartige, unvernetzte Molekularstruktur - bei leichter Erwärmung (ab 60 °C) verformbar, ist somit plastisch - erhärtet wieder bei Abkühlung - Besonderheit: Teflon (extrem hitze- und kältebeständig bis ca. $-200\,°C$ und $+260\,°C$)	Messbecher, Salatschüssel
Duroplaste	- stark vernetzte Molekularstruktur - behält seine Form bei Erwärmung auch bei Backofentemperaturen - keine Verformung durch Druck	Mikrowellengeschirr, Topfgriffe (Töpfe werden zum Warmhalten in den heißen Backofen gestellt)
Elastomere	- verknäulte Molekularstruktur - dehnbar und stauchbar, geht wieder in seine Ausgangsposition zurück - bis 100 °C hitzebeständig	Schwämme, Schwammtücher
Silikone	- polymere Verbindungen - sehr hitzebeständig - durch ihre wasserabweisenden Eigenschaften leicht zu reinigen - durch Säuren und Oxidation kaum zu schädigen	Silikonbackpinsel, Silikonbackformen

3. *Der Begriff „bewerten" bedeutet hier „aufzählen und beschreiben". In manchen Fällen können sich die Zuordnungen auch überschneiden, z. B. könnte der Punkt „Wiederverwendbarkeit" sowohl bei der Haltbarkeit als auch bei der Umweltverträglichkeit angeführt werden.*

Verwendung	– Fleischerzeugnisse können unter Vakuum hygienisch verpackt werden (z. B. Geflügelfleisch).
	– Lebensmittel werden durch diese Verpackungsform sichtbar gemacht (Kaufanreiz). Der Pudding mit Sahnehaube ist „zum Greifen nah".
	– Kunststoff hat die Funktion von Verpackungsmaterial und Essgeschirr in einem. Ein Fruchtjogurt wird kaum in einer Schüssel angerichtet, bevor er gegessen wird. Ebenso entfällt das Umpacken von Fertiggerichten für die Mikrowelle auf einen Essteller.
Haltbarkeit	– Kunststoffverpackungen haben eine fast unbegrenzte Haltbarkeit (sehr lange Lebensdauer). Eine Plastikflasche für Saft ist nicht zerbrechlich und kann nach ihrer Verwendung immer wieder befüllt werden (Mehrweg).
	– Kunststoffverpackungen sind luft- und flüssigkeitsundurchlässig. Vitamine und Mineralstoffe eines Produktes, z. B. von Olivenöl, werden geschont.
	– Kunststoff ist außerdem säurebeständig. Das ist wichtig bei der Verpackung von z. B. Fruchtsäure, Milchsäure und Essigsäure.
Umwelt-verträglichkeit	– Die Herstellung und Entsorgung von Kunststoffen ist umweltbelastend. Bei der Verbrennung werden Schadstoffe freigesetzt. Ist die Verbrennungstemperatur zu gering, wird das hochgiftige Dioxin freigesetzt.
	– Das Material verrottet kaum und belastet das Ökosystem. Recycling wäre eine gute Lösung, doch das ist sehr teuer und aufwändig wegen des großen Kunststoffsortenangebots.
	– Nicht jeder Kunststoff ist lebensmittelgeeignet (es könnten sich Schadstoffe lösen und z. B. Allergien verursachen). Kunststoffe müssen daher speziell für die Verwendung für Lebensmittel hergestellt werden (Gütezeichen wie das RAL-Testat und das Glas-Gabel-Zeichen weisen auf die Verwendung für Lebensmittel hin).

I. Vegetarismus

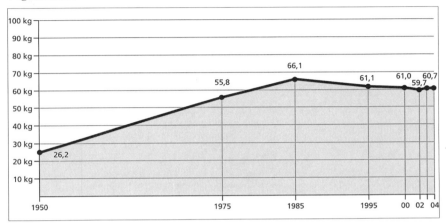

1. Die Grafik zeigt den Fleischkonsum in Deutschland von 1950–2004 (Angaben in Kilogramm pro Kopf und Jahr). Entgegen diesem Trend leben derzeit in Deutschland rund 6 Millionen Vegetarier – Tendenz steigend!
    Nennen Sie drei Gründe, warum sich viele für die vegetarische Kostform entscheiden, und führen Sie jeweils zwei Beispiele an.

2. Erstellen Sie eine Tabelle, in der Sie die drei vegetarischen Kostformen nennen und zählen Sie auf, welche Lebensmittel jeweils verwendet werden.

3. Bewerten Sie eine Form des Vegetarismus aus ernährungsphysiologischer Sicht.

4. Die Kenntnis über natürliche Schadstoffe ist für den Vegetarier von besonderer Bedeutung. Beschreiben Sie drei dieser Giftstoffe und zeigen Sie je zwei Maßnahmen auf, diese zu vermeiden.

II. Der Familienhaushalt: Bedürfnisse – Aufgaben – ökonomische Prinzipien

1. Strukturieren und beschreiben Sie die menschlichen Bedürfnisse in einem Privathaushalt.

2. Nennen Sie je drei ökonomische, ökologische und soziale Aufgaben, die in einem Haushalt anfallen.

3. Beim ökonomischen Handeln unterscheidet man das „Minimalprinzip" und das „Maximalprinzip". Erklären Sie beide Begriffe und finden Sie zu jedem Prinzip ein Beispiel.

4. Über Gentechnik im Lebensmittelbereich wird viel diskutiert. Beurteilen Sie den Einsatz aus ökologischer Sicht.

Lösungsvorschlag

I. Vegetarismus

1. *Bei dieser Aufgabe lassen sich zunächst sehr viele Einzelaspekte („Beispiele") finden. Versuchen Sie, diese nach übergeordneten Kategorien (hier: „Gründe", z. B. Gesundheit, Ökologie, Ökonomie, Ethik, Religion) zu strukturieren und wählen Sie für jede Kategorie zwei Beispiele zur Verdeutlichung aus.*

Gesundheitliche Gründe

– Das Risiko für Übergewicht und ernährungsbedingte Krankheiten wie Arteriosklerose, Herz-Kreislauf-Erkrankungen, Bluthochdruck, Gicht, Gallensteine und verschiedene Krebserkrankungen wird erheblich gesenkt.
– Fleisch enthält oft mehr Schadstoffe als rein pflanzliche Kost, da viele Nutztiere mit Antibiotika behandelt werden und zusätzlich durch Pestizide in den Futterpflanzen belastet sind (Potenzierung der Schadstoffe).

Ökologische Gründe

– Die (Massen-)Tierhaltung hat durch die enormen Mengen an CO_2-Ausscheidung der Tiere einen erheblichen Anteil am Treibhauseffekt; vor allem die Rinderhaltung ist eine große Belastung für das Klima.
– Vegetarische Ernährung trägt dazu bei, die natürlichen Ressourcen zu schonen, da bei der Fleischproduktion z. B. große Mengen an Wasser mit Stickstoff und Phosphaten (über die Mineraldünger beim Futtermittelanbau) verschmutzt und die Böden durch Gülle übersäuert werden.

Ökonomische Gründe

– Die Erzeugung von tierischen Nahrungsmitteln erfordert ein Vielfaches an Ressourcen (Ackerland, Wasser, Energie), um dieselbe Menge an Kalorien zu produzieren, die in pflanzlicher Nahrung enthalten ist.
– Eine Ernährung der Weltbevölkerung ist mit einem hohen Anteil an tierischen Nahrungsmitteln nicht durchführbar. Mit der vorhandenen Ackerfläche könnten dagegen global alle Menschen ausreichend mit pflanzlicher Kost versorgt werden.

Weitere Lösungsvorschläge:

Religiöse Gründe

– In einigen Religionen wird das Töten von Tieren zum Zwecke der Nahrungsmittelgewinnung abgelehnt (z. B. im Hinduismus oder in einigen Formen des Buddhismus).
– Das Gebot „Du sollst nicht töten!" ist für viele Christen ein Bekenntnis zum Vegetarismus.

Ethische Gründe

– Die Erzeugung von Fleisch ist heutzutage meist verbunden mit nicht artgerechter Lebensweise (Massentierhaltung) und großem Leid der Tiere.
– Fleischproduktion bedeutet in letzter Konsequenz auch Gewaltanwendung (z. B. bei der Schlachtung).

2. *In der Aufgabenstellung wird zwar nur nach den verwendeten Lebensmitteln gefragt; um die Unterschiede zwischen den vegetarischen Ernährungsformen besser zu verdeutlichen, ist es jedoch sinnvoll, auch die Nahrungsmittel zu nennen, auf die verzichtet wird.*

ovo-lacto-vegetabile Kost	lacto-vegetabile Kost	vegane Kost
– pflanzliche Lebensmittel – Milch und Milchprodukte – Eier und Honig – **Verzicht** auf Fleisch und Fisch	– pflanzliche Lebensmittel – Milch- und Milchprodukte – **Verzicht** auf Fleisch, Fisch und Eier	– pflanzliche Lebensmittel – **Verzicht** auf jegliche Lebensmittel tierischen Ursprungs, auch keine Produkte vom lebenden Tier wie Milch, Eier, Honig

3. *Wählen Sie <u>eine</u> der drei vegetarischen Kostformen aus und analysieren Sie die verschiedenen Inhaltsstoffe (Nährstoffe, Vitamine, Mineralstoffe) der dabei verwendeten Nahrungsmittel. Beurteilen Sie diese Kostform anschließend in Bezug auf ihre Vollwertigkeit (Ausgewogenheit) und auf ihre möglichen Mängel.*

Vegane Ernährungsweise

Bei dieser Kostform fehlen neben Fleisch und Fisch sämtliche Produkte, die von Tieren gewonnen werden, also auch Milch und Milchprodukte, Eier und Honig. Grundlage dieser Ernährungweise sind Getreide, Hülsenfrüchte, Nüsse, Obst und Gemüse.

– Kohlenhydrate
Der hohe Ballaststoffanteil dieser Kostform sorgt für verschiedene positive Auswirkungen auf den Organismus. Neben einem lang anhaltendem Sättigungsgefühl durch die lange Verweildauer im Magen wird Verstopfung vorgebeugt und der Darm durch den Quellvorgang der Kohlenhydrate in Bewegung gehalten. Außerdem binden Ballaststoffe bei der Verdauung Schadstoffe und senken den Cholesterinspiegel. Stärkehaltige Produkte wie z. B. Vollkornbrot, Kartoffeln oder Hülsenfrüchte bilden den verdaulichen Kohlenhydratanteil und liefern daneben noch andere wertvolle Inhaltsstoffe.

– Fett
Da auf tierisches Fett vollständig verzichtet wird, ist die Fettzufuhr insgesamt geringer als bei normaler Mischkost. Vegane Kost ist weitgehend cholesterinfrei und enthält nur geringe Mengen an gesättigten Fettsäuren, der Anteil an essenziellen ungesättigten und mehrfach ungesättigten Fettsäuren ist dagegen sehr hoch.

– Eiweiß
Pflanzliches Eiweiß enthält weniger der vom Körper benötigten essenziellen Aminosäuren als tierisches Eiweiß, daher muss auf die richtige Kombination verschiedener Eiweißquellen geachtet werden, um eine ausreichende Versorgung zu gewährleisten. Hülsenfrüchte wie Bohnen oder Linsen kombiniert mit Getreideprodukten erhöhen z. B. die biologische Wertigkeit des pflanzlichen Eiweißes.

– Vitamine, sekundäre Pflanzenstoffe
In pflanzlicher Kost kommen reichlich wasser- und fettlösliche Vitamine vor, z. B. C, A, B6 oder Thiamin, dazu antioxidative Vitamine und sekundäre Pflanzenstoffe. Allerdings kann die Versorgung mit den Vitaminen D, B2 und B12 bei rein veganer Ernährung problematisch werden, da diese fast ausschließlich in tierischen Produkten enthalten sind. Um eine Unterversorgung mit dem für das Nervensystem wichtige B12 zu vermeiden, sollten entweder fermentierte Lebensmittel wie Sauerkraut – B12 entsteht hier in geringen Mengen durch die Milchsäurebakterien – oder zusätzlich mit diesem Vitamin angereicherte Nahrungsmittel verzehrt werden.

– Mineralstoffe

Pflanzliche Kost enthält einen hohen Anteil an Mineralstoffen und Spurenelementen; in der Regel stehen Veganern genügend Mengen an Kalium und Magnesium zur Verfügung. Allerdings muss auf die ausreichende Versorgung mit Zink, Jod, Calcium und Eisen geachtet werden. Wichtig ist neben deren Gehalt in den Nahrungsmitteln auch die von verschiedenen Faktoren abhängige Bioverfügbarkeit. So kann z. B. Eisen aus pflanzlicher Nahrung vom Körper weniger gut resorbiert werden als aus tierischer, daher man durch eine gleichzeitige Vitamin-C-Zufuhr die Eisenverfügbarkeit erhöhen.

Bewertung der veganen Ernährungsweise

Eine ausgewogene vegane Kost beugt Übergewicht, Herz-Kreislauf-Erkrankungen und anderen „Zivilisationskrankheiten" wie Gicht und Diabetes Typ II vor. Es ist jedoch ein sehr gutes Ernährungswissen erforderlich, da nur durch die gezielte Zusammenstellung der Nahrung eine Defizit an essentiellen Nährstoffen vermieden werden kann. Für eine breite Bevölkerungsgruppe ist die vegane Kostform daher eher ungeeignet, auch für Risikogruppen wie Schwangere, Kinder und ältere Menschen ist sie nicht empfehlenswert.

Weitere Lösungsvorschläge:

Ovo-lacto-vegetarische oder lakto-vegetarische Kost

– Nährstoffe, Vitamine und Mineralstoffe

In vielen Punkten ist diese Kost mit veganer Ernährung vergleichbar, allerdings ist eine bessere Versorgung mit Eiweiß, Vitamin B12, Jod, Eisen und Calcium gewährleistet.

– Bewertung

Mit der richtigen Lebensmittelauswahl kann der Bedarf an lebensnotwendigen Inhaltsstoffen mühelos gedeckt werden; diese Kostform ist daher besonders empfehlenswert und eignet sich für alle Bevölkerungsgruppen.

4. *Hier ist nach <u>natürlichen</u> Schadstoffen in pflanzlicher Nahrung gefragt, d. h. nach Giftstoffen, die nicht von außen zugeführt wurden – wie etwa Pestizide – oder die im Verarbeitungsprozess entstehen. Zur Darstellung ist eine Tabelle wieder hilfreich, da drei der Schadstoffe jeweils nach denselben Kriterien vorgestellt werden sollen. „Beschreiben" heißt hier, dass Sie z. B. über das Vorkommen der Giftstoffe in verschiedenen Pflanzen informieren, besondere Eigenschaften nennen und die Art der toxischen Wirkung beim Menschen aufzeigen (Krankheitssymptome). In der letzten Spalte geben Sie anhand von zwei Beispielen an, wie man die Aufnahme dieser natürlichen Gifte vermeiden kann.*

Giftstoff	Vorkommen/Wirkung	Vorbeugende Maßnahmen
Solanin	– Giftstoff in den grünen Stellen von Tomaten und Auberginen, in den Keimen von Kartoffeln und in grünen Beeren – relativ hitze- und säurestabil, wird beim Kochen nicht zerstört – wasser- und fettlöslich, geht daher in das Kochwasser oder das Bratfett über – verursacht Kopfschmerzen, Übelkeit, Erbrechen, Halskratzen und Magen-/Darmbeschwerden, aber auch Krämpfe, Bewusstlosigkeit und Atemnot	– Kochwasser von Kartoffeln in jedem Fall wegschütten und nicht weiterverwenden, Bratkartoffeln nur aus gekochten Kartoffeln zubereiten – grüne Stellen bei Kartoffeln großzügig wegschneiden, die Keimanlagen entfernen und stark ausgekeimte Kartoffeln nicht mehr verwenden

Phasin	– Eiweißstoff, der in rohen Hülsenfrüchten (Erbsen, Linsen), vor allem aber in grünen Bohnen enthalten ist – kurzes Erhitzen vermindert den Phasingehalt, bei längerem Erhitzen zerfällt Phasin völlig – Magen-/Darmprobleme (Übelkeit, Erbrechen, Durchfall) bei leichter Vergiftung, in schweren Fällen Darmentzündungen, Blutungen – der Verzehr größerer Mengen roher Bohnen kann tödlich sein	– Hülsenfrüchte gut durchgaren, Bohnen keinesfalls roh verzehren – Kinder nicht unbeaufsichtigt im Garten spielen lassen; bereits eine kleine Menge roher Bohnen kann zum Tod führen
Oxalsäure und Oxalate	– vor allem Mangold, Rhabarber, Rote Beete, aber auch Spinat, Sauerampfer, Kakao und Tee sind reich an Oxalsäure – behindert die Calcium- und Eisenaufnahme aus der Nahrung – Calcium bildet zusammen mit den Oxalaten Salze und kann so vom Organismus nicht mehr resorbiert werden – erhöht das Risiko zur Bildung von Nierensteinen bei dafür anfälligen Personen	– Calcium- und eisenreiche Nahrungsmittel nicht gemeinsam mit oxalsäurehaltigen Lebensmitteln essen – Blanchieren vermindert den Gehalt an Oxalsäure

II. Der Familienhaushalt: Bedürfnisse – Aufgaben – ökonomische Prinzipien

1. *Strukturieren bedeutet bei dieser Aufgabe, die unterschiedlichen menschlichen Bedürfnisarten in Gruppen zusammenzufassen und zueinander in Beziehung zu setzen. Ein bekanntes Modell hierfür ist die „Maslow'sche Bedürfnispyramide", die aus fünf aufeinander aufbauenden Stufen besteht. Skizzieren Sie dieses Modell und erklären Sie die Bedeutung der Stufen.*

1. Stufe: Grundbedürfnisse/physiologische Bedürfnisse
Die unterste und breiteste Stufe der Pyramide steht für die Bedürfnisse, die die körperliche Existenz sichern, wie z. B. Essen, Trinken, Kleidung, Schlafen, Wohnen und Sexualität. Sind diese Bedürfnisse befriedigt, strebt der Mensch danach, die nächste Stufe zu erreichen.

2. Stufe: Sicherheitsbedürfnisse
Diese Stufe umfasst neben dem Bedürfnis nach physischer Sicherheit (z. B. Gesundheit, Freiheit von Angst und Bedrohung) auch das nach ökonomischer (Sicherung des Einkommens, des Arbeitsplatzes, der Altersversorgung usw.) und nach sozialer Sicherheit (Bedürfnis nach Strukturen, Ordnung und Gesetzen).

3. Stufe: Soziale Bedürfnisse
Auf der dritten Stufe angesiedelt sind die grundlegenden sozialen Bedürfnisse, wie der Wunsch nach Gruppenzugehörigkeit, Freundschaft, Partnerschaft und Liebe. Diese sehr allgemeinen sozialen Bedürfnisse sichern mit der nachfolgenden 4. Stufe die seelische Existenz.

4. Stufe: Bedürfnis nach sozialer Anerkennung/Geltungsbedürfnis
Hier geht es um Wertschätzung, Anerkennung und Achtung durch sich selbst und andere, aber auch um das Bedürfnis nach Macht, Prestige und Status.

5. Bedürfnis nach Selbstverwirklichung

Auf der letzten Stufe werden höhere Ziele des Menschen verwirklicht. Dazu gehört das Streben nach Individualität und Selbstfindung, nach Entwicklung der eigenen Persönlichkeit. Erst wenn alle vorherigen Stufen zu großen Teilen erfüllt sind, kommen Eigenschaften und Verhaltensweisen wie Güte, Gerechtigkeit oder Selbstlosigkeit zum Tragen.

2. *Die in einem Familienhaushalt anfallenden Aufgaben lassen sich inhaltlich nach drei unterschiedlichen Gesichtspunkten ordnen: ökonomische, ökologische und soziale Aufgaben. Jede dieser Aufgabengruppen soll durch drei Beispiele veranschaulicht werden. Übersichtlich darstellen können Sie dies wieder mit Hilfe einer Tabelle.*

Ökonomische Aufgaben	Ökologische Aufgaben	Soziale Aufgaben
– Beschaffung des Einkommens (durch geregelte Arbeit und das Nutzen staatlicher Förderungen und Zuschüsse) – Planung der Finanzen (Kontrolle der Ausgaben und Bildung von Rücklagen) – Planung der Haushaltsaufgaben und deren Verteilung auf die Familienmitglieder	– Umweltbewusstes Einkaufen – sparsamer Umgang mit den Ressourcen Wasser und Energie – Müllvermeidung und umweltgerechte Entsorgung von Hausmüll	– gemeinsames Lösen von Problemen – Versorgung von älteren Personen, Kindern und Kranken im Haushalt – Pflege der innerfamiliären Strukturen/Kontakte (respektvoller Umgang mit allen Familienmitgliedern

3. *Ökonomisches – also wirtschaftliches – Handeln kann entweder nach dem Minimal- oder nach dem Maximalprinzip erfolgen. Nach einer kurzen Erklärung der Bedeutung dieser beiden Begriffe sollen die unterschiedlichen ökonomischen Vorgehensweisen durch je ein sinnvolles Beispiel veranschaulicht werden. Dazu eignet sich natürlich sehr gut ein Thema, bei dem man selbst schon Erfahrungen gesammelt hat, wie z. B. der Kauf eines neuen Handys, eines MP3-Players oder eines Fahrrads.*

Minimalprinzip

Wirtschaftliches Handeln nach dem Minimalprinzip heißt, mit dem geringsten Aufwand und Einsatz von Mitteln ein bestimmtes, vorher definiertes Ziel zu erreichen (= vorgegebenes Ziel).

Beispiel:

Eva möchte sich ein neues Handy kaufen. Da sie möglichst wenig Geld ausgeben möchte, stellt sie folgende Vorüberlegungen an:

– Auf welche Zusatzfunktionen des Handy, wie z. B. digitales Fotografieren oder Videofunktion, Musik hören oder Internetfunktion, legt sie Wert?
– Soll das Gerät von einer bestimmten Marke sein?
– Gibt es spezielle Wünsche für die Handhabung (Slider-Handy, Touchscreen etc.)?

Eva vergleicht Preise im Internet und im Fachhandel und die verschiedenen Tarife und Vertragsbedingungen der Mobilfunk-Anbieter. Sie wägt die Vorüberlegungen ab und entscheidet sich für ein Gerät, das ihre Anforderungen erfüllt und sich in dem finanziellen Rahmen bewegt, den sie auszugeben gewillt ist.

Maximalprinzip

Wirtschaftlich Handeln nach dem Maximalprinzip bedeutet, mit den vorhandenen Mitteln das maximale Ergebnis, also den größten Nutzen zu erzielen (= vorgegebene Mittel).

Beispiel:

Klaus möchte ein neues Fahrrad kaufen. Er hat gespart und es stehen ihm 500 Euro zur Verfügung, die er für den Kauf verwenden will. Um das beste Fahrrad zu finden

– überlegt Klaus, welcher Fahrradtyp (Rennrad, Tourenrad, Mountain Bike) für ihn geeignet ist,
– informiert er sich über verschiedene Hersteller und ihre Modelle im Fachgeschäft,
– liest er Fachzeitschriften für Radfahrer und vergleicht Testberichte von Fahrrädern,
– vergleicht er Angebote verschiedener Händler im Umkreis.
– überprüft er, ob er im Internet günstigere Konditionen erzielt.

Klaus versucht, mit dem Einsatz seiner finanziellen Mittel ein möglichst hochwertiges Fahrrad zu erhalten.

4. *Der Begriff „Ökologie" kommt ursprünglich aus der Wissenschaft und bedeutet „die Lehre von den Wechselbeziehungen zwischen Organismen und ihrer Umwelt". Inzwischen wird Ökologie oft mit der Bedeutung <u>Umweltschutz</u> gleichgesetzt. In der öffentlichen Diskussion gelten Umweltschutz und Gentechnik meist als unvereinbar; es gibt schwere Bedenken von Umwelt- und Verbraucherschützern gegen den Einsatz gentechnisch veränderter Substanzen in Lebensmitteln. Eine Beurteilung aus „ökologischer Sicht" bedeutet daher, einige der <u>Kritikpunkte</u> zum Einsatz von Gentechnik in der Lebensmittelherstellung zu benennen und (kurz) zu erläutern.*

– Gentechnisch veränderte Nutzpflanzen sollen resistent werden gegen Insektenschädlinge oder Pilze. Dabei besteht die Gefahr, dass die Eigenschaften solcher Pflanzen auch schädlich für Mensch und Tier sind.

– Eine Trennung von genveränderten und konventionellen Nutzpflanzen ist nicht möglich, da die Samen der Pflanzen durch den Wind über weite Strecken verbreitet werden und Kreuzungen beider Arten nicht vermieden werden können. Es entstehen dadurch Mischkulturen.

– Genmanipulierte Nutzpflanzen sind widerstandsfähig gegen Unkrautvernichtungsmittel, Wildpflanzenarten aber werden ausgerottet. Auf diese Art entstehen Monokulturen, die Artenvielfalt wird eingeschränkt.

– Die meisten Lebensmittelallergien basieren auf einer allergischen Reaktion auf Eiweiße. Gentechnisch veränderte Lebensmittel enthalten neue Eiweiße, die wiederum neue Allergien auslösen können.

– Gentechnisch veränderte Pflanzen und ihre Nachkommen werden mit Gen markiert, um sie von konventionellen Pflanzen unterscheiden zu können. Diese Markierung löst eine Resistenz gegenüber Antibiotika aus. Überträgt sich dies auf Krankheitserreger, entsteht ein erhebliches Gesundheitsrisiko für Mensch und Tier.

– Ohne ausreichende Tests über einen langen Zeitraum ist eine umfassende Beurteilung des Risikos nicht möglich.

I. Getränke und Genussmittel – Trinken mit Verstand

1. Unser Körper besteht zu einem wesentlichen Anteil aus Wasser. Beschreiben Sie die Aufgaben des Wassers im menschlichen Körper.

2. Nennen sie einen Richtwert für den täglichen Flüssigkeitsbedarf des Menschen und schildern Sie Situationen, in denen dieser erhöht ist.

3. Alkohol – Alltagsdroge Nr. 1 in Deutschland – 2,5 Millionen Bundesbürger sind alkoholabhängig. Stellen Sie fünf psychische und fünf physische Auswirkungen des Alkoholgenusses dar.

4. In den Medien häufen sich Berichte über Ausschreitungen und Missbrauch im Umgang mit Alkohol. Formulieren Sie fünf Regeln, wie sie als junger Mensch verantwortungsbewusst mit Alkohol umgehen können.

5. „Coffee to go" – zeigen Sie die Vorzüge und Nachteile koffeinhaltiger Getränke auf.

II. Convenience – eine „coole" Kost?

1.1 Definieren Sie kurz den Begriff „Convenience".

1.2 Convenience-Tiefkühlprodukte sind beim Verbraucher sehr beliebt. Interpretieren Sie die nachfolgende Grafik.

1.3 Geben Sie einen Überblick über die verschiedenen Arten der Convenience-Produkte.

2. Immer mehr Haushalte greifen zu Convenience-Produkten. Nennen Sie drei mögliche Gründe für ein solches Verbraucherverhalten und stellen Sie drei Nachteile dieser Produkte dar.

3. Mit dem entsprechenden Know-how lässt sich in kurzer Zeit eine vollwertige Mahlzeit ohne Convenience-Produkte zubereiten. Erstellen Sie ein dreigängiges Blitzmenü und begründen Sie dessen Vollwertigkeit.

Lösungsvorschlag

I. Getränke und Genussmittel – Trinken mit Verstand

1. *Wasser erfüllt im menschlichen Organismus <u>vier</u> Funktionen. Für die vollständige Beantwortung der Aufgabe müssen alle Funktionen genannt und kurz beschrieben werden.*

   - Wasser ist wesentlicher **Baustoff** des Körpers (er besteht durchschnittlich zu etwa 65 % daraus) und Bestandteil aller Körperzellen und Körperflüssigkeiten wie z. B. Blut, Speichel, Lymphe, Verdauungssäfte.
   - Wasser wirkt als **Lösungsmittel**; Nähr- und Wirkstoffe aus der Nahrung, aber auch Enzyme können nur in gelöster Form von den Zellen aufgenommen werden.
   - Es dient als **Transportmittel** für Nährstoffe und Sauerstoff zu den Zellen, aber auch zum Transport von Abfallprodukten des Stoffwechsels aus den Zellen zu den entsprechenden Ausscheidungsorganen.
   - Bei Hitze oder starker körperlicher Anstrengung ist es für die **Wärmeregulation** des Körpers notwendig. Wasser wird über die Schweißdrüsen an die Hautoberfläche abgegeben. Die dabei entstehende Verdunstungskälte vermindert die Körpertemperatur.

2. *Ein Richtwert ist ein Zahlenwert, der als <u>Empfehlung</u> zu verstehen ist. Beim Flüssigkeitsbedarf ist der Richtwert abhängig von mehreren Faktoren, z. B. vom Lebensalter, vom Körpergewicht, vom Gesundheitszustand etc. Säuglinge und Kinder benötigen wesentlich mehr Flüssigkeit als Erwachsene, allerdings wird die Menge proportional zum Körpergewicht gerechnet. Bei bestimmten Krankheiten, z. B. Niereninsuffizienz, ist der Flüssigkeitsbedarf vermindert. Es gibt jedoch Situationen, in denen der Bedarf grundsätzlich höher ist – nennen Sie hierfür einige Beispiele.*

   Der Flüssigkeitsbedarf eines erwachsenen Menschen beträgt bei gemäßigten klimatischen Bedingungen durchschnittlich 2 – 3 Liter am Tag. Davon sollten 1,5 Liter über Getränke aufgenommen werden, der Rest über die Nahrung.

   Der Flüssigkeitsbedarf kann in folgenden Situationen erhöht sein:
   - in heißen Klimaverhältnissen oder bei hohen Raumtemperaturen, die die Körpertemperatur ansteigen lassen
   - bei sportlicher Betätigung oder körperlicher Anstrengung, bei denen der Körper durch Schwitzen viel Wasser verliert
   - in der Schwangerschaft, da sich das Blutvolumen erheblich vergrößert
   - wenn Mütter stillen und der Körper zusätzlich Milch produzieren muss
   - bei Krankheiten, die dem Körper viel Wasser und Mineralstoffe entziehen, z. B. bei Magen-Darm-Infekte mit Erbrechen und Durchfall oder auch bei hohem Fieber
   - nach dem Verzehr von scharfen und vor allem von stark gesalzenen Speisen, die das Durstgefühl steigern

3. *Die gesellschaftliche Akzeptanz von Alkohol täuscht darüber hinweg, dass die Auswirkungen von Alkoholkonsum überwiegend negativer Art sind. Einzelne Studien ergaben zwar auch Hinweise auf bestimmte gesundheitsfördernde Wirkungen von Alkohol, jedoch überschreitet die dafür nötige Dosis den alltäglichen Verbrauch oft deutlich. Die Formulierungen in der Aufgabenstellung („Alltags<u>droge</u>", „alkohol<u>abhängig</u>") deuten darauf hin, dass hier eher die schädlichen Folgen des Alkoholkonsums aufgezeigt werden sollen.*

Psychische Auswirkungen	Physische Auswirkungen
– Erhöhte Redseligkeit, Heiterkeit, aber auch Depressionen – Abbau von Hemmungen und wachsende Bereitschaft, Risiken einzugehen – Verminderung der Reaktionsfähigkeit und der Urteilskraft – Unrealistische und überzogene Selbsteinschätzung, gesteigerte Aggressivität (Handgreiflichkeiten nehmen nach Alkoholkonsum zu) – Beeinträchtigung der Bewegungskoordination und der Sprache (Taumeln und Lallen)	– Reizung des Magens und der Magenschleimhäute, Übelkeit und Erbrechen – Schädigungen der Leber (Leberverfettung, Leberschrumpfung), des Herzes und der Nieren – Entzündungen der Bauchspeicheldrüse und der Darmschleimhaut, aber auch Bauchspeicheldrüsenkrebs – Zerstörung von Gehirnzellen, Gehirnschrumpfung – Suchtentwicklung bei Alkoholmissbrauch – Alkoholvergiftung bei sehr großen Mengen bis hin zu Atemlähmung, Kreislaufversagen und Tod

 4. *In der Aufgabenstellung ist explizit von Regeln für junge Menschen die Rede. Selbstverständlich gelten für sie auch die allgemeinen Ratschläge zum Alkoholgenuss, allerdings sollten bei der Beantwortung einige Punkte genannt werden, die speziell für Jugendliche von Bedeutung sind.*

1. Regel:
Alkohol ist kein Durstlöscher! Trinken Sie alkoholfreie Getränke, wenn Sie Durst haben.

2. Regel:
Alkopops und Cocktails meiden! Die darin enthaltene Süße und der fruchtige Geschmack täuschen über die wirkliche Alkoholkonzentration hinweg.

3. Regel:
Den Alkoholkonsum nicht an Erwachsenen messen! Der Organismus von Jugendlichen ist noch nicht ausgereift, Schädigungen durch Alkohol sind gravierender als beim ausgewachsenen Menschen.

4. Regel:
Alkohol löst keine Probleme! Trinken aus „Frust" führt schnell zu Abhängigkeit.

5. Regel:
Eigenen Bedürfnissen folgen! Orientieren Sie sich nicht an Vorbildern oder Cliquenmitgliedern, die „Coolsein" mit Alkoholkonsum verbinden.

Weitere Lösungsvorschläge:

– Verzichten Sie ganz auf „harte" Alkoholika wie Schnaps, Wodka oder Rum!

– Vermeiden Sie Alkohol in bestimmten Situationen wie z. B. im Straßenverkehr, beim Sport oder im verantwortungsvollen Umgang mit Kindern!

– Vorsicht, auch Desserts können Alkohol enthalten! Solche Speisen sind vor allem für Kinder und Kleinkinder ungeeignet.

5. *Kaffeegenuss ist durch das große Angebot an Mitnahmemöglichkeiten ein neuer Trend und damit steigt auch der Kaffeekonsum. Doch koffeinhaltige Getränke – das sind neben Kaffee z. B. auch Cola und bestimmte Energy-Drinks – haben nicht nur positive, sondern auch negative Auswirkungen auf den menschlichen Organismus, die vor allem von der Konsummenge abhängig sind. Dies sollte auch bei der Formulierung der Lösung beachtet werden.*

Positive Wirkungen bei **maßvollem** Genuss	Negative Wirkungen bei **übermäßigem** Genuss
– Anregende Wirkung auf das Zentralnervensystem – Steigerung der Leistungs- und Konzentrationsfähigkeit – Steigerung der Reaktionsfähigkeit – Anregung der Herztätigkeit, des Blutdrucks und damit des Kreislaufsystems – Verdauungsfördernde Wirkung auf die Darmperistaltik – Unterstützung der Nierenfunktion und harntreibende Wirkung zur Ausscheidung von Schlackestoffen	– Schweißausbrüche durch Erweiterung der Blutgefäße – Herzklopfen, Schwindelanfälle und Herzrasen, verursacht durch die Steigerung des Blutdrucks, vor allem bei vorbelasteten Menschen – Schlafprobleme in der Einschlafphase und Nervosität – Schmerzhafte Magenerkrankungen durch Übersäuerung und Durchfall – Entwässernde Wirkung bei sehr hohem Konsum

II. Convenience – eine „coole" Kost?

1.1 *Bei der Definition des Begriffs „Convenience" ist es hilfreich, zunächst den englischen Ausdruck zu übersetzen, da sich daraus Rückschlüsse auf die Art der Nahrung schließen lassen. Gehen Sie in Ihrer Antwort auch auf die Vielfältigkeit der Convenience-Produkte ein.*

Das englische Wort „Convenience" bedeutet übersetzt „Bequemlichkeit", „Annehmlichkeit" oder auch „Dienlichkeit".

Im Lebensmittelbereich versteht man daher unter den Begriffen „Convenience Products" oder „Convenience Food" Produkte, die mehr oder weniger vorgefertigt sind und dadurch die Zubereitung von Speisen erleichtern und die Zubereitungszeit verkürzen. Der Grad der Vorbearbeitung kann stark variieren; man unterscheidet nach Zubereitungsstufen (Verarbeitungsstufe / Fertigungsstufe) oder nach der Konservierungsart. Es gilt: je stärker ein Produkt bearbeitet ist, desto höher ist sein Fertigungsgrad.

1.2 *Die Grafik enthält zwei Aussagen: Die obere Kurve stellt die Entwicklung des Pro-Kopf-Verbrauchs an Tiefkühlkost in Deutschland dar, das Kreisdiagramm darunter zeigt die prozentuale Aufteilung der Tiefkühlkost in die verschiedenen Lebensmittelgruppen.*

Der jährliche Pro-Kopf-Verbrauch eines Bundesbürgers an Tiefkühlkost ist seit 1994 mit 23,9 kg auf 38,2 kg im Jahre 2006 stetig angestiegen. Dabei ist der Verbrauch an Speiseeis nicht mit einbezogen.

Die beliebtesten Tiefkühlprodukte sind Backwaren mit 17,5 %, gefolgt von Fleisch, Wild und Rohgeflügel (16,5 %), Gemüse (14,5 %) und Kartoffelerzeugnissen (13,3 %). Obst und Obstsäfte gehören mit 2,1 % zu den seltener verkauften Tiefkühlprodukten. Diese Daten beziehen sich auf das Jahr 2005.

1.3 *Convenience-Produkte werden in unterschiedlichen Zubereitungs- bzw. Verarbeitungsstufen angeboten (vgl. Aufgabe 1.1). Nennen Sie diese Stufen, erklären Sie kurz, wodurch sie sich definieren (Merkmale nennen) und geben Sie für jede Stufe Lebensmittelbeispiele an. Als Darstellungsform eignet sich bei einer Zuordnungsaufgabe wie dieser besonders gut eine Tabelle.*

Verarbeitungs-stufe	Definition	Beispiele
küchenfertig (Fertigungsgrad I)	Als küchenfertig werden Lebensmittel bezeichnet, die vor dem Garen noch bearbeitet werden müssen.	– fertig geputztes und gewaschenes Gemüse, Salat oder Obst – ausgelöste Fleischstücke
garfertig (Fertigungsgrad II)	Garfertige Lebensmittel können ohne weitere Bearbeitung gegart werden.	– vorpanierte Fleischstücke – gewürzte oder marinierte Fisch- oder Fleischstücke (z. B. Gyros, Geschnetzeltes) – Tiefkühl-Gemüse, Tiefkühl-Pommes Frites
aufbereitungsfertig/ regenerierfertig (Fertigungsgrad III)	Aufbereitungsfertige Lebensmittel müssen vermischt, angerührt oder aufgefüllt werden. Dabei müssen meist noch weitere Zutaten, z. B. Flüssigkeiten, ergänzt werden.	– Kartoffelpüree – Instant-Gerichte – Tütensuppen, gekörnte Brühen – Salatdressing
	Regenerierfertige Lebensmittel müssen lediglich erhitzt werden.	– Fertiggerichte – Tiefkühl-Pizza, -Brötchen oder -Kuchen
verzehrfertig (Fertigungsgrad IV)	Verzehrfertige Lebensmittel sind ohne weitere Be- oder Verarbeitung zum sofortigen Verzehr geeignet.	– Feinkostsalate – Desserts, Sahnepudding – Joghurt-Fruchtzubereitungen – Sandwiches, Backwaren

2. *Die Aufgabe ist zwar etwas anders formuliert, verlangt aber im Grunde nur eine Gegenüberstellung von Vor- („Gründe für") und Nachteilen von Convenience-Produkten.*

Gründe für den Einsatz von Convenience-Produkten

– Der Einsatz von Convenience-Produkten spart Zeit und Arbeit und ermöglicht dem berufstätigen Verbraucher, ein schmackhaftes Menü ohne großen Aufwand rasch auf den Tisch zu bringen. Vorbereitungsarbeiten wie Gemüse putzen oder Schneidearbeiten entfallen weitestgehend, auch Reinigungsarbeiten werden eingespart.

– Auch kochunerfahrene Menschen können durch die große Auswahl an aufbereitungs-, regenerier- und verzehrfertigen Produkten aufwändige Gerichte zubereiten.

– Tiefgekühlte Früchte und Gemüse machen uns unabhängig vom saisonalen Angebot und haben den gleichen ernährungsphysiologischen Wert wie Frischwaren, denn sie werden unmittelbar nach der Ernte schockgefroren.

Nachteile von Convenience-Produkten

- Je nach Art des Produktes und dessen Haltbarmachung sind eine Vielzahl an Zusatzstoffen wie Farb-, Aroma- und Konservierungsstoffe enthalten, deren Einsatz sehr bedenklich ist und die in Verdacht stehen, Allergien und Lebensmittelunverträglichkeiten auszulösen.
- Der Verbraucher erhält keine Angaben über die Herstellung, Zusammensetzung und Herkunft der Waren; regionale Anbieter können nicht unterstützt werden.
- Die Herstellung von Convenience-Produkten ist energieaufwändig, ihre Verpackung kostet sowohl bei ihrer Herstellung als auch bei ihrer Beseitigung unnötig viel Energie und Rohstoffe.

Weitere Lösungsvorschläge:

- Die vorgefertigten Lebensmittel enthalten oft große Mengen an Zucker und Salz, was auf Dauer einen Gewöhnungseffekt hervoruft; „normale" Nahrung schmeckt dann im Vergleich dazu zu fad.
- Convenience-Produkte sind oft teurer als selbst zubereitete Speisen.

3. *Diese Aufgabe ist sehr komplex und erfordert sowohl Ihre Kenntnisse aus dem Bereich der Warenkunde (Nährstoffzusammensetzung, saisonale Verfügbarkeit) als auch Ihre praktischen Erfahrungen aus der Schulküche (Zubereitungszeiten). Das Menü soll aus vollwertigen und möglichst frischen Zutaten bestehen, also keinerlei Komponenten aus vorgefertigten Lebensmitteln enthalten, und trotzdem schnell fertig sein. Als Zubereitungszeit veranschlagen Sie etwa 30–45 Minuten, darin eingerechnet ist die Zeit zum Putzen der verwendeten Zutaten (dies bei der Auswahl z. B. des Gemüses beachten). Zur Aufgabe gehört auch, dass Sie Ihre Menü-Zusammenstellung begründen. Dazu ist es sinnvoll, neben einer Zutatenliste auch eine Aufstellung der Nährstoffe der einzelnen Speisen anzugeben, um die Ausgewogenheit (= Vollwertigkeit) zu belegen. Am übersichtlichsten lassen sich diese Punkte in einer Tabelle darstellen; die Bewertung (= Begründung) sollte danach jedoch noch einmal gesondert formuliert werden.*

Speisenfolge	Nährstoffe
Vorspeise **Bruschetta** Zutaten: Geröstetes Weißbrot, Tomatenwürfel, Olivenöl, Knoblauch und Basilikum	Kohlenhydrate, Fett, Mineralstoffe, Vitamine, sekundäre Pflanzenstoffe, Ballaststoffe, Wasser
Hauptgericht **Vollkorn-Spaghetti mit Tomaten, Zucchini und Garnelen** Zutaten: Vollkorn-Spaghetti, Cocktailtomaten, Zucchini, Garnelen, Basilikum, Rucola, Knoblauch, Pinienkerne	Kohlenhydrate, Eiweiß, Mineralstoffe, Vitamine, Fett, sekundäre Pflanzenstoffe, Ballaststoffe, Wasser
Dessert **Apfel-Sahne-Joghurt-Creme** Zuaten: Apfel, Naturjoghurt, Sahne, Zitrone, Honig, Mandelblättchen	Eiweiß, Kohlenhydrate, Fett, Mineralstoffe, Vitamine, sekundäre Pflanzenstoffe, Ballaststoffe
Getränke Mineralwasser, Fruchtschorle	Wasser, Mineralstoffe, Vitamine, Kohlenhydrate

Bewertung

- In diesem Menü sind alle Nährstoffe, die für eine vollwertige Mahlzeit notwendig sind, in ausreichender Menge enthalten.
- Hochwertiges pflanzliches und tierisches Eiweiß ergänzen sich und liegen in einer hohen biologischen Wertigkeit vor.
- Die Kohlenhydrate aus Weißbrot, Spaghetti, Apfel und Honig bestehen aus Stärke, Zucker und Zellulose und liefern dem Körper notwendige Energie.
- Der Fettgehalt ist insgesamt niedrig und besteht zum Teil aus Öl (Olivenöl) mit einem hohen Anteil an ungesättigten und mehrfach ungesättigten Fettsäuren.
- Vitamine, Mineralstoffe und sekundäre Pflanzenstoffe sind in allen Menübausteinen ausreichend enthalten.
- Der hohe Ballaststoffanteil sorgt für lang anhaltendes Sättigungsgefühl und fördert die Verdauung.
- Die Garmachungsart ist so gewählt, dass eine leicht verdauliche Mahlzeit angeboten wird.
- Die Getränke decken einen Teil des täglichen Flüssigkeitsbedarfs.

I. Immunsystem stärken – Gewusst wie!

1. Die deutsche Gesellschaft für Ernährung geht von zehn Empfehlungen für eine vollwertige, gesunde Ernährung aus. Stellen Sie diese Empfehlungen vor.

2. Um das Salz in Speisen einzusparen, sollten Kräuter und Gewürze zum Einsatz kommen. Erläutern Sie fünf Wirkungsweisen der Kräuter.

3. Wählen Sie drei Vitamine und drei Mineralstoffe aus und beschreiben Sie deren Bedeutung für den menschlichen Organismus.

4. Sekundäre Pflanzenstoffe spielen für unser Immunsystem eine bedeutende Rolle. Nennen Sie vier sekundäre Pflanzenstoffe und zeigen Sie allgemein deren gesundheitsfördernde Wirkung auf.

II. In der Küche gilt: Hygiene, das oberste Gebot!

„Auf Lebensmitteln wächst eine Vielzahl unterschiedlicher Mikroorganismen, die nach gewisser Zeit zum Verderb führen. Werden die Keime auf Lebensmittelkonsumenten übertragen, können Sie oft lebensbedrohliche Lebensmittelinfektionen oder -vergiftungen auslösen. Im Jahr 2008 wurden in Deutschland insgesamt 11.636 lebensmittelbedingte Ausbrüche gemeldet. Betroffen waren insgesamt 133.470 Personen. Durch Noroviren verursachte Ausbrüche waren besonders häufig, gefolgt von Erkrankungen durch Salmonellen, Schimmelpilze und Camylobacter-Bakterien."

(Quelle: zitiert nach Dr. Heribert Keweloh, Privat-Dozent am Institut für Molekulare Mikrobiologie und Biotechnologie der Westfälischen Wilhems-Universität Münster)

1. Auch die Zeitungen berichten häufig von skandalösen Hygieneverhältnissen bei der Herstellung, dem Vertrieb oder der Zubereitung von Lebensmitteln. Um das Übertragungsrisiko von Infektionskrankheiten gering zu halten, gilt es bestimmte Grundsätze zu beachten. Formulieren Sie je vier Regeln aus den verschiedenen Hygienebereichen.

2. Schimmelpilze können Lebensmittel verderben. Beschreiben Sie die Eigenschaften von Schimmelpilzen und mögliche gesundheitliche Gefahren, die von ihnen ausgehen.

3. Geben Sie fünf Tipps, wie man Schimmelbildung vermeiden kann.

4. Botulinus – ein gefährliches Toxin

4.1 Erklären Sie, in welchen Lebensmitteln sich Botulinustoxine bilden können und woran man sie erkennt.

4.2 Beschreiben Sie die durch Botulinustoxine hervorgerufenen Krankheitssymptome.

Lösungsvorschlag

I. Immunsystem stärken – Gewusst wie!

1. *Die von der Deutschen Gesellschaft für Ernährung formulierten Empfehlungen für vollwertiges Essen und Trinken („10 Regeln der DGE") berücksichtigen neben ernährungsphysiologischen Gesichtspunkten auch Aspekte wie Abwechslung, Zubereitung, Nahrungsaufnahme und Bewegungsverhalten. Um die Aufgabe vollständig zu lösen, müssen Sie alle zehn Empfehlungen aus sämtlichen Bereichen aufzählen und kurz beschreiben.*

1. Auf abwechslungsreiches Essen achten!
Einseitigkeit soll durch überlegte Lebensmittelauswahl vermieden werden. Wichtig ist neben der richtigen Zusammenstellung und Menge der Lebensmittel auch die Hochwertigkeit der Speisen.

2. Getreideprodukte aus Vollkorn verzehren!
Getreideprodukte und Kartoffeln sollten mehrmals täglich eingeplant werden. Sie sättigen lange, haben gesunde Inhaltsstoffe wie pflanzliches Eiweiß, Ballaststoffe und sekundäre Pflanzenstoffe und enthalten zudem wenig Fett.

3. Obst und Gemüse – „5 a day"!
Fünf Portionen Obst und Gemüse sollen es täglich sein. Vor allem Gemüse wird oft zu wenig verzehrt, dabei enthält es viele lebenswichtige Vitamine und Mineralstoffe.

4. Eiweißreiche Lebensmittel gezielt einsetzen!
Milch- und Milchprodukte dürfen als wichtige Calciumquelle täglich auf den Tisch kommen, Fisch und Fleisch sind dagegen nur jeweils einmal in der Woche zu empfehlen. Meerfisch ist wegen des hohen Jod-Anteils zu bevorzugen. Wurstwaren und Eier sollten selten verzehrt werden.

5. Fette sparsam und überlegt einsetzen!
Ein ständiger Fettüberschuss führt dauerhaft zu Übergewicht. Fette daher sparsam einsetzen. Hochwertige Pflanzenöle und -fette, die mehrfach ungesättigte Fettsäuren enthalten (z. B. Raps- oder Sojaöl), hierbei unbedingt bevorzugen!

6. Auf Zucker und Salz achten!
Zucker und Salz verstecken sich in vielen Nahrungsmitteln und Speisen. Salz fördert Bluthochdruck, ein Zuviel an Zucker führt zu Zahnschäden und Übergewicht.

7. Ausreichend Trinken!
Eine angemessene Flüssigkeitszufuhr ist wichtig für das körperliche Wohlbefinden und die Konzentrationsfähigkeit. 1,5 bis 2 Liter sollten täglich – je nach Körpergewicht und Temperatur – aufgenommen werden. Dabei kalorienarme oder -freie Getränke wählen.

8. Auf die richtige Zubereitung kommt es an!
Fettarme Zubereitungsarten bei möglichst niedrigen Temperaturen wählen. Eine nährstoffschonende Zubereitung zahlt sich aus durch mehr Geschmack und vielen Vitaminen in den Speisen.

9. Zeit haben für den Genuss!
Permanent „Fast Food" oder nebenbei essen schlägt auf den Magen. Zeit einplanen für die Mahlzeiten und bewusst Pause machen zur körperlichen Entspannung.

10. Die Gewichts- und Bewegungsbilanzen sollten im Einklang stehen!
Ein Gewicht im richtigen BMI-Bereich ist gesund und sollte nicht darunter oder darüber liegen. Bewegung ist für die Stoffwechselvorgänge wichtig. Sport an frischer Luft macht Spaß, fördert gute Laune sowie die Gehirndurchblutung.

2. *Die Begriffe Kräuter und Gewürze sind nicht ganz klar voneinander zu trennen. Unter Gewürzen versteht man etwas allgemeiner geschmacksgebende ("würzende") Zutaten; meist werden diese aus Pflanzenteilen (Blüten, Samen, Rinde oder Wurzeln) gewonnen und in getrockneter und zerkleinerter (z. B. gemahlener) Form angeboten. Als Kräuter bezeichnet man dagegen hauptsächlich die frischen Pflanzen, von denen vor allem die Blätter in der Küche eingesetzt werden. Trotz der Überschneidungen bei den Begriffen ist bei der Aufgabe zu beachten, dass speziell die Wirkungsweisen der Kräuter, also der frischen Pflanzen, genannt werden, da es hier durchaus Unterschiede zu den Gewürzen gibt (durch den Verarbeitungsprozess gehen nämlich einige Merkmale und dadurch Wirkungsweisen der frischen Pflanze verloren).*

- **Appetitanreger**
  Kräuter regen durch ihre Farb- und Aromastoffe den Appetit an.
- **Träger wichtiger Inhaltsstoffe**
  Frische Kräuter enthalten viele Vitamine, Mineralstoffe und sekundäre Pflanzenstoffe.
- **Verdauungsanreger**
  Einige Kräuter helfen gegen Blähungen und wirken verdauungsfördernd.
- **Salzersatz**
  Durch das Würzen mit Kräutern können wir Salz einsparen oder ganz weglassen.
- **Heilmittel**
  Manche Kräuter lindern Erkrankungen oder heilen sie sogar (Salbei hilft z. B. bei Halsentzündungen).

Weitere Lösungsvorschläge:

- **Dekorative Wirkung**
  Mit frischen Kräutern angerichtete und garnierte Speisen wirken ansehnlich und einladend.
- **Organbeschleuniger**
  Durch ihre anregende Wirkung können Kräuter auch die Gallentätigkeit unterstützen.

3. *Vitamine und Mineralstoffe sind anorganische Nährstoffe, die der menschliche Körper – mit wenigen Ausnahmen (z. B. Vitamin D) – nicht selbst produzieren kann und die deshalb mit der Nahrung zugeführt werden müssen. Sie übernehmen wichtige Aufgaben beim Stoffwechsel und sind daher lebensnotwendig. Für jeweils drei dieser Stoffe soll hier die Bedeutung für das Funktionieren des menschlichen Organismus genannt werden.*

Vitamin	Bedeutung für den Organismus
A	Das **Vitamin A** unterstützt das Sehvermögen und verhindert Nachtblindheit. Außerdem wirkt sich das **Vitamin A** positiv auf die Hautgesundheit aus.
C	**Vitamin C ist** wichtig zur Vorbeugung von Infektionskrankheiten. Bei gleichzeitiger Aufnahme des Spurenelements Eisen wird die Eisenverwertung durch das **Vitamin C** begünstigt.
D	Für die Gesundheit von Zähnen und Knochen ist das **Vitamin D** unentbehrlich. Außerdem beugt es Rachitis vor. Kalzium wird durch die Aufnahme von **Vitamin D** besser verarbeitet.

Weitere Lösungsvorschläge:
- **Vitamin E:** ist am Fettstoffwechsel beteiligt; schützt den Körper vor freien Radikalen (Krebsvorbeugung!)
- **B-Komplex:** wichtig für Verdauungs- und Stoffwechselfunktionen; erforderlich für die Funktionsfähigkeit des Nervensystems
- **Folsäure:** unverzichtbar bei der Bildung neuer Zellen

Mineralstoff	Bedeutung für den Organismus
Kalzium	Für den Aufbau von Knochen und Zähnen ist **Kalzium** ein sehr wichtiger Baustoff.
Magnesium	**Magnesium** ist an der Übertragung von Nervenimpulsen und an der geregelten Muskelkontraktion beteiligt; bei Magnesiummangel gerät diese außer Kontrolle, Muskelkrämpfe sind die Folge.
Jod	**Jod** wird in der Schilddrüse gespeichert. Der Mineralstoff beugt eine Kropfbildung vor.

Weitere Lösungsvorschläge:
- **Fluor:** von großer Bedeutung für die Zahngesundheit, verhindert das Kariesrisiko, fördert den Mineralgehalt des Zahnschmelzes (Bestandteil von Kinderzahnpasten)
- **Eisen:** besonders wichtiger Mineralstoff (Spurenelement), da für die Versorgung der Körperzellen mit Sauerstoff zuständig
- **Natriumchlorid** (= Kochsalz): ist lebensnotwendig für die Regulation des Wasserhaushalts im Körper

4. *Sekundäre Pflanzenstoffe kommen in Pflanzen zwar nur in äußerst geringen Mengen vor, haben aber viele wichtige Aufgaben, z. B. Schutz vor Schädlingen, vor UV-Strahlung etc. Auch für den Menschen sind sie von großer Bedeutung, da sie sich erwiesenermaßen positiv auf die Gesundheit auswirken. In der Aufgabenstellung müssen die gesundheitsfördernden Wirkungen dieser Stoffe nur aufgezählt (3–6 Merkmale), nicht aber den einzelnen sekundären Pflanzenstoffen zugeordnet werden.*

Sekundäre Pflanzenstoffe:
Sulfide, Flavonoide, Bioflavonoide und Betacarotine

Weitere Lösungsvorschläge:
Phenole, Polyphenole, Phytoöstrogene, Karotinoide

Gesundheitsfördernde Wirkung
- Sekundäre Pflanzenstoffe hemmen die Krebsbildung.
- Sie wirken sich positiv auf den Cholesterinspiegel aus.
- Die Gefahr von Thrombosen und das Diabetes-Risiko werden vermindert.
- Sekundäre Pflanzenstoffe reduzieren die Gefahr von Herz-Kreislauf-Erkrankungen.
- Sie stärken die Immunabwehr.

II. In der Küche gilt: Hygiene, das oberste Gebot!

1. *Mit den in der Aufgabe genannten Bereichen Herstellung, Zubereitung und Vertrieb sind die unterschiedlichen Produktionsstufen im Verarbeitungsprozess von Lebensmitteln gemeint, z. B. die Verarbeitung von Kartoffeln zu Püreepulver – Herstellung –, das Verarbeiten dieses Pulvers in der Küche zu einem Gericht – Zubereitung – und die Bereitstellung dieser Speise in einer Kantine oder einem Gasthaus – Vertrieb. Die Aufgabenstellung geht also weit über die Schulküchenhygiene hinaus. In allen genannten Bereichen gelten jedoch Hygieneregeln, die wiederum den Ihnen aus der Schulpraxis bekannten Hygienebereichen, nämlich „Persönliche Hygiene", „Lebensmittelhygiene und „Arbeitsplatzhygiene", zugeordnet werden können. Nennen Sie jeweils vier Regeln aus diesen Bereichen. Für die korrekte Lösung der Aufgabe ist eine richtige Zuordnung erforderlich.*

Persönliche Hygiene	Lebensmittelhygiene	Arbeitsplatzhygiene
– Lange **Haare** müssen **zurückgebunden**, z. T. auch verhüllt werden.	– **Gemüse und Fleisch** müssen **getrennt** verarbeitet werden (wegen eventueller Botulismusbakterien in der Erde).	– Maschinen (z. B. Kaffeemaschinen) und Arbeitsflächen müssen immer **gründlich gereinigt** werden.
– **Fingernägel** dürfen nicht lackiert sein. Sie müssen kurz geschnitten und stets **sauber** sein.	– Die **Auftauflüssigkeit** von Lebensmitteln (z. B. Hähnchenschenkeln) nicht verwenden, sondern unbedingt **wegschütten**.	– **Geschirrtücher und Reinigungslappen** müssen stets frisch **gewaschen** sein (60 °C oder Kochwäsche).
– Die **Arbeitskleidung** (Hose, Arbeitsschürze und Schuhe) muss frisch **gewaschen** sein.	– **Leicht verderbliche** Lebensmittel, z. B. Fleischspieße, müssen **gekühlt** werden, auch zwischendurch.	– **Holzschneidebretter** nach der Reinigung an der **Luft** trocknen lassen, um Bakterienbefall zu vermeiden.
– Vor Beginn der Arbeit, nach jedem Niesen und nach jedem Toilettengang müssen die **Hände** mit Seife gründlich **gewaschen werden**.	– Verarbeitete Lebensmittel werden **stets abgedeckt**. (zum Schutz vor Fliegenkot, Staub etc.)	– **Speiseabfälle** sofort trennen und sachgerecht **entsorgen**

Weitere Lösungsmöglichkeiten:

– **Persönliche Hygiene:** Wunden und Schnittverletzungen sauber halten und keimfrei abdecken; Schmuck wie Ringe und Armbändchen abnehmen (Keimablagerungen); Speisen immer mit einem Probierlöffel abschmecken

– **Lebensmittelhygiene:** Fleisch und Geflügelgerichte immer gut durchgaren; zur Vorratshaltung nur schimmelfreie und einwandfreie Lebensmittel verwenden; Lebensmittel vor der Verarbeitung unbedingt kurz und gründlich waschen

– **Arbeitsplatzhygiene:** Sauberes und keimfreies Geschirr verwenden (Spülmaschine); Spülwasser und Spülbürsten häufiger wechseln; Arbeitsflächen und Geräte zwischen unterschiedlichen Arbeiten reinigen

2. *Diese Aufgabe teilt sich in zwei Bereiche: Zunächst sollen verschiedene Eigenschaften von Schimmelpilzen genannt werden, z. B. wo sie vorkommen oder wie sie sich verbreiten (3–5 Eigenschaften nennen). Außerdem wird nach den gesundheitlichen Gefahren gefragt, die der Verzehr von verschimmelten Lebensmitteln mit sich bringt. Auch hier sollten mindestens drei Punkte genannt werden, um die Aufgabe ausreichend zu erfüllen.*

Eigenschaften von Schimmelpilzen

– Sie vermehren sich durch **Sporen**, die **über die Luft** an die Lebensmittel und Arbeitsgeräte gelangen.
– Sie sind zum Teil **hitzebeständig**, d. h. die Giftstoffe können durch Erhitzen nicht abgetötet werden.
– Lebensmittel mit einem **hohen Wassergehalt** sind sehr häufig betroffen.
– Schimmelpilze lieben **zuckerhaltige** (kohlenhydratreiche) und **eiweißhaltige Speisen**. Sie dienen ihnen als Nährmittel.
– Das **Fadengeflecht durchdringt** oft das gesamte Lebensmittel.

Gesundheitliche Gefahren

– Schimmelpilze können bei Mensch und Tier **Krebs** auslösen.
– **Leber** und **Nieren** können durch verschimmelte Speisen angegriffen werden.
– Schimmelgifte wirken sich negativ auf das **Immunsystem** aus.
– Giftige Stoffwechselprodukte sind bereits in geringen Mengen schädlich, auch wenn Vergiftungserscheinungen oft nicht sofort nach dem Verzehr auftreten (**Spätfolgen!**)

3. *Durch bestimmte Maßnahmen und Verhaltensregeln im Umgang mit Lebensmitteln kann man einer Schimmelpilzbildung <u>vorbeugen</u> – fünf Regeln sollen hier genannt werden.*

Vermeidung von Schimmelbefall

– leicht verderbliche Lebensmittel **stets kühlen** (vor und nach der Zubereitung)
– **Mindesthaltbarkeitsdatum** von Lebensmitteln öfter überprüfen, abgelaufene Waren nicht mehr verwenden
– Verpackungen auf **Beschädigungen** kontrollieren
– Obst und Gemüse (Erdbeeren, Äpfel, Karotten) **stets prüfen** – untere Lagen könnten bereits verschimmelt sein
– eine **hygienische Arbeitsweise** (saubere Verpackung, sauberes Entnahmebesteck aus Großpackungen) verhindert das Eindringen von Schimmelsporen

4. *Botulinumtoxin ist eines der stärksten natürlichen Gifte überhaupt. In der Medizin eingesetzt, dient es vor allem der Behandlung von neurologischen Störungen; bekannt geworden ist es in jüngerer Zeit aber vor allem als Mittel zur Faltenglättung (Botox). Kommt Botulinumtoxin in Lebensmitteln vor, kann es zu einer lebensbedrohlichen Vergiftung (Botulismus) führen. Da es bestimmte Bedingungen braucht, um gebildet werden zu können (z. B. geringer Salzgehalt, Temperaturen über 10° Celsius, schwach saures Milieu), sind einige Lebensmittel gefährdeter als andere. In Teilaufgabe 4.1 sollen diese Lebensmittel genannt und die Erkennungsmerkmale von infizierten Lebensmitteln beschrieben werden. Vorsicht: Bei den Erkennungsmerkmalen sind noch keine Krankheitssymptome gefragt! Diese sollen erst in Teilaufgabe 4.2 angegeben werden.*

4.1 **Gefährdete Lebensmittel**

– ungenügend sterilisierte Obst- und Gemüsekonserven
– Wurstwaren und Fleischwaren (bei unzureichender Pökelung)
– verarbeitete Lebensmittel aus dem Garten, die Spuren von mit Botulinumbakterien kontaminierter Erde enthalten.

Erkennungsmerkmale
- Bombagen = **gewölbter Deckel** oder Boden bei Konserven
- ein **loser Deckel** auf dem Einmachglas
- **Gase**, die beim Öffnen einer Konserve oder von Eingekochtem entweichen
- auffällig **unangenehmer Geruch** des Inhalts von Konserven
- **aufgeblähte Verpackung** bei eingeschweißten Lebensmitteln

4.2 Krankheitssymptome

- Die Vergiftung schwächt den Körper zunächst durch **Übelkeit** und **Erbrechen**.
- **Kopfschmerzen** und **Müdigkeit** machen sich dabei oft bemerkbar.
- Auch ein **Doppeltsehen** ist ein Hinweis auf eine Botulismusvergiftung.
- Als Botulismus klar erkennbar sind spätere **Schluckbeschwerden** und **Lähmungen** im Bereich des Kopfes und der Gliedmaßen.
- **Atemlähmung** (Tod) ist die letzte Stufe der schweren Vergiftung.

I. Kohlenhydrate – Fit durch den Tag

1. Definieren Sie die Begriffe *Grundumsatz* und *Leistungsumsatz*.

2. Erstellen Sie einen Tageskostplan, der die Grundsätze der vollwertigen Ernährung berücksichtigt. Begründen Sie die Wahl der Nahrungsmittel im Hinblick auf die dargestellte Leistungskurve.

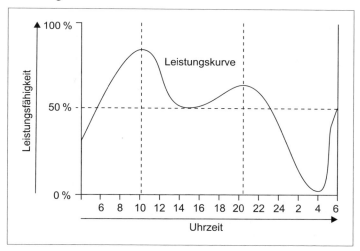

3. Getreide und Getreideerzeugnisse stellen einen wesentlichen Teil der täglichen Nahrung dar. Skizzieren Sie den Aufbau eines Getreidekorns und beschreiben Sie den Nährstoffgehalt der verschiedenen Bestandteile.

4. Erläutern Sie die Verdauung der Kohlenhydrate.

II. Ästhetik und Funktion prägen den modernen Haushalt.

1. Trotz modernster Entwicklungen in der Werkstofftechnologie sind Produkte aus Keramik nach wie vor beliebt. Geben Sie einen Überblick über die Keramikwaren, erstellen Sie jeweils eine Kurzbeschreibung der einzelnen Arten und benennen Sie deren Verwendungszweck.

2. Zeigen Sie die Arbeitsschritte zur Herstellung einer Porzellanschüssel auf.

3. Nennen Sie sieben Gründe, warum Edelstahl 18/10 in der Küche so beliebt ist.

4. Tischkultur im Wandel der Zeit. Stellen Sie zu diesem Thema drei Epochen Ihrer Wahl mit je vier Besonderheiten dar.

Lösungsvorschlag

I. Kohlenhydrate – Fit durch den Tag

1. *Der menschliche Gesamtenergiebedarf setzt sich aus zwei Komponenten zusammen: dem Grundumsatz und dem Leistungsumsatz. Bei dieser Aufgabe sind die beiden Begriffe umfassend und ausführlich zu erläutern.*

Grundumsatz:

Unter Grundumsatz wird der Energiebedarf beim Menschen verstanden, der **im völligen Ruhezustand** und bei einer Umgebungstemperatur von 20° C über 24 Stunden hinweg verbraucht wird (für die optimale Messung des Grundumsatzes ist es wichtig, dass die letzte Nahrungsaufnahme 12 Stunden zurückliegt, da der Körper für die Verdauung gesondert Energie verbraucht.) Die wichtigste Funktion des Grundumsatzes beim Menschen ist die Aufrechterhaltung der Körpertemperatur, der Atmung, des Herz-Kreislauf-Systems sowie der wichtigen Stoffwechselfunktionen.

Es gibt Faktoren, die den Grundumsatz beeinflussen können, z. B. das Alter (der Grundumsatz sinkt im Alter), das Geschlecht (bei gleichgewichtigen Männern ist er durch die größere Muskelmasse um ca. 6–9 % höher als bei Frauen), die Größe und das Gewicht. Schmerzmittel können den Grundumsatz senken, Krankheiten oder Stress erhöhen ihn.

Leistungsumsatz:

Unter Leistungsumsatz versteht man die Energiemenge, die **bei der Arbeitsleistung** eines Menschen umgesetzt wird. Die Intensität der Muskeltätigkeit im Arbeitsleben und bei der Freizeitgestaltung (Leistungsumsatz) ist für den Energieverbrauch außerhalb des Ruhezustandes (Grundumsatz) von entscheidender Bedeutung.

Die berufliche Tätigkeit bestimmt den Arbeitsenergieverbrauch und beeinflusst somit den Leistungsumsatz. Bei seiner Berechnung teilt man in mehrere Kategorien ein: Leichtarbeiter (Büroangestellter, Schüler), Mittelschwerarbeiter (Hausfrau) und Schwerarbeiter (Bauarbeiter). Außerdem wird der Leistungsumsatz durch die Freizeitgestaltung definiert. Der Besuch eines Fitnessstudios, Bewegung an der frischen Luft und aktive Hobbys steigern den Energieverbrauch oft enorm.

2. *Die zehn Regeln der Deutschen Gesellschaft für Ernährung sollten hier unbedingt als Grundlage zur Erstellung des Tageskostplans dienen. Wichtig ist bei dieser Aufgabe, alle geforderten Bereiche abzudecken. Mit einer Tabelle gelingt dies sehr übersichtlich. Die Aufgabe besteht zunächst darin, alle gewünschten Mahlzeiten (ideal sind fünf) festzulegen und zu jeder Speisevariante das passende Getränk zu kombinieren. Bei einem Tageskostplan reicht es nicht, pauschal nur Lebensmittel aufzulisten. Wichtig ist außerdem, die Wahl der Nahrungsmittel zu begründen. Der biologische Tagesleistungsverlauf ist dabei zu berücksichtigen, Leistungstiefs durch geschickte Nahrungsmittelwahl abzudämpfen.*

Mahlzeit	Speisen-/Getränkewahl	Begründung der Auswahl
Frühstück 06:30 Uhr (Energiemenge 15–25 %)	Müslivariation mit Naturjoghurt und Banane Getränk: Tee oder Kakao	Die Tagesleistung steigt an. Um diesen Anstieg mit Energie aus Lebensmitteln zu unterstützen, wird empfohlen, **schnell verfügbare Kohlenhydrate** wie Haushaltszucker und Fruchtzucker mit Ballaststoffen und komplexeren Zuckerarten zu kombinieren. Sie werden langsamer abgebaut und wirken positiv auf die Tagesleistung.

HE 2011-3

Mahlzeit	Speisen-/ Getränkewahl	Begründung der Auswahl
Pause 10:15 Uhr (Energiemenge 10 %)	Vollkornsemmeln mit Käse, Schinken, Tomate, Ei und Gurke Apfelschorle	Die biologische Tagesleistung hat ihren Höhepunkt erreicht und sinkt stark ab. **Vitamine** und **Mineralstoffe** sollten in jeder Mahlzeit enthalten sein. Sie versorgen das Gehirn und die Muskeln mit wichtigen Powerstoffen (sekundäre Pflanzenstoffe). **Fruchtzucker** steht dem Körper sofort zur Verfügung, um das Leistungstief abzufangen. **Eiweiß**, fettarme Lebensmittel und **Ballaststoffe** sind gut für die Verdauung und das Wohlbefinden.
Mittagessen 12:30 Uhr (Energiemenge 30–35 %)	Lachsspaghetti mit Rucola-Tomaten Schokoladenpudding mit Birnenstückchen Mineralwasser	Das Mittagstief ist erreicht. Mit einem leichten Essen kann die Arbeitsleistung am Nachmittag positiv beeinflusst werden. Die **hochwertigen Omega-3-Fettsäuren** im Lachs und **Mineralstoffe** in Obst und Gemüse sorgen für den körperlichen Ausgleich. **Calciumreich** und **fettarm** präsentiert sich die Nachspeise. Sie beeinflusst die Stimmung positiv, da durch Schokolade Endorphine ausgeschüttet werden.
Nachmittagspause 15:00 Uhr (Energiemenge 10 %)	Erdbeerbiskuitkuchen 1 Glas Milch	Ein kleineres Leistungshoch zeichnet sich in der Leistungskurve gegen 16:00 Uhr ab. Damit es unterstützt werden kann, brauchen wir nun **schnell verfügbare Energie**. Eiweiß, Calcium und Vitamine sind wichtige Bestandteile jeder Mahlzeit. Der Biskuit ist **fettarm**, aber **zuckerreich**. Er belastet nicht und sorgt für Energie und Genuss.
Abendessen 20:00 Uhr (Energiemenge 25–30 %)	Wurstsalat mit Tomaten, Essiggurken und Emmentaler Käse, 1 Scheibe Bauernvollkornbrot Wasser, Tee	Es folgt ein kleiner Anstieg der Leistungskurve, bevor das Leistungstief der Nacht kommt. Kleinere Aktivitäten sind nach 18 Uhr oft noch geplant. Ein leichtes, aber sättigendes Abendessen ist ideal als letzte Mahlzeit. Auch hier sind wieder viele Nährstoffe enthalten. Vollkornprodukte sorgen für eine **lange Sättigung** bis spät in die Nacht. Dazu muss man viel trinken, damit sie auch gut quellen können.

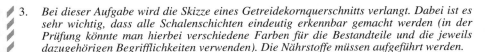

3. *Bei dieser Aufgabe wird die Skizze eines Getreidekornquerschnitts verlangt. Dabei ist es sehr wichtig, dass alle Schalenschichten eindeutig erkennbar gemacht werden (in der Prüfung könnte man hierbei verschiedene Farben für die Bestandteile und die jeweils dazugehörigen Begrifflichkeiten verwenden). Die Nährstoffe müssen aufgeführt werden.*

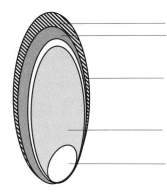

Die **Fruchtschale** und die **Samenschale** sind beim Vollkornprodukt noch enthalten (und damit Vitamine, Mineralstoffe und Ballaststoffe).

Die **Aleuronschicht** (Vollkorn) fasst den Mehlkörper ein (Eiweiß, Mineralstoffe und Vitamine sind ebenfalls Bestandteile davon).

Im **Mehlkörper** sind Eiweiß und Stärke enthalten (beim Mehltyp 405 ist er der Hauptbestandteil.)

Der **Keimling** enthält wertvolles Fett, hochwertiges pflanzliches Eiweiß und viele Vitamine und Mineralstoffe (Vollkorn).

4. *Die Verdauung der Kohlenhydrate ist ein interessanter Prozess, denn sie setzt – anders als bei allen anderen Nährstoffen – bereits im Mund ein. Bei dieser Aufgabe ist es wichtig, die Verdauungsorgane samt deren „Verdauungshilfen" (Säfte, Enzyme) in der richtigen Reihenfolge aufzustellen. Eine kurze Beschreibung des Verdauungsprozesses rundet die Darstellung der Kohlenhydratverwertung ab.*

Verdauungsorgane und „Verdauungshilfen"	Verdauungsprozess der Kohlenhydrate
1. **Mund** Speichel und Enzym Amylase	Vielfachzucker (z. B. Stärke in einer Semmel) wird eingespeichelt und mithilfe des Enzyms zu Doppelzucker vorverdaut. Einfachzucker wird sofort weitergeleitet.
2. **Magen** Magensaft	Eine Durchsäuerung der zerkleinerten Nahrung und ein Enzym zur Spaltung von Kohlenhydraten helfen dem Körper im Magen bei der Vorverdauung.
3. **Zwölffingerdarm** Hormon Insulin, Bauchspeichel	Mithilfe der Bauchspeicheldrüse und des Zwölffingerdarms werden die Kohlenhydrate weiter aufgespalten. Insulin ermöglicht es den Körperzellen, den Energielieferant Zucker aufzunehmen.
4. **Dünndarm** Enzyme Amylase, Glucosidase und Dünndarmsaft	Die Dünndarmwand ist durchlässig und kann Einfachzucker an das Blut weiterleiten. Der Blutzuckerspiegel steigt, wenn die Enzyme im Dünndarm den Vielfachzucker letztlich zu Doppel- und dann zu Einfachzucker aufgespalten haben.
5. **Dickdarm** Bakterien	Im Dickdarm sind wertvolle Bakterien angesiedelt. Sie entziehen Wasser, vernichten Keime und Schädlinge und verwerten Nahrungsreste und Nahrungsausschuss.

II. Ästhetik und Funktion prägen den modernen Haushalt.

1. *Dass Produkte aus Keramik einen hohen Stellenwert in der Bevölkerung genießen, liegt sicherlich auch an ihrer großen Vielfalt. Es gibt sie für die verschiedensten Bereiche des Haushalts, als Dekorations- oder als Gebrauchsartikel. In dieser Aufgabe sollen die gängigen Keramikwaren im Haushalt benannt, deren Eigenschaften beschrieben und Beispiele für Verwendungsmöglichkeiten aufgezeigt werden. Eine Tabelle zur Veranschaulichung ist beim Lösen hilfreich.*

Keramikwaren	Materialbeschreibung	Einsatz/Verwendungszweck
Töpferware	Farbe: meist braun oder terrakotta-farben (Verfärben möglich)	unglasiert: Blumentöpfe, Römertopf
	Eigenschaften: saugfähig, da sehr porös, daher auch dumpfer Klang	glasiert: einfache Gebrauchsgegenstände und Geschirr
	temperaturwechselbeständig: nein	
	Härte und Dichte: gering	
Porzellan	Farbe: rein weiß	hochwertiges Geschirr, Messerschneiden
	Eigenschaften: nicht porös (gesintert), daher auch heller Klang	
	temperaturwechselbeständig: ja, spülmaschinenfest	
	Härte und Dichte: sehr hoch, dicht gebrannt	
	Besonderheiten: Weichporzellan durchscheinend	
Steinzeug	Farbe: graublau, gelblich	Krüge, Vorratstöpfchen
	Eigenschaften: nicht porös, heller Klang	
	temperaturwechselbeständig: nein	
	Härte und Dichte: sehr gut	
	Besonderheiten: raue Oberfläche	
Steingut	Farbe: weiß bis gelblich	Auflaufformen, Blumenübertöpfe
	Eigenschaften: porös, daher auch dumpfer Klang, durch Glasur aber wasserundurchlässig	
	temperaturwechselbeständig: im glasierten Zustand ja, dann sogar spülmaschinenfest und mikrowellentauglich	
	Besonderheiten: leichter als Porzellan	

2. *Die Aufgabenstellung verlangt die Darstellung der wichtigsten Schritte bei der (industriellen) Herstellung eines Gebrauchsgegenstandes aus Porzellan, hier: einer Porzellanschüssel. Die einzelnen Arbeitsschritte sollen in chronologischer Reihenfolge benannt und kurz beschrieben werden.*

1. Entwurf
Ein neues Design wird für eine Porzellanschüssel entwickelt. Dabei helfen Zeichnungen, Skizzen und alte Modelle.

2. Scherbenprobe
Ein Gipsmodell wird erstellt. Die Gipsschüssel wird auf Stabilität und Gebrauchsfestigkeit getestet.

3. Gussform entwickeln
Auf Grundlage der Scherbenprobe wird eine Gussform hergestellt. Die Negativform (Hohlform) der Schüssel dient zum Ausgießen mit Porzellanmasse.

4. Porzellanmasse vorbereiten
Aus den Rohstoffen Quarz und Feldspat, Kaolin und Aluminiumoxid, Scherbenpulver und Pegmatit wird die Porzellanmasse angerührt. Sie wird zu Massekuchen weiterverarbeitet und muss nun in feuchtwarmen Räumen bis zu zehn Monate reifen.

5. Schüssel produzieren
Erst nach der Reifung wird die geschmeidige Masse mit Wasser gießfähig gemacht und in die Hohlformen gegossen. Ist die Form fest geworden, wird die Schüssel vollständig getrocknet.

6. Erster Brennvorgang (Schrühbrand)
Bei ca. 800 – 1000° C wird die Schüssel gebrannt und verliert dadurch das Restwasser. Wasserdurchlässig ist sie allerdings immer noch.

7. Zweiter Brennvorgang
Vor dem zweiten Brand wird die wasserabweisende Glasur aufgebracht, eventuell wird die Schüssel vor dem Glasieren noch bemalt. Bei ca. 1450° C schmelzen die Glasbestandteile und brennen sich in die Schüsseloberfläche ein. Sie ist dann wasserdicht.

3. *Edelstahl kann in vielen Bereichen des Haushalts eingesetzt werden und erfreut sich vor allem in der Küche großer Beliebtheit. In der Regel wird Edelstahl des Typs 18/10 verwendet, dessen Bezeichnung darauf hinweist, dass es sich um eine Metalllegierung mit einem Chromanteil von 18 % und einem Nickelanteil von 10 % handelt. Die Vorteile dieses Materials für die Küche sollen hier ganz allgemein herausgearbeitet werden, ohne auf ein bestimmtes Produkt bzw. Erzeugnis einzugehen.*

- Durch den hohen Anteil an Chrom und Nickel ist Edelstahl 18/10 **rostfrei**.
- Er ist porenlos und kratzfest und somit sehr **hygienisch**.
- Das Material ist äußerst hitze- und kältebeständig, zudem **formstabil, bruchsicher** und robust.
- Edelstahl ist **säuren- und laugenbeständig** und daher auch sehr gut für die Reinigung in der Spülmaschine geeignet.
- Edelstahl verfärbt sich kaum und **nimmt** von Lebensmitteln **weder Geruch noch Geschmack an**.
- Gegenstände aus Edelstahl sind schlicht und **zeitlos** und lassen sich gut mit anderen Materialien kombinieren.
- Sie haben eine sehr lange Lebensdauer und sind daher **umweltfreundlich**.

4. *Unter Tischkultur versteht man sowohl die Art, wie man Speisen serviert (Dekoration, Abfolge), als auch das Verhalten bei der Einnahme der Mahlzeiten (Tischsitten). Sie ist immer auch eine Frage der gerade vorherrschenden Einstellung, der Werte und der modischen Vorlieben einer Gesellschaft. Tischkultur gibt es, seit Menschen zusammen essen; sie unterscheidet sich von Land zu Land und von Epoche zu Epoche. Bei dieser Aufgabe soll die Tischkultur von drei unterschiedlichen Zeitaltern anhand von jeweils vier besonderen Merkmalen dargestellt werden.*

Das alte Rom (ca. 300 v. Chr. – 500 n. Chr.)

- Essen in der Gemeinschaft war von besonderer Bedeutung; oft gab es große Gelage.
- Die Speisen wurden verfremdet. Man sollte nicht erkennen, was man isst.
- Teure Gewürze zeigten den Reichtum des Römers.
- Fingerfood und Löffel kamen zum Einsatz, die Hände wurden mehrmals während des Gelages gewaschen.

Das Mittelalter (ca. 800 – 1500 n. Chr.)

- Vertiefungen in schweren Eichentischen ersetzen Teller.
- Essen mit den Fingern war üblich, da Messer nur zum Tranchieren verwendet wurden.
- Die Tischsitten wurden durch Kreuzritter besser, Schneuzen in das Tischtuch wurde untersagt. Hygienevorschriften wurden aufgestellt.
- Fingerschmuck wurde durch Abspreizen der Finger während des Essens gerne gezeigt.

Das Industriezeitalter (Anfänge der Tafelkultur, ca. 16. – 19. Jdh.)

- Erste Bücher über Tafelkultur wurden verfasst.
- Tafelschmuck und Dekoration hatte hohen Stellenwert.
- Englische Modevorstellungen in Einrichtung und Gestaltung machten sowohl den Speiseraum als auch das Essgeschirr sehr nobel.
- Der Löffel setzte sich durch. Man wollte den Adel nachahmen. Anfangs nahm man seinen eigenen Löffel mit, später wurden Tafelsilber und Zinnteller aufpoliert und angepriesen.

I. Eiweiß – unentbehrlich für unseren Körper

1. Beschreiben Sie die Bedeutung des Nährstoffes Eiweiß für den menschlichen Organismus.

2.1 Definieren Sie den Begriff der „Biologischen Wertigkeit".

2.2 Nennen Sie drei Mahlzeiten, die eine optimale Versorgung mit dem Nährstoff Eiweiß gewährleisten, und begründen Sie die Zusammensetzung.

Biologische Wertigkeit einiger ausgewählter Lebensmittel

Lebensmittel	BW	Lebensmittel	BW
Hühnerei	100	Sojaprotein	81
Schweinefleisch	85	Roggenmehl (82% Ausmahlung)	78
Rindfleisch	90	Kartoffeln	76
Geflügel	80	Bohnen	72
Milch	88	Mais	72
Fisch	94	Reis	66
Käse	84	Weizenmehl (82% Ausmahlung)	47

nach Tabelle: Biologische Wertigkeit (Quelle: Elmadfa/Leitzmann, 1999; abgewandelt nach Eberl, C. 2002)
http://www.jws.pf.bw.schule.de/jws/unsereschule/material/spoern/tabellen.pdf

3. Erläutern Sie wesentliche Schritte der Eiweißverdauung.

4. Zeigen Sie die ernährungsphysiologische Bedeutung von Hülsenfrüchten auf.

II. Raffinierte Haushaltshelfer – effektiv und umweltfreundlich eingesetzt

Der weltweite Energieverbrauch hat in den letzten 100 Jahren exponentiell zugenommen.

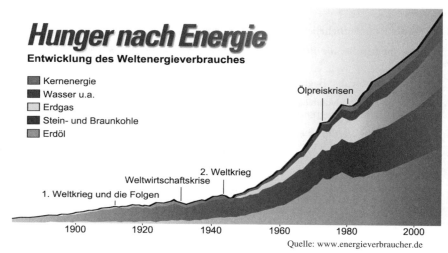

Quelle: www.energieverbraucher.de

1. Um die Haushaltskosten zu senken und auch die Umwelt zu schonen, ist Sparen angesagt. Geben Sie sechs Tipps zum Energiesparen bei der Nahrungszubereitung.

2. Für die Kücheneinrichtung sollen neue Töpfe und Pfannen angeschafft werden. Nennen Sie zehn Kriterien für den Einkauf.

3. Vergleichen Sie Edelstahl- und Silberbesteck hinsichtlich ihrer Zweckmäßigkeit und der Ästhetik.

4. Spülen per Hand ist für viele nicht nur lästig, sondern auch zeitaufwändig. Beschreiben Sie wesentliche Aspekte, die beim Kauf einer Geschirrspülmaschine beachtet werden sollten.

Lösungsvorschlag

I. Eiweiß – unentbehrlich für unseren Körper

1. *Eiweiß, auch Protein genannt, ist der wichtigste Baustein für unseren Körper und muss täglich mit der Nahrung aufgenommen werden, da es weder selbst gebildet noch gespeichert werden kann. Chemische Grundstoffe sind Kohlenstoff, Wasserstoff, Sauerstoff und Stickstoff, die ca. 20 verschiedene Aminosäuren bilden, davon acht essenzielle (= lebensnotwendige). Hier sollen verschiedene Aufgaben, die der Nährstoff Eiweiß im menschlichen Organismus erfüllt, genannt werden.*

Bedeutung von Eiweiß für den menschlichen Organismus:
   – Es dient als Baustoff für Organe, Muskeln, Haut und Knochen.
   – Blutkörperchen, Hormone, Enzyme und auch Antikörper sind aus Eiweiß aufgebaut.
   – Aufbau und Erhaltung von körperlicher und geistiger Entwicklung, vor allem bei Kindern im Wachstum.
   – Eiweiß liefert Energie: 1 g ≈ 17 kJ

2.1 *In der Definition der „Biologischen Wertigkeit" kann auch kurz der Unterschied zwischen tierischem und pflanzlichem Eiweiß für den Menschen angesprochen werden.*

Die biologische Wertigkeit gibt an, wie viel Gramm Körpereiweiß aus 100 g Nahrungseiweiß aufgebaut werden können. Wichtig ist dabei, dass alle acht essenziellen Aminosäuren vorhanden sind. Je mehr ein Nahrungseiweiß bei der Zusammensetzung seiner Aminosäuren dem Körpereiweiß ähnelt, desto höher ist seine biologische Wertigkeit. In der Regel hat tierisches Eiweiß daher für den menschlichen Organismus eine höhere biologische Wertigkeit als pflanzliches.

2.2 *Bei den Mahlzeiten muss zum einen auf die richtige Zusammensetzung der Nährstoffe geachtet werden, um eine optimale Versorgung zu gewährleisten: 15 % Eiweiß, 30 % Fett und 55 % Kohlenhydrate. Wichtig ist aber auch, dass tierisches und pflanzliches Eiweiß miteinander kombiniert werden, um insgesamt eine möglichst hohe biologische Wertigkeit zu erreichen. Die Tabelle aus der Aufgabenstellung ist dabei hilfreich.*

Gegrilltes Lachsfilet mit Spargelrisotto und Tomaten-Rucola-Salat
Das weniger wertvolle pflanzliche Eiweiß des Spargels und des Reises wird durch das wertvolle Eiweiß des Lachses aufgewertet.

Verlorene Eier (= pochierte Eier) in Senfdillsoße mit Pellkartoffeln und glacierte Karotten
Das weniger wertvolle pflanzliche Eiweiß der Kartoffeln und Karotten wird durch das wertvolle Eiweiß der Eier aufgewertet.

Spaghetti mit Rucola, Tomaten und scharfen Garnelen
Das weniger wertvolle Getreideeiweiß wird durch das wertvolle Eiweiß der Garnelen aufgewertet.

3. *Die Verdauung findet nacheinander in verschiedenen Organen statt, in denen fast immer spezielle Enzyme zur Spaltung des Nährstoffes wirken. Um die wesentlichen Schritte übersichtlich darzustellen, ist eine Tabelle sehr hilfreich. (Die Zeichnung dient nur zur Visualisierung und ist für die Lösung der Aufgabe nicht notwendig.)*

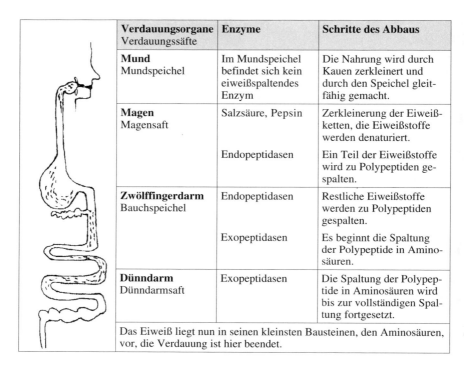

Verdauungsorgane Verdauungssäfte	Enzyme	Schritte des Abbaus
Mund Mundspeichel	Im Mundspeichel befindet sich kein eiweißspaltendes Enzym	Die Nahrung wird durch Kauen zerkleinert und durch den Speichel gleitfähig gemacht.
Magen Magensaft	Salzsäure, Pepsin	Zerkleinerung der Eiweißketten, die Eiweißstoffe werden denaturiert.
	Endopeptidasen	Ein Teil der Eiweißstoffe wird zu Polypeptiden gespalten.
Zwölffingerdarm Bauchspeichel	Endopeptidasen	Restliche Eiweißstoffe werden zu Polypeptiden gespalten.
	Exopeptidasen	Es beginnt die Spaltung der Polypeptide in Aminosäuren.
Dünndarm Dünndarmsaft	Exopeptidasen	Die Spaltung der Polypeptide in Aminosäuren wird bis zur vollständigen Spaltung fortgesetzt.
Das Eiweiß liegt nun in seinen kleinsten Bausteinen, den Aminosäuren, vor, die Verdauung ist hier beendet.		

4. *In der vegetarischen und in der veganen Ernährung sind Hülsenfrüchte ein wichtiges Nahrungsmittel, das das fehlende tierische Eiweiß ersetzen kann. Zu ihnen gehören die Samen von Bohnen, Erbsen, Linsen, aber auch Sojabohnen und Kichererbsen. Zur Beurteilung der ernährungsphysiologischen Bedeutung werden die jeweiligen Inhaltsstoffe analysiert und bewertet.*

Kohlenhydrate:
Hülsenfrüchte enthalten einen hohen Stärkeanteil von 50 % und damit einen hohen Energiewert, der nur langsam abgebaut wird. Sie enthalten außerdem reichlich Ballaststoffe (11–18%), die die Darmtätigkeit anregen, Schadstoffe binden und für ein lang anhaltendes Sättigungsgefühl sorgen. Der Stärke- und Ballaststoffanteil der Sojabohne ist jedoch wesentlich geringer, er liegt bei nur 6 %.

Fett:
Bohnen, Erbsen und Linsen enthalten nur wenig Fett. Im Gegensatz dazu die Sojabohne, die zu den Ölfrüchten gehört: Aus ihrem Fett wird ein wertvolles Pflanzenöl mit essenziellen Fettsäuren gewonnen.

Eiweiß:
Der Eiweißanteil von Hülsenfrüchten wie z. B. Erbsen, Bohnen und Linsen ist zwar hoch, die biologische Wertigkeit liegt jedoch nur bei etwa 30 %. Diese lässt sich aber gut durch eine Kombination mit anderen eiweißhaltigen Lebensmitteln wie Getreide, Kartoffeln, Fleisch, Milch oder Eiern erhöhen. Der Eiweißanteil der Sojabohne und ihre biologische Wertigkeit sind dagegen wesentlich höher; sie ist damit ein vollwertiger Ersatz für tierisches Eiweiß in der vegetarischen und veganen Ernährung.

Vitamine:
Besonders erwähnenswert ist der Anteil an Vitamin B1, B2, Folsäure und Beta-Carotin.
Mineralstoffe:
Hülsenfrüchte enthalten viel Kalium, Calcium, Magnesium, Phosphor und Eisen.

II. Raffinierte Haushaltshelfer – effektiv und umweltfreundlich eingesetzt

1. *Energiesparen bei der Nahrungszubereitung bezieht sich vor allem auf die sachgerechte Verwendung der Kochstellen und des Backofens sowie den Einsatz des richtigen Kochgeschirrs. Beim Kochen finden sich viele Möglichkeiten, um unnötigen Verbrauch von Energie zu vermeiden, sechs davon sollen hier beschrieben werden.*

   – Kochstelle erst einschalten, wenn der Topf auf der Platte steht, und rechtzeitig ausstellen; dabei die Nachwärme nutzen.
   – Der Topfboden muss plan auf der Kochstelle aufliegen und zur Plattengröße passen. Unnötig große oder zu kleine Kochplatten lassen zu viel Energie entweichen oder benötigen zu lange, um das Gargut zu erhitzen.
   – Kochtöpfe mit einem speziellen Sandwichboden haben eine gute Wärmeleitfähigkeit und halten das Gargut länger heiß.
   – Der Deckel des Kochtopfs muss gut schließen; offen kochen oder zu häufiges Aufdecken lässt die Hitze unnötig entweichen.
   – Gegebenenfalls den Dampfdrucktopf zur Nahrungszubereitung verwenden. Je nach Gericht können bis zu 60 % Energie und Zeit eingespart werden.
   – Der Backofen sollte nur dann vorgeheizt werden, wenn dies auch notwendig ist (z. B. bei Biskuit- und Blätterteigen).

   Weitere Lösungsvorschläge:
   – Kleinere Bratenstücke nicht im Backofen, sondern auf der Herdplatte zubereiten.
   – Beim Backen mehrerer Bleche (z. B. beim Backen von Kleingebäck) die Umluftfunktion einsetzen.

2. *Da gutes Kochgeschirr relativ kostspielig ist und lange einsatzfähig bleiben soll, sollten beim Kauf neuer Töpfe und Pfannen verschiedene Vorüberlegungen getroffen werden. Vor allem hinsichtlich des Materials, der Energieeffizienz und der Funktionalität gibt es wichtige Kriterien zu beachten (zehn Punkte sollen hier genannt werden).*

   – Das Material der Töpfe oder Pfannen sollte möglichst stabil und zweckmäßig sein. Für Töpfe eignet sich vor allem Edelstahl 18/10, da es leicht zu reinigen und robust ist. Pfannen sollten mit einer kratz- und stoßfesten Beschichtung ausgestattet sein, die ein Anhaften verhindert und somit fettarmes Garen ermöglicht.
   – Töpfe sollten spülmaschinenfest sein; Antihaftbeschichtungen werden in Spülmaschinen oft beschädigt.
   – Runde Innenkanten lassen sich leichter reinigen und verhindern, dass Speisen anbrennen.
   – Stapelbare Töpfe können platzsparend im Schrank verstaut werden.
   – Ein ausreichender Schüttrand ermöglicht ein tropffreies Ausgießen von Suppen und Soßen.
   – Töpfe und Pfannen müssen mit einem gut wärmeleitenden Sandwichboden ausgestattet sein, der die Hitze lange speichern kann. Dies sorgt für gute Koch- und Bratergebnisse.

- Bei Kauf von Kochgeschirr darauf achten, für welche Herdarten es geeignet ist. Vor allem die Eignung für Induktionsherde sollte eingeplant werden, da diese sehr energieeffizient sind.
- Ein Spezialglasdeckel für Pfannen muss nicht ständig geöffnet werden, um das Gargut zu kontrollieren, und spart damit Energie.
- Für Töpfe eignen sich schwere Edelstahldeckel, die gut schließen.
- Griffe und Stiele von Töpfen und Pfannen sollten hitzebeständig sein, z. B. für den Einsatz im Backofen. Pfannen mit abnehmbaren Stielen lassen sich platzsparend im Backofen verwenden und brauchen wenig Stauraum im Schrank. Form und Größe der Griffe sollte ergonomisch und handlich sein.

3. *Der Vergleich von Edelstahl- und Silberbesteck hinsichtlich Zweckmäßigkeit und Ästhetik lässt sich am übersichtlichsten mit einer Tabelle darstellen.*

	Edelstahlbesteck	Silberbesteck
Material	Hochwertiges Edelstahlbesteck trägt das Warenkennzeichen (18/10).	– Versilbertes Besteck (Prägung 90 oder 100) – Echtsilberbesteck (Prägung 925 Sterlingsilber oder 800)
Design	Edelstahlbesteck gibt es in allen möglichen Formen und Designs, von zweckmäßig schlicht bis topmodern.	– Silberbesteck findet man in klassischem, aber auch in modernem Design. – Silberbestecke wirken edel und elegant.
Reinigung und Pflege	– Rostfreies Edelstahl (18/10) ist spülmaschinenfest. – Messer sollten zur besseren Reinigung aus einem Metallstück gefertigt sein.	– Echtsilberbestecke sind nicht spülmaschinenfest und sehr kratzempfindlich. – Versilberte Bestecke sind spülmaschinenfest, aber kratzempfindlich und sollten nicht aneinanderschlagen. – Säure- und schwefelhaltige Lebensmittel lassen Silber oxidieren, Silber muss dann mit speziellen Reinigern geputzt werden.
Kosten	– Je nach Aktualität des Designs gibt es günstige und verhältnismäßig teuere Edelstahlbestecke. – Die Auswahl an Edelstahlbestecken, deren Preis-Leistungs-Verhältnis stimmt, ist groß. – Markenbestecke bieten eine Nachkaufgarantie zur Erweiterung.	– Echtsilberbestecke sind sehr teuer und eine echte Wertanlage. – Auch versilberte Bestecke sind relativ kostspielig. – Eine Nachkaufgarantie über einen langen Zeitraum ist bei Markenbestecken üblich.
Eignung	– Edelstahlbestecke sind anspruchslos, leicht zu reinigen und zu pflegen und in vielen formschönen Designs erhältlich. – Es eignet sich deshalb sehr gut für den täglichen Gebrauch.	– Silberbesteck ist zugleich ein besonderer Tischschmuck, der vor allem zu besonderen Anlässen verwendet wird.

4. *Die Kriterien für die Wahl der richtigen Geschirrspülmaschine entsprechen in vielen Punkten denselben, die vor jedem Kauf eines Großgerätes überdacht werden sollten. Dazu gehören Notwendigkeit, Raum, Kosten, Nutzen und Design.*

Notwendigkeit:
– Welche Art Geschirrspüler wird benötigt? Geschirrspüler gibt es als Tischgeräte für den Singlehaushalt, als schmales (45 cm) Standgerät für den Haushalt, in dem wenig Geschirr anfällt, oder als breiteres (60 cm) und am meisten verwendetes Standgerät für den Familienhaushalt.

Raumbedarf:
– Steht der notwendige Platz in der Küche zur Verfügung?
– Gibt es die Anschlussmöglichkeiten für Zu- und Abwasser?
– Kann der Geschirrspüler in eine vorhandene Küche als Unterbaugerät oder als frei stehendes Gerät integriert werden?

Technische Daten:
– Welche Programme stehen zum Geschirrspülen zur Auswahl (Temperatur, Intensität, Dauer)?
– Wie hoch sind die Energiekosten (Energieeffizienzklasse), der Wasserverbrauch und der Bedarf an Reinigungsmittel/Klarspüler/Spülmaschinensalz?
– Welche Lärmbelästigung entsteht beim Spülgang?
– Sind die Geschirrkörbe höhenverstellbar?

Sicherheit:
– Hat das Gerät einen elektronischen Aquastop als Schutz vor Überschwemmung bei Defekten?
– Welche Sicherheitszertifikate hat das Gerät (TÜV, GS-Siegel, VDE-Zeichen)?
– Welche Garantie- und Gewährleistungen werden angeboten?

Individuelle Wünsche:
– Gibt es eine Besteckschublade oder einen Besteckkorb?
– Gefällt die Gestaltung der Front, Bedienknöpfe etc.?
– Passt das Design zur vorhandenen Küche?

Kosten:
– Kann ich mir das Gerät überhaupt leisten?
– Ist das Preis-Leistungs-Verhältnis in Ordnung?
– Gibt es einen Fachmann in der Nähe, der die Wartung übernehmen kann?

I. **Fleischlos genießen – Vegetarismus**

„*Die Zukunftsküche wird auf jeden Fall vorwiegend vegetarisch sein!
Immer mehr Trendrestaurants kochen fleischlos.*"
(Süddeutsche Zeitung am 06. 02. 2011)

1. Die Zahl der Vegetarier in Deutschland hat sich in den vergangenen 20 Jahren mehr als verzehnfacht. Nennen Sie sechs Gründe dafür und erläutern Sie diese.

2. Es gibt verschiedene Formen des Vegetarismus. Stellen Sie die unterschiedlichen Arten vor und bewerten Sie diese.

3. Aufgrund ihrer vielseitigen Verwendungsmöglichkeiten wird die Kartoffel in der vegetarischen Ernährung gerne eingesetzt. Erklären Sie die unterschiedlichen Kartoffeltypen mit ihren Kocheigenschaften und nennen Sie je zwei geeignete Gerichte.

4. Die Kartoffel wird häufig als „tolle Knolle" bezeichnet. Zeigen Sie die ernährungsphysiologische Bedeutung der Kartoffel auf.

II. Die Sicherheit und Unbedenklichkeit unserer Lebensmittel wird in den Medien unter anderem durch die Reaktorkatastrophe in Fukushima wieder verstärkt diskutiert.

1. Verschiedene Einflüsse belasten unsere Nahrungsmittel. Geben Sie einen Überblick über sechs verschiedene Schadstoffgruppen, mit denen unsere Lebensmittel belastet sein können. Führen Sie zu jeder Schadstoffgruppe zwei Beispiele an.

2. Zeigen Sie geeignete Maßnahmen auf, wie der Verbraucher beim Einkauf, bei der Lagerung und bei der Verarbeitung zur Reduzierung von Schadstoffen in Lebensmitteln beitragen kann.

3. Die Gentechnik greift bereits heute in die Lebensmittelverarbeitung ein. Zeigen Sie an zwei Beispielen, wo gentechnisch veränderte Substanzen zum Einsatz kommen.

4. Lebensmittel aus dem Functional Food-Bereich werden stark beworben.

4.1 Definieren Sie den Begriff „Functional Food".

4.2 Bewerten Sie zwei Lebensmittel aus dem Functional Food-Bereich.

Lösungsvorschlag

I. Fleischlos genießen – Vegetarismus

1. *Für den starken Anstieg der Anzahl an Vegetariern in Deutschland gibt es zahlreiche Gründe. Oft ist der Umstieg auf fleischlose Kost ethisch motiviert, aber auch ein erhöhtes Gesundheits- oder Umweltbewusstsein tragen zu dieser Entwicklung bei. Auch aus anderen Bereichen (Religion, Weltanschauung, Ökonomie) heraus finden sich für viele Menschen Gründe, um auf Fleischkonsum zu verzichten, oft ist es eine Kombination aus verschiedenen Motiven.*

   - Viele Menschen suchen angesichts zahlreicher ernährungsabhängiger Erkrankungen wie z. B. Diabetes Mellitus, Gicht, Bluthochdruck und Fettstoffwechselstörungen nach einer gesunden Lebensweise (gesundheitliche Gründe).
   - Fleisch aus Massentierhaltung enthält oft Antibiotika-Rückstände, die zu Resistenzen führen können. Bei einer eigenen Erkrankung kann dies gravierende Folgen für die Behandlungsmöglichkeiten haben (gesundheitliche Gründe).
   - Das Töten von Tieren zur Gewinnung von Nahrungsmitteln wird abgelehnt (ethische Gründe).
   - Artfremde, oftmals tierquälerische Massentierhaltung, die ausschließlich der Deckung des Fleischbedarfs dient, soll vermieden werden (ethische Gründe).
   - Der hohe Bedarf an pflanzlichen Futtermitteln für die Fleischproduktion steht im Zusammenhang mit dem Welthungerproblem. Nahrungsmittel- und Futtermittelimporte wirken sich negativ auf die Landwirtschaft in Entwicklungsländern aus, wie z. B. der Anbau in Monokulturen und das Abholzen der tropischen Urwälder (ökonomische Gründe).
   - Die Massentierhaltung belastet die Umwelt durch den hohen CO_2-Ausstoß bei Wiederkäuern (vor allem bei Rindern), aber auch durch die Überdüngung der Ackerflächen und die daraus resultierende Belastung des Grundwassers (ökologische Gründe).

   Weitere Lösungsvorschläge:

   - Die Kosten für die Erzeugung von vermeintlich billigem Fleisch sind sehr hoch, wenn man die enormen Spätfolgen für die Umwelt berücksichtigt (ökonomische Gründe).
   - Respekt vor der Schöpfung (religiöse Gründe).

2. *Diese Aufgabenstellung verlangt zunächst die Vorstellung der drei verschiedenen Formen des Vegetarismus. Dabei sollten sowohl die Nahrungsmittel, die verzehrt werden, als auch diejenigen, auf die man verzichtet, genannt werden. Für die Bewertung werden die Nährstoffe, die mit der jeweiligen Ernährungsform aufgenommen werden können, genauer unter die Lupe genommen. Bei einer Darstellung in Tabellenform – siehe folgenden Vorschlag – lassen sich Gemeinsamkeiten und Unterschiede sofort erkennen.*

   - **Ovo-Lacto-Vegetarier:** Sie ernähren sich von pflanzlichen Lebensmitteln, Milch, Milchprodukten und Eiern. Sie nehmen kein Fleisch und keinen Fisch zu sich.
   - **Lacto-Vegetarier:** Sie essen pflanzliche Lebensmittel, Milch- und Milchprodukte. Sie nehmen kein Fleisch und keinen Fisch zu sich und verzichten auf Eier.
   - **Veganer:** Sie essen nur pflanzliche Lebensmittel. Sie verzehren kein Fleisch und keine Fleischprodukte, keinen Fisch und auch keine Produkte von Tieren wie Milch und Milchprodukte, Eier und Honig.

Nährstoffe	ovo-lacto-vegetabil bzw. lacto-vegetabil	vegan
Kohlenhydrate	– Der hohe Ballaststoffanteil der pflanzlichen Nahrung wirkt positiv auf den Darm, bindet Schadstoffe und sorgt für ein lang anhaltendes Sättigungsgefühl. – Stärkehaltige Nahrungsmittel geben Energie über einen langen Zeitraum ab.	
Fett	– Meist eine insgesamt niedrigere Fettzufuhr. – Der Anteil an ungesättigten und mehrfach ungesättigten Fettsäuren ist in der Regel sehr hoch.	
	– relativ cholesterinarm	– cholesterinfrei
Eiweiß	– Essenzielle Aminosäuren sind in Milch- und Milchprodukten sowie in Eiern ausreichend enthalten.	– Der Anteil an essenziellen Aminosäuren ist gering. – Durch geschickte Kombination von Hülsenfrüchten mit Getreideprodukten kann die biologische Wertigkeit des pflanzlichen Eiweißes jedoch erhöht werden.
Vitamine, sekundäre Pflanzenstoffe	– Wasser- und fettlösliche Vitamine (z. B. C, B6, A, Thiamin), antioxidative Vitamine und sekundäre Pflanzenstoffe sind in ausreichender Menge enthalten.	
		– Die Versorgung mit den Vitaminen D, B2 und B12 ist problematisch, vor allem B12 muss gegebenenfalls über Vitaminpräparate ergänzt werden.
Mineralstoffe	– Kalium und Magnesium sind in ausreichender Menge enthalten. – Auf eine ausreichende Versorgung mit Zink, Jod, Calcium und Eisen muss geachtet werden.	
		– Pflanzliches Eisen kann der Körper nur schlecht resorbieren, deshalb ist eine gleichzeitige Vitamin-C-Zufuhr sinnvoll, um die Eisenverfügbarkeit zu erhöhen.

Bewertung:

– Sowohl eine ovo-lacto-vegetabile als auch eine lacto-vegetabile Kost sind bei einer durchdachten Lebensmittelauswahl auch auf Dauer zu empfehlen.
– Die vegane Kost erfordert ein gutes Ernährungswissen, da nur dann ein Defizit an essenziellen Nährstoffen vermieden werden kann. Für Schwangere, Stillende, Säuglinge und Kleinkinder ist diese Kostform nicht empfehlenswert.

3. *Die Einteilung der Kartoffel in drei verschiedene Typen bezieht sich auf die Kocheigenschaften der Knollenfrüchte. Nicht alle Kartoffelgerichte gelingen, was manchmal mit der Wahl des falschen Kartoffeltyps zusammenhängt.*

Kochtyp: festkochende Kartoffel
– Der Stärkegehalt ist am geringsten, die Kartoffel ist schnittfest, feucht, feinkörnig und springt beim Kochen nicht auf.
– Sie eignet sich vor allem für Bratkartoffeln, Kartoffelsalat und Gratins.

Kochtyp: vorwiegend festkochende Kartoffel
– Die Kartoffeln dieses Kochtyps enthalten einen mittleren Stärkeanteil, sie sind mittelfest, feinkörnig, mäßig feucht und springen beim Kochen wenig auf.
– Verwendet werden sie vor allem für Bratkartoffeln, Pell- und Salzkartoffeln und zur Herstellung von Pommes frites.

Kochtyp: mehlig kochende Kartoffel
– Der Stärkeanteil dieses Kartoffeltyps ist am höchsten, sie sind grobkörnig und trocken und springen beim Kochen häufig auf.
– Geeignete Gerichte sind Kartoffelpüree, Kartoffelsuppe und -eintöpfe sowie Kartoffelknödel.

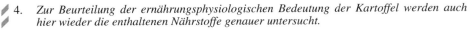

4. *Zur Beurteilung der ernährungsphysiologischen Bedeutung der Kartoffel werden auch hier wieder die enthaltenen Nährstoffe genauer untersucht.*

Kohlenhydrate:
Kartoffeln enthalten viel Stärke, die lange sättigt und Energie liefert. Anders als Zucker, der sofort ins Blut übergeht, wird Energie in Form von Stärke nur langsam abgebaut. Der Anteil an Ballaststoffen ist mit ca. 2 % zwar eher niedrig, jedoch tragen auch sie zu einem lang andauernden Sättigungsgefühl bei. Außerdem binden sie Schadstoffe und regen die Darmtätigkeit an.

Fett:
Der Fettgehalt bei Kartoffeln ist sehr gering, etwa die Hälfte der vorhandenen Fettsäuren sind mehrfach ungesättigte Fettsäuren. Somit ist die Kartoffel zunächst energiearm und eignet sich auch aufgrund ihrer leichten Verdaulichkeit als leichte Vollkost und Reduktionskost. Die Zubereitungsart entscheidet über den Energiegehalt der Kartoffel, Garmethoden mit hohem Fetteinsatz erhöhen den Energiegehalt der Kartoffelspeise.

Eiweiß:
Die Kartoffel enthält mit einem Anteil von nur etwa 2% sehr wenig Eiweiß, das jedoch eine biologische Wertigkeit von über 80 aufweist und damit sehr hochwertig ist. Dafür ist der hohe Anteil der Aminosäure Lysin verantwortlich.

Vitamine:
Kartoffeln enthalten vor allem Vitamin C, die B-Vitamine B1, B2, B5 und B6 sowie Carotin.

Mineralstoffe:
Kalium, Calcium, Magnesium, Phosphor und Eisen sind reichlich vorhanden, aber nur sehr wenig Natrium.

Wasser:
Mit ca. 80 % ist der Wasseranteil in der Kartoffel sehr hoch; sie zählt deshalb zu den energiearmen Lebensmitteln.

Bewertung:
Die Kartoffel ist ein ernährungsphysiologisch besonders wertvolles Grundnahrungsmittel, das sich für eine gesunde Ernährung hervorragend eignet.

II. **Die Sicherheit und Unbedenklichkeit unserer Lebensmittel wird in den Medien unter anderem durch die Reaktorkatastrophe in Fukushima wieder verstärkt diskutiert.**

1. *Lebensmittel können verschiedene Arten von Schadstoffen enthalten; nicht alle davon sind „menschengemacht". Auch natürliche Gifte, die Pflanzen beispielsweise zur Abwehr von Fressfeinden entwickeln, zählen dazu. Diese Aufgabe erfordert nur die Nennung verschiedener Schadstoffgruppen und zwei dazugehöriger Beispiele; wo sie vorkommen oder auf welche Art sie entstehen, muss nicht näher erläutert werden (die Ergänzungen in Klammern können auch für die Lösung der nächsten Aufgabe hilfreich sein).*

Schadstoffgruppen	Beispiel
Gifte, die von Natur aus in Nahrungsmitteln vorkommen	– Solanin (z. B. in Kartoffeln, Tomaten) – Phasin (z. B. in rohen Bohnen) *oder:* – Blausäure (z. B. in Süßkartoffeln, Holunderbeeren) – Oxalsäure (z. B. in Rhabarber, Spinat)
Mikrobielle Lebensmittelverunreinigungen	– Schimmelpilze – Salmonellen (z. B. in Geflügel, rohen Eiern) *oder:* – Eitererreger – Botulinusbakterien
Rückstände aus der Lebensmittelverarbeitung	– Nitrit (Aufwärmen nitratreicher Speisen) – Benzapyren (Grillen über offener Flamme) *oder:* – Acrolein (Überhitzung von Fetten) – Acrylamid (starke Erhitzung, z. B. beim Frittieren stärkehaltiger Lebensmittel)
Rückstände aus der landwirtschaftlichen Produktion	– Pflanzenschutzmittel – Kunstdünger *oder:* – Tierarzneimittel (z. B. Antibiotika) – Masthilfsmittel (Anabolika)
Rückstände aus der Umweltbelastung durch Industrie und Kraftfahrzeugverkehr	– Cadmium – Blei *oder:* – Quecksilber – Dioxin
Rückstände aus Lebensmittelzusätzen	– Konservierungsstoffe – Farbstoffe (z. B. Azofarbstoffe wie E122) *oder:* – Aromastoffe – Geschmacksstoffe (z. B. Glutamat)

2. *Durch verschiedene Maßnahmen im Umgang mit Lebensmitteln können Verbraucher dazu beitragen, den Gehalt an Schadstoffen möglichst gering zu halten. Hilfreich sind vor allem Hygienemaßnahmen bei der Lagerung und bei der Verarbeitung, die einfach durchzuführen sind und eine Menge bewirken (um die volle Punktzahl zu erhalten, müssen Maßnahmen aus allen drei Bereichen genannt werden).*

Einkauf:
– Den Kauf von Obst und Gemüse meiden, wenn diese am Rand von stark befahrenen Straßen wachsen oder dort zum Verkauf angeboten werden.
– Saisonale Angebote vor allem bei Obst und Gemüse nutzen.
– Produkte aus der heimischen Region bevorzugen, vor allem bei Fleisch, frischem Obst und Gemüse.
– Produkte aus dem ökologischen Anbau (sogenannte Bio-Produkte) kaufen.
– Nicht zu häufig Innereien verzehren, selten Wild und wild wachsende Pilze („natürliche" radioaktive Belastung).
– Hochseefische sind zu bevorzugen, z. B. Kabeljau, Hering, Rotbarsch, da sie meist weniger belastet sind als Fische aus Küstennähe oder Flüssen.

Lagerung:
– Lebensmittelvorräte regelmäßig kontrollieren und Verdorbenes aussortieren.
– Vorratsschränke, Kühlschrank und weitere Lagerräume für Lebensmittel sauber halten und für eine ausreichende Belüftung sorgen.
– Lebensmittel sachgerecht lagern.
– Schnell verderbliche Lebensmittel nur in kleinen Mengen bevorraten.
– Fleisch, Fisch und Wurstwaren von Obst und Gemüse trennen.

Verarbeitung:
– Obst und Gemüse gründlich waschen, möglichst mit warmem Wasser, und wenn notwendig sogar schälen.
– Bei Blattsalaten die äußeren Deck- und Hüllblätter entfernen.
– Den Inhalt von Konservendosen nach dem Öffnen sofort umfüllen.
– Bei Kartoffeln grüne Stellen und Keime entfernen und das Kochwasser weggießen, den Strunk von Tomaten entfernen (enthält Solanin).
– Nitratreiche Nahrungsmittel nur selten verzehren, ihre Reste nicht lange aufbewahren und nicht wieder erwärmen.

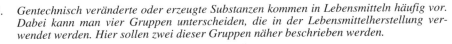

3. *Gentechnisch veränderte oder erzeugte Substanzen kommen in Lebensmitteln häufig vor. Dabei kann man vier Gruppen unterscheiden, die in der Lebensmittelherstellung verwendet werden. Hier sollen zwei dieser Gruppen näher beschrieben werden.*

Genetisch veränderte (transgene) Mikroorganismen zur Herstellung von Vitaminen:

Mikroorganismen erzeugen große Mengen Beta-Carotin, Vitamin C und E, die den Lebensmitteln als Antioxidantien (Vitamin E z. B. bei Margarine und Speiseölen) zugesetzt werden. Auch im Bereich des „Functional Food" wird mit solchen Vitaminen gearbeitet. Man setzt sie diesen Lebensmitteln zu, um deren Vitamingehalt zu erhöhen oder mit zusätzlichen Vitaminen (B2 als Farbstoff und B12) anzureichern, beispielsweise bei ACE-Produkten, Vitaminsäften oder Joghurt-Fruchtzubereitungen.

Umwandlung von Stärke in Zucker durch gentechnisch erzeugte Enzyme:

Glukose-, aber auch Fruktosesirup wird vor allem Süßigkeiten und süßen Getränken zugesetzt. Die dabei benötigten großen Mengen können einfach und schnell aus günstigen Rohstoffen wie Stärke aus Mais, Kartoffeln oder Weizen hergestellt werden. Die nötigen Enzyme, die die Stärke zu Glukose bzw. Fruktose ab- und umbauen, werden von transgenen Mikroorganismen erzeugt.

Weitere Beispiele:

– Einsatz von transgenen Enzymen (Chymosin) bei der Käseherstellung
– Einsatz von transgenen Enzymen (Amylasen) bei der Herstellung von Backwaren, Backmischungen und Tiefkühl-Teigen

4.1 *In die Definition des englischen Begriffs kann auch die deutsche Übersetzung aufgenommen werden, da diese ebenfalls ein gängiger Ausdruck ist.*

„Functional Food" heißt wörtlich übersetzt „funktionelle Lebensmittel". Damit meint man Lebensmittel, denen weitere Stoffe wie z. B. Vitamine, Mineralstoffe, sekundäre Pflanzenstoffe, Ballaststoffe, Enzyme, Omega-3-Fettsäuren und/oder Bakterien zugesetzt werden, um sie aufzuwerten. Diese Lebensmittel sollen nicht nur sättigen und schmecken, sondern sich auch positiv auf die Gesundheit unseres Körpers auswirken und ihn gezielt fitter und leistungsfähiger machen.

4.2 *Bei Lebensmitteln aus dem Bereich des Functional Food steht den Verbrauchern eine große Auswahl an Produkten zur Verfügung. Die Abbildung in der Aufgabenstellung gibt nur einen Teil dieser Auswahl wieder, liefert aber einige Beispiele, die auch aus der Werbung bekannt sind. Für eine Bewertung (= kritische Hinterfragung) sollte man sich überlegen, welche Inhaltsstoffe diese Lebensmittel enthalten, welche Zielgruppen sie anvisieren und was genau sie versprechen.*

Beispiel: Cholesterinsenkende Produkte (Margarine, Milch und Joghurt-Drinks)
– Zielgruppe dieser Produkte sind vor allem Erwachsene, deren Cholesterinspiegel zu hoch ist und die deshalb zur Risikogruppe für Erkrankungen des Herzens und der Herzkranzgefäße gehören.
– Die enthaltenen Pflanzenstoffe, die Pflanzensterine, helfen den Cholesterinspiegel zu senken, da sie Cholesterin verdrängen und so die Cholesterinresorption verhindern.
– Der Cholesterinspiegel soll so um 7 – 10 %, in Verbindung mit einer gesunden Lebensweise und Ernährung um bis zu 15 % reduziert werden.
– Pflanzensterine stehen im Verdacht, sich ebenfalls, wie Cholesterin, an den Gefäßwänden abzulagern und das Risiko von Herzerkrankungen zu erhöhen.
– Cholesterinsenkende Produkte wirken (fast) wie ein Medikament. Sie sollten deshalb nur in Absprache mit dem Arzt verzehrt werden.

Bewertung:
Die Produkte senken in der Tat den Cholesterinspiegel, eine Ernährungsumstellung auf gesunde Lebensmittel und eine gesunde Lebensweise ist zwar erwünscht, aber nicht nötig. Mögliche Risiken durch Pflanzensterine sind noch nicht abzusehen.
Es wäre sinnvoller, die Ernährung umzustellen, cholesterinhaltige Lebensmittel zu meiden und mehr Obst und Gemüse zu sich zu nehmen. Damit kann auch Übergewicht verhindert werden.

Beispiel: Probiotische Joghurts und Joghurtdrinks
– Probiotische Joghurts und Joghurtdrinks enthalten neben Joghurt, Milch und Milchsäurebakterien viele Aromen und vor allem Zucker.
– Sie werben mit immunstärkenden Eigenschaften und der Unterstützung der Darmflora und suggerieren dabei, dass nur diese Produkte diese Eigenschaften enthalten.
– Herkömmlicher Naturjoghurt enthält die gleichen Inhaltsstoffe, denen immunstärkende Eigenschaften und die Unterstützung der Darmflora nachgesagt werden, aber keinen Zucker und keine Aromastoffe.

Bewertung:
Probiotische Joghurts und Joghurtdrinks sind teurer und zuckerhaltiger als herkömmlicher Naturjoghurt und haben keinerlei weitere positiven Auswirkungen auf den menschlichen Körper. Ein mit frischen Früchten aufgewerteter Naturjoghurt schmeckt besser, ist kalorienärmer und dazu auch noch wesentlich günstiger.

I. **Eine Vielzahl von Fetten und fettreichen Lebensmitteln füllt unsere Supermarkt-regale.**

1. Fett ist ein notwendiger Bestandteil für unseren Körper. Zeigen Sie die Aufgaben von Körperfett und Nahrungsfett auf.

2. Erläutern Sie die Stoffwechselvorgänge beim Abbau von Fett.

3. Allzu viel ist ungesund – übermäßiger Fettkonsum kann u. a. zu einem überhöhten Cholesterinspiegel führen. Beschreiben Sie die beiden Arten von Cholesterin in ihren spezifischen Eigenschaften. Formulieren Sie fünf Ernährungsregeln, die den Cholesterinspiegel senken können.

4. Übergewicht ist oft eine Folge von zu hohem Fettkonsum. Nennen Sie fünf Regeln, wie übergewichtige Menschen ihr Gewicht reduzieren können.

5. Übergewichtige Menschen versuchen ihr Gewicht häufig durch Radikalkuren wie zum Beispiel Null-Diät oder Atkins-Diät zu reduzieren. Stellen Sie drei wesentliche Unterschiede zwischen der Atkins-Pyramide und der Ernährungspyramide der Deutschen Gesellschaft für Ernährung dar und nehmen Sie zur Atkins-Pyramide kritisch Stellung.

Atkins-Pyramide   DGE-Pyramide

II. Arbeitsmanagement – Ergonomie, Ökologie und Ökonomie

1. Mediziner warnen zunehmend vor Haltungsschäden. Durch eine sinnvolle Arbeitsplatzgestaltung und Arbeitsorganisation kann der Bewegungsapparat entlastet und Schäden vorgebeugt werden. Nennen Sie acht Aspekte, wie bei der Gestaltung von Arbeitsplatz und Arbeitsabläufen ergonomische Kriterien berücksichtigt werden können.

2. Definieren Sie die Begriffe Ökonomie und Ökologie und nennen Sie je drei ökonomische und ökologische Aufgaben, die dem Prinzip der Nachhaltigkeit im privaten Haushalt entsprechen.

3. Minimal- und Maximalprinzip sind Grundlagen wirtschaftlichen Handelns. Erklären Sie diese ökonomischen Prinzipien an je einem Beispiel.

© Kroeger 2006

I. **Eine Vielzahl von Fetten und fettreichen Lebensmitteln füllt unsere Supermarktregale.**

1. *Fett wird dem Körper nicht nur von außen durch die Nahrung zugeführt (Nahrungsfette pflanzlichen und tierischen Ursprungs), sondern auch im Körper selbst aufgebaut und eingelagert (Körperfett). Beide Fettarten haben dort sehr unterschiedliche Aufgaben, die es hier zu beschreiben gilt.*

Aufgaben von Nahrungsfett	Aufgaben von Körperfett
– Fett liefert dem Körper sehr **viel Energie** und ist somit ein Powerstoff. 1 g Fett liefert 38,9 kJ / 9,3 kcal. – Fett ist ein **natürlicher „Geschmacksverstärker"**, da Geschmacksaromen fettlöslich sind und sich somit der Genuss und der Geschmack der Speisen erhöhen. – Ohne Fett könnten die **fettlöslichen Vitamine A, D, E und K** vom Körper nicht ausreichend aufgenommen und verwertet werden. – Bestimmte Fette sind lebensnotwendig, da nur über sie **ungesättigte Fettsäuren** aufgebaut werden können. – Ungesättigte Fettsäuren, die über hochwertige pflanzliche Fette vom Körper aufgenommen werden, sind **Radikalfänger zur Krebsvorbeugung.** – Außerdem bauen Fette **wichtige Körperbestandteile** auf, wie z. B. die **Hormone.**	– Körpereigenes Fett enthält Begleitstoffe wie Cholesterin. Aus diesem stellt der Körper **Hormone und Gallensäuren** her. – Hauptbestandteil des Körpers ist Wasser. **4–10 %** der Körpermasse sollten jedoch aus Fett bestehen, das als **Depotfett** für „schlechte Zeiten" (z. B. Krankheit) im Unterhautfettgewebe eingelagert wird. – Fett **schützt** empfindliche Organe wie Augäpfel oder Nieren, die darin eingebettet sind, **vor Stoß und Druck.** – Fett ist an bestimmten Körperstellen (z. B. am Gesäß und unter der Fußsohle) ein angenehmes elastisches **Polster.** – Das Körperfett der Unterhaut (65 % des Gesamtköperfettes) **schützt vor zu schnellem Wärmeverlust**; auch innere Organe wie z. B. die Nieren werden von einem Fettmantel umhüllt und so vor Kälte geschützt.

2. *Unter Stoffwechsel versteht man die gesamten biochemischen Vorgänge in einem Organismus, die zum Aufbau und Erhalt der Körpersubstanz und zur Energielieferung notwendig sind. Die vielfältigen und komplizierten Stoffwechselvorgänge im Körper kann man grob drei Stufen zuordnen, die in dieser Aufgabe anhand des Beispiels „Abbau von Fett" genannt und erklärt werden sollen.*

1. Stufe: Verdauung

<u>Mund</u>
Zerkauen der Nahrung, kein Abbau von Fett

<u>Magen</u>
Spaltung von Milchfett, weiterhin kein Fettabbau

<u>Zwölffingerdarm</u>
– Spaltung der Fette vollständig in Glycerin und Fettsäuren
– Gallensaft und Bauchspeichel (enthält das Enzym Lipase) helfen beim Emulgieren und beim Abbau

<u>Dünndarm</u>
– Lipase des Bauchspeichels arbeitet hier weiter
– Abschluss des Verdauungsvorgangs

2. Stufe: Resorption

Aufnahme der verdauten **kurz- und mittelkettigen Fettsäuren** direkt ins Blut.
Langkettige Fettsäuren werden in der Darmwand mit Glycerin und Eiweiß verbunden.
Nur so können sie über die Lymphe in das Blut gelangen.

3. Stufe: Zell- und Energiestoffwechsel

Abbau von Glycerin und Fettsäuren zu **Kohlenstoffdioxid und Wasser** und somit zu neuer Energie und Wärme.
In den **Zellen** und in der **Leber** werden **aus Fetten körpereigene Stoffe hergestellt**.
Nahrungsfett wird als Depotfett gespeichert.

3. *Cholesterin ist eine notwendige Substanz für den menschlichen Stoffwechsel, da es viele wichtige Aufgaben erfüllt (u. a. Produktion von Gallensäure, Bildung von Hormonen). Es ist fettähnlich und wasserunlöslich; je nachdem, welche „Dichte" es aufweist, wird es in zwei verschiedene Arten von Cholesterin eingeteilt. Im ersten Teil der Aufgabe sollen diese genannt und in ihrer Bedeutung für den Körper beschrieben werden. Im zweiten Teil geht es um die Fettstoffwechselstörung „überhöhter Cholesterinspiegel", die immer häufiger vorkommt und ein hohes Risiko für Herz-Kreislauf-Erkrankungen birgt. Zwar produziert der Körper einen Teil des Cholesterins selbst, es wird jedoch auch über die Nahrung, vor allem über tierische Fette, aufgenommen. Daher ist es möglich, den Cholesterinspiegel durch entsprechende Ernährungsregeln niedrig zu halten bzw. sogar zu senken. Fünf dieser Regeln sollen aufgezeigt werden.*

Arten des Cholesterins:

HDL-Cholesterin	LDL-Cholesterin
– „High Density Lipoprotein" wird auch als „gutes" Cholesterin bezeichnet. – Es ist praktisch die Cholesterinpolizei, die überschüssiges Cholesterin aus den Körperzellen aufnehmen und in das Blut abführen kann. – Es schützt zudem gegen Arteriosklerose (Arterienverkalkung).	– „Low Density Lipoprotein" gilt als „schlechtes" Cholesterin für den Körper. – Durch LDL-Cholesterin verkalken die Arterien schneller. Es kann über die Gefäßwände und Zellen eindringen. – Zu hohe LDL-Cholesterinwerte im Blut gefährden auf Dauer den gesunden Stoffwechsel und sind sehr bedenklich.

Folgende Ernährungsregeln können dazu beitragen, einen erhöhten Cholesterinspiegel zu senken:

– **Mehrfach ungesättigte Fettsäuren** bei der Fettauswahl bevorzugen – sie sind die Grundlage für die Senkung des LDL-Cholesterinspiegels und befinden sich in hochwertigen unbehandelten Ölen wie Olivenöl, Leinöl oder Rapsöl. Olivenöl soll sogar das nützliche HDL im Körper ansteigen lassen.

– Nahrungsmittel, die sehr viele **gesättigte tierische Fettsäuren** und damit LDL-Cholesterin beinhalten, sollten dagegen stark reduziert werden. Dazu gehören fette Fleisch- und Wurstwaren, Eigelb und Sahne, aber auch Meeresfrüchte. Fettarme Lebensmittel wie Geflügelwurst oder Wildzubereitungen bevorzugen.

– Reichlich **Getreidevollkornprodukte, ballaststoffreiche Kost** und Fischarten, die viel **Omega-3-Fettsäuren** enthalten (z. B. Kabeljau) verzehren, da diese Nahrungsmittel sich positiv auf einen überhöhten LDL-Cholesterinspiegel auswirken können.

– Äpfel und andere **pektinreiche Nahrungsmittel binden Gallensäure** im Darm. Aus dem Blutcholesterin muss der Körper neue Gallensäure bilden. Der Cholesterinwert wird dadurch gesenkt.

– Der Konsum von stark zuckerhaltigen Nahrungsmitteln sollte reduziert werden. Vor allem Softdrinks und Fertiggerichte enthalten viel (Frucht-)Zucker, der sich ungünstig auf die Cholesterinwerte auswirkt.

Über diese Regeln für die Ernährung hinaus können aber auch ausreichend **Bewegung und Stressabbau** die Cholesterinwerte positiv beeinflussen. Ist der erhöhte Cholesterinspiegel genetisch bedingt, müssen zusätzlich oft auch noch cholesterinsenkende Medikamente eingenommen werden.

4. *Die Formulierung dieser Aufgabe könnte etwas aufs Glatteis führen, da hier explizit nur ein hoher Fettkonsum als mögliche Ursache von Übergewicht genannt wurde. Da jedoch meist mehrere Faktoren für das zu hohe Körpergewicht verantwortlich sind (neben falscher Ernährung oft auch ein allgemein ungesunder Lebensstil), sollten neben der Fettreduktion auch andere Ernährungs- und Verhaltensregeln beachtet werden, um überflüssige Pfunde abzubauen. Die Aufgabe verlangt, fünf solcher Regeln zur Gewichtsabnahme vorzustellen.*

– Der Fettkonsum sollte sehr reduziert und es sollte hauptsächlich auf die **mehrfach ungesättigten, hochwertigen Fette** zurückgegriffen werden. Die Ernährung sollte ausgewogen sein, d. h., auch bei einer Gewichtsreduktion sollten die **10 Regeln der DGE** beachtet werden.
– Menschen, die ihr Gewicht reduzieren möchten, sollten nichts übereilen. Durch geplante, gezielte **Bewegungsphasen und viele kalorienarme Getränke** wird der Stoffwechsel angeregt. Eine ballaststoffreiche Ernährung hilft, Heißhunger zu vermeiden.
– Eiweißhaltige Nahrungsmittel sind wichtig und sollten ausreichend auf dem Speiseplan stehen. **Fisch sowie fettarme Fleisch- und Wurstsorten** eignen sich besonders. Milchprodukte können mit etwas weniger Fett gewählt werden. Auf fetthaltige Käsearten sollte weitgehend verzichtet werden.
– **Vollkornprodukte** sollten die Basis der kohlenhydratreichen Lebensmittel sein. Vorsicht vor leeren Energieträgern, wie Haushaltszucker, stärkereichen Lebensmitteln und zuckerreichen Getränken!
– Frische Lebensmittel, die **viele Mineralstoffe und Vitamine** enthalten, sind sehr wichtig für das körperliche Wohlbefinden. So können Mangelerscheinungen vermieden werden.

5. *Die „Atkins-Diät" beruht auf der Ernährungstheorie des US-amerikanischen Kardiologen Dr. Robert Atkins (1930–2003). Seine Empfehlungen für die Aufnahme von Nahrungsmitteln in qualitativer und quantitativer Hinsicht werden in der Atkins-Pyramide dargestellt. Sie unterscheidet sich grundlegend von der Ernährungspyramide der Deutschen Gesellschaft für Ernährung (DGE) und ist nicht unumstritten. Kritisch Stellung nehmen bedeutet bei dieser Aufgabe, die Vorgaben der Atkins-Ernährungstheorie hinsichtlich der modernen ernährungswissenschaftlichen Erkenntnisse zu hinterfragen.*

Atkins-Pyramide	Ernährungspyramide DGE
Kohlenhydrate: sehr wenig KH, kaum Ballaststoffe	Kohlenhydrate: hoher Anteil an Ballaststoffen
Fette: viele tierische, ungesättigte Fette	Fette: ausgewogenes Verhältnis zwischen tierischen und pflanzlichen Fetten
Grundlage eiweißhaltige Lebensmittel wie Fleisch, Fisch und Geflügel	Grundlage Getreideprodukte, Obst und Gemüse

Bewertung der Atkins-Pyramide:

– Der Blutzuckerspiegel wird durch die wenigen Kohlenhydrate dauerhaft niedrig gehalten. Das Verbot fast aller Kohlenhydrate ist auch eine psychische Belastung und kann zu **Depressionen** führen.
– Die Pyramide hat einen zu einseitigen Nahrungsmittelauswahlbereich. Durch den hohen Anteil an Cholesterin und tierischen Fetten können die **Blutfettwerte** steigen.
– Der hohe Eiweißanteil ist für Personen mit **Nierenschäden** gefährlich.
– Die Durchführung der Ernährungsform wirkt auf den ersten Blick sehr einfach, da keine Kalorien gezählt werden müssen. Trotzdem muss man sich bei einer langfristigen Ernährung nach der Atkins-Methode dauerhaft mit der **Menge und Auswahl der Kohlenhydrate** beschäftigen und den Anteil genau kontrollieren.
– Durch die ungünstige Fettaufnahme kann es zu schweren Folgeerkrankungen wie **Bluthochdruck und Herz-Kreislauf-Erkrankungen** kommen.
– **Getränkeempfehlungen** fehlen ganz.

II. Arbeitsmanagement – Ergonomie, Ökologie und Ökonomie

1. *Ergonomie ist die Wissenschaft von den Arbeitsbedingungen und deren Anpassung an die Bedürfnisse des Menschen, um die Gesundheit und Leistungsfähigkeit auf lange Zeit aufrecht zu erhalten. Es können sowohl die Plätze, an denen gearbeitet wird, als auch die Arbeitsabläufe selbst so gestaltet werden, dass Belastungen möglichst gering bleiben. In dieser Aufgabe sollen acht Maßnahmen aufgezeigt werden, die ergonomisches Arbeiten ermöglichen.*

– Bei der Planung des Arbeitsplatzes (Küche, Werkstatt etc.) einen Bereich schaffen, bei dem man auch im **Sitzen** arbeiten kann (Küche: z. B. Schäl- und Schneidearbeiten).
– Auf die **richtigen Arbeitshöhen** achten, sowohl bei der Küchenausstattung als auch bei anderen Einrichtungen oder Geräten für die Hausarbeit (z. B. Bügelbrett).
– **Schwere Lasten richtig tragen:** Nah am Körper tragen und nicht aus dem Rücken heben. Eine Sackkarre kann gerade bei Getränkekisten gut eingesetzt werden.
– Backofen und Spülmaschine sowie Waschmaschine und Trockner könnten **in Sichthöhe montiert bzw. aufgestellt** werden. Dies erleichtert die Bedienung beim Bücken und Heben.
– Reinigungsgeräte wie Staubsauger, Wischmob und Besen sollten unbedingt **auf die Körpergröße abgestimmt** sein. Es gibt auch Wischgeräte, die ohne Bücken ausgewaschen werden können.
– **Ergonomische Arbeitsplatz- und Vorratsplanung** entlastet den Körper. Getränkekisten, wenn möglich, nicht erst in den Keller tragen, sondern im Vorratsschrank bzw. -raum lagern. Man sollte auch versuchen, viele unnötige Arbeitswege zu vermeiden.
– Der **Pflegeaufwand** lässt sich durch die Auswahl von pflegeleichten Vorhängen, Böden, Fliesen und Möbeln sehr stark einschränken. Der Rücken wird entlastet.
– Lange **statische Arbeiten sollten vermieden werden.** Durch den Wechsel mit dynamischer Arbeit ermüdet der Bewegungsapparat nicht so schnell und wird gut durchblutet. Die Arbeit macht mehr Freude.

2. *Da in der Aufgabenstellung der Begriff „Nachhaltigkeit" explizit genannt ist, kann man ihn auch in den Definitionen aufgreifen. Bei den Beispielen für die Aufgaben im Privathaushalt könnten manche Punkte in beiden Kategorien genannt werden; die Zuordnung zu einer der beiden ist lediglich in der unterschiedlichen Zielsetzung begründet.*

Definition Ökonomie:

Unter Ökonomie (griechisch *oikonomia* für „Haushaltung") versteht man die Gesamtheit aller Einrichtungen (z. B. öffentliche oder private Haushalte) und Handlungen, die die Deckung des menschlichen Bedarfs zum Ziel haben. Der Begriff wird auch synonym für „Wirtschaft" bzw. „Wirtschaftlichkeit" verwendet. Nachhaltige Ökonomie bedeutet sparsames Wirtschaften, damit auch nachfolgende Generationen ihre Bedürfnisse noch dauerhaft befriedigen können.

Aufgaben im privaten Haushalt:

– Bei der Freizeitplanung auf kurze Wege achten und nach Möglichkeit Angebote vor Ort nutzen. Auch durch die Bildung von Fahrgemeinschaften kann gespart werden.
– Rücklagen bilden, um unvorhergesehene wirtschaftliche Ausgaben stemmen zu können. Dabei kann dann eher ein ökologisch günstigeres Gerät oder Auto beschafft werden, das aber wirtschaftlich zunächst einen höheren Anschaffungspreis hat.
– Ressourcenschonend haushalten (z. B. Einkaufen in den richtigen Mengen, um unnötiges Wegwerfen von Lebensmitteln zu vermeiden).

Definition Ökologie:

Unter Ökologie versteht man die Beziehungen und Wechselbeziehungen zwischen den Lebewesen und ihrer Umwelt. Beim nachhaltigen, ökologischen Handeln werden diese Beziehungen berücksichtigt, um die Ökosysteme zu schützen. Wichtigste Regeln für die Nachhaltigkeit im ökologischen Bereich sind die Reduzierung von Schadstoffen (z. B. bei Reinigungsmitteln) und die Schonung von Ressourcen (Energie und Rohstoffe).

Aufgaben im privaten Haushalt:

– Bei bei der Auswahl von Möbeln, Textilien und Raumausstattung auf Materialien achten, die umweltfreundlich und langlebig sind, aber auch gut recycelt werden können.
– Durch Müllvermeidung beim Einkauf sowie die Auswahl von regionalen und saisonalen Produkten kann man einen wichtigen Beitrag zu nachhaltigem ökologischen Handeln leisten.
– Wasser und Energie (Öl, Gas) sind wertvolle Rohstoffe, die immer teurer und knapper werden. Damit muss sparsam umgegangen werden. Alternative Energien (z. B. Solarstrom) schonen die Umwelt und bauen schon für weitere Generationen vor.

 3. *Hier ist es empfehlenswert, zunächst die Bedeutung der Begriffe „Minimalprinzip" und „Maximalprinzip" kurz zu erklären. Die gewählten Beispiele zur Veranschaulichung sollten ausführlich beschrieben werden.*

Minimalprinzip:

Ein klares und begrenztes Ziel soll mit möglichst geringem (minimalstem) Aufwand und möglichst geringen (minimalsten) Kosten erreicht werden.

Beispiel:

Die Schüler der 9. Klasse möchten Ehrengäste, Lehrer und Eltern bei ihrer Projektpräsentation am Abend einladen und bewirten. Dazu steht ihnen kaum Geld zur Verfügung. Folgende Überlegungen gibt es im Plenum:

– Reichen wir den Gästen nur ein kühles Getränk oder auch einen kleinen Snack?
– Wo können wir günstig Tischdecken, Bistrotische und Gläser ausleihen?
– Wie viele Gäste können wir bewirten?
– Werden die Tische mit frischen Blumen dekoriert? Können diese aus einem Garten gespendet werden?

- Kann ein mobiler Beamer ausgeliehen werden? Wäre auf Dauer eine Neuanschaffung sinnvoll und möglich?
- Werden die Gäste schriftlich eingeladen oder per E-Mail (Portokosten)?

Mit so wenigen Ausgaben, wie es nur möglich ist, wird die Präsentation geplant und durchgeführt.

Maximalprinzip:

Hier möchte man den maximalen Nutzen mit vorab festgelegten Mitteln (z. B. ein bestimmter Geldbetrag) erreichen.

Beispiel:

Markus möchte seinen bestandenen Autoführerschein feiern. Dazu bekommt er vom Opa 75 Euro geschenkt. Markus steht vor der Frage, wie er diesen vorgegebenen Geldbetrag am sinnvollsten verwenden kann.

Markus wird

- die Getränke im Supermarkt günstig besorgen,
- die Pizza selber backen und nicht vom Pizzaservice bringen lassen,
- keinen Raum anmieten, sondern zu Hause in der Doppelgarage seiner Eltern feiern,
- kein Wegwerfgeschirr kaufen, da er sich das Essgeschirr seiner Eltern ausleihen kann.

Markus plant seine Feier individuell mit möglichst geringen Ausgaben, trotzdem nach seinen Vorstellungen und seinen Wünschen. Somit schöpft er den Geldbetrag seines Opas so aus, dass er den größten Nutzen davon hat.

Ihre Meinung ist uns wichtig!

Ihre Anregungen sind uns immer willkommen. Bitte informieren Sie uns mit diesem Schein über Ihre Verbesserungsvorschläge!

Titel-Nr.	Seite	Vorschlag

Lernen ▪ Wissen ▪ Zukunft
STARK

22-V29

Bitte ausfüllen und im frankierten Umschlag
an uns einsenden. Für Fensterkuverts geeignet.

Zutreffendes bitte ankreuzen!
Die Absenderin/der Absender ist:

☐ Lehrer/in in den Klassenstufen:

☐ Fachbetreuer/in
  Fächer:
☐ Seminarlehrer/in
  Fächer:
☐ Regierungsfachberater/in
  Fächer:
☐ Oberstufenbetreuer/in

☐ Schulleiter/in
☐ Referendar/in, Termin 2. Staats-
  examen:
☐ Leiter/in Lehrerbibliothek
☐ Leiter/in Schülerbibliothek
☐ Sekretariat
☐ Eltern
☐ Schüler/in, Klasse:
☐ Sonstiges:

Unterrichtsfächer: (Bei Lehrkräften!)

STARK Verlag
Postfach 1852
85318 Freising

Kennen Sie Ihre Kundennummer?
Bitte hier eintragen.

Absender (Bitte in Druckbuchstaben!)

Name/Vorname

Straße/Nr.

PLZ/Ort/Ortsteil

Telefon privat   Geburtsjahr

E-Mail

Schule/Schulstempel (Bitte immer angeben!)

Bitte hier abtrennen

Sicher durch alle Klassen!

Faktenwissen und praxisgerechte Übungen mit vollständigen Lösungen.

Mathematik · Physik Realschule

Mathematik Grundwissen 5. Klasse .... Best.-Nr. 91410
Mathematik Grundwissen 6. Klasse .... Best.-Nr. 914056
Mathematik Grundwissen 7. Klasse .... Best.-Nr. 914057
Mathematik Grundwissen 8. Klasse I und II/III .. Best.-Nr. 91406
Mathematik Grundwissen 8. Klasse
Wahlpflichtfächergruppe II/III .... Best.-Nr. 91419
Funktionen 8.–10. Klasse .... Best.-Nr. 91408
Übungsaufgaben Mathematik I – 9. Klasse .... Best.-Nr. 91405
Übungsaufgaben Mathematik II/III – 9. Klasse .. Best.-Nr. 91415
Mathematik Grundwissen 10. Klasse II/III .... Best.-Nr. 91417
Kompakt-Wissen Realschule Mathematik .... Best.-Nr. 914001
Physik Grundwissen 10. Klasse .... Best.-Nr. 91431
Physik – Übertritt in die Oberstufe .... Best.-Nr. 80301

Deutsch Realschule

Deutsch Grundwissen 5. Klasse .... Best.-Nr. 91445
Deutsch Grundwissen 6. Klasse .... Best.-Nr. 91446
Deutsch Grundwissen 7. Klasse .... Best.-Nr. 91447
Deutsch Grundwissen 8. Klasse .... Best.-Nr. 91448
Rechtschreibung und Diktat 5./6. Klasse mit CD Best.-Nr. 90408
Zeichensetzung 5.–7. Klasse .... Best.-Nr. 91443
Diktat 5.–10. Klasse mit MP3-CD .... Best.-Nr. 914412
Deutsche Rechtschreibung 5.–10. Klasse .... Best.-Nr. 914411
Aufsatz 7./8. Klasse .... Best.-Nr. 91442
Erörterung und Textgebundener Aufsatz
9./10. Klasse .... Best.-Nr. 91441
Deutsch 9./10. Klasse Journalistische Texte
lesen, auswerten, schreiben .... Best.-Nr. 81442
Epochen der deutschen Literatur im Überblick ... Best.-Nr. 104401
Deutsch – Übertritt in die Oberstufe .... Best.-Nr. 90409
Kompakt-Wissen Realschule Deutsch Aufsatz .... Best.-Nr. 914401
Kompakt-Wissen Rechtschreibung .... Best.-Nr. 944065

BWL/Rechnungswesen Realschule

Betriebswirtschaftslehre/Rechnungswesen
Grundwissen 8. Klasse Realschule Bayern .... Best.-Nr. 91473
Lösungsheft zu Best.-Nr. 91473 .... Best.-Nr. 91473L
Betriebswirtschaftslehre/Rechnungswesen
Grundwissen 9. Klasse Realschule Bayern .... Best.-Nr. 91471
Lösungsheft zu Best.-Nr. 91471 .... Best.-Nr. 91471L
Betriebswirtschaftslehre/Rechnungswesen
Grundwissen 10. Klasse Realschule Bayern .... Best.-Nr. 91472
Lösungsheft zu Best.-Nr. 91472 .... Best.-Nr. 91472L

Geschichte · Sozialkunde Realschule

Kompakt-Wissen Realschule Sozialkunde .... Best.-Nr. 914082
Kompakt-Wissen Realschule Geschichte .... Best.-Nr. 914801

Französisch Realschule

Französisch im 1. Lernjahr .... Best.-Nr. 91462
Französisch im 2. Lernjahr .... Best.-Nr. 91463
Französisch – Sprechfertigkeit
10. Klasse mit Audio-CD .... Best.-Nr. 91461
Rechtschreibung und Diktat
1./2. Lernjahr mit 2 CDs .... Best.-Nr. 905501
Wortschatzübung Mittelstufe .... Best.-Nr. 94510
Kompakt-Wissen Französisch – Grundwortschatz . Best.-Nr. 915001

Englisch Realschule

Englisch Grundwissen 5. Klasse .... Best.-Nr. 91458
Englisch Grundwissen 6. Klasse .... Best.-Nr. 91459
Englisch Grundwissen 7. Klasse .... Best.-Nr. 914510
Englisch Grundwissen 8. Klasse .... Best.-Nr. 914511
Englisch Grundwissen 9. Klasse .... Best.-Nr. 914512
Englisch Grundwissen 10. Klasse .... Best.-Nr. 90510
Hörverstehen Englisch 10. Klasse mit Audio-CD .. Best.-Nr. 91457
Training Englisch Wortschatz – Mittelstufe .... Best.-Nr. 91455
Englisch Übertritt in die Oberstufe .... Best.-Nr. 82453
Kompakt-Wissen Themenwortschatz .... Best.-Nr. 914501
Kompakt-Wissen Grundwortschatz .... Best.-Nr. 914502

Sprachenzertifikat · DELF

Sprachenzertifikat Englisch Niveau A 2 mit Audio-CD Best.-Nr. 105552
Sprachenzertifikat Englisch Niveau B 1 mit Audio-CD Best.-Nr. 105550
Sprachenzertifikat Französisch DELF B 1 mit MP3-CD Best.-Nr. 105530

Schulaufgaben Realschule

Mathematik 5. Klasse .... Best.-Nr. 910001
Mathematik 6. Klasse .... Best.-Nr. 910002
Mathematik 7. Klasse Gruppe I .... Best.-Nr. 910003
Mathematik 7. Klasse Gruppe II/III .... Best.-Nr. 910004
Mathematik 8. Klasse Gruppe I .... Best.-Nr. 910005
Mathematik 8. Klasse Gruppe II/III .... Best.-Nr. 910006
Mathematik 9. Klasse Gruppe I .... Best.-Nr. 910007
Mathematik 9. Klasse Gruppe II/III .... Best.-Nr. 910008
Betriebswirtschaftslehre/Rechnungswesen
8. Klasse Gruppe II .... Best.-Nr. 917081
Deutsch 5. Klasse Realschule .... Best.-Nr. 1014051
Deutsch 7. Klasse Realschule .... Best.-Nr. 1014072
Englisch 6. Klasse Realschule mit MP3-CD .... Best.-Nr. 1015561
Englisch 9. Klasse Realschule mit MP3-CD .... Best.-Nr. 1015591
Französisch 9. Klasse Realschule mit MP3-CD .... Best.-Nr. 1015301

Arbeitshefte Realschule

Arbeitsheft VERA 8 Mathematik
Version B: Realschule .... Best.-Nr. 9150001
Arbeitsheft VERA 8 Deutsch Version B: Realschule
mit MP3-CD .... Best.-Nr. 9154005
Arbeitsheft VERA 8 Englisch Version B: Realschule
mit MP3-CD .... Best.-Nr. 9155005
ohne MP3-CD .... Best.-Nr. 9155001
Arbeitsheft Bildungsstandards Englisch *Reading*
Mittlerer Schulabschluss B 1 .... Best.-Nr. 101550

Jahrgangsstufentests Bayern/VERA 8

Jahrgangsstufentest Mathematik 6. Klasse .... Best.-Nr. 915061
Jahrgangsstufentest Mathematik 8. Klasse .... Best.-Nr. 915081
VERA 8 – Mathematik Version B: Realschule ..... Best.-Nr. 915082
Jahrgangsstufentest Deutsch 6. Klasse .... Best.-Nr. 915461
Jahrgangsstufentest Deutsch 8. Klasse .... Best.-Nr. 915481
VERA 8 – Deutsch Version B: Realschule
mit MP3-CD .... Best.-Nr. 915482
Jahrgangsstufentest Englisch 7. Klasse
mit MP3-CD .... Best.-Nr. 915571
VERA 8 – Englisch Version B: Realschule
mit MP3-CD .... Best.-Nr. 915582

(Bitte blättern Sie um)

Original-Prüfungsaufgaben und Training für die Prüfung